WIZARD

FX
メタトレーダー4
MQLプログラミング

堅牢なEA構築のための
総合ガイド

アンドリュー・R・ヤング【著】
長尾慎太郎【監修】　山下恵美子【訳】

Expert Advisor Programming
Creating Automated Trading Systems
in MQL for MetaTrader 4
by Andrew R. Young

Expert Advisor Programming : Creating Automated Trading Systems in MQL for MetaTrader 4 by Andrew R. Young
Copyright © 2010 Andrew R. Young
All Rights Reserved.

監修者まえがき

　本書はアンドリュー・R・ヤングがMetaTraderに搭載されているMetaEditor（MQLエディター）で初歩的な自動売買プログラムの構築する方法を解説した"Expert Advisor Programming"の邦訳である。MetaTraderの名前を初めて聞いたという方に説明しておくと、それは個人投資家が外国為替（FX）の証拠金取引において用いる代表的な売買ツールで、各種ストラテジーの検証やそれに基づいたトレードの自動執行を可能としている。この種のツールがリリースされたおかげで、マーケットのモニタリングと売買の執行においては、機関投資家と個人投資家との距離は近年かなり縮まったと言ってよい。純粋にテクニカルな意味でのハンディキャップを個人投資家が感じることは今やもうないだろう。

　だが、マーケットに関する理解や有効な売買ストラテジーの構築に関しては、残念ながら逆の現象が起きているようだ。機関投資家の世界では、今世紀に入ってから数理的なアプローチによる売買ストラテジーが急速に進化・発展したが、一方で大多数の個人投資家はその流れから完全に取り残されてしまっている。もっとも、こうした技術改革は機関投資家のなかでも限られた人たちだけが実践し、そのメリットを享受しているのが実態であり、したがって、そのサークルから少し離れたところにいれば、機関投資家勤務で運用経験のある人間であってもそうした事情に疎いことになる。いわんやまったく情報が伝わってこない場所にいる個人投資家ならばなおさらである。

　ここで過去を振り返ってみれば、インターネットの黎明期にはこうした情報格差が極めて小さくなったことがあった。ネット上に参加者が少なくかつモラルが存在した時代には、トレードの実務に携わっている人が極めて質の高い情報を無償で発信し、それを読んで理解した

側が素直にトレードを実行するだけで簡単に利益を得られるという構図が確かに存在したのだ。だがその後、ネットの裾野が広がるに従い誤った情報や悪意のあるデマがどっとあふれ出し、それを自ら進んで妄信する人が支配的になった。その結果、相場の真実を知る少数の人たちは排斥されるか、ネット上の無軌道ぶりにあきれて自ら去っていった。良貨は悪貨によって駆逐されたのである。彼らがネットに戻ってくることはもう二度とないであろう。今では、トレード技術について正しい何かを知るには、優れた先達の面識を得る偶然のチャンスに巡り会うか、もしくは断片的な情報を基に自分自身の手で一からそれを築き上げていくしかない。

　だが、それでも悲観する必要はまったくない。だれであれ事実に基づいた合理的な思考さえできれば、MetaTraderをはじめとした情報通信関連のツールを駆使することで後者は十分に可能である。むしろ、FXに限らずトレードとは本来まったく個人的なものであり、したがってすべての過程を自分の努力で成し遂げるべき種類のものなのだ。このような理由から、投資家の自助を促す本書のような解説書を私は熱烈に歓迎するものである。

　本書の翻訳にあたっては以下の方々に心から感謝の意を表したい。翻訳者の山下恵美子氏は正確な翻訳を実現してくださった。そして阿部達郎氏にはいつもながら丁寧な編集・校正を行っていただいた。また本書が発行される機会を得たのはパンローリング社社長の後藤康徳氏のおかげである。

2012年1月

長尾慎太郎

監修者まえがき	1
はじめに	9

第1章　MQL入門　　　13

メタエディター入門　　　13
　　EAとは何か　13
　　ファイルの形式　14
　　ファイルの保存場所　15
　　メタエディター　16

基本的概念　　　18
　　シンタックス（文法）　19
　　コメント　20
　　識別子　20
　　変数　21
　　定数　23
　　関数　23
　　変数のスコープ（変数が利用できる範囲）　27

MQ4ファイルの構造　　　28
　　新規EAの作成　28
　　プリプロセッサー命令　30
　　パラメーターと外部変数　32
　　グローバル変数　33
　　特殊関数　33
　　そのほかの関数　34

第2章　売買注文　　　37

買い気配値、売り気配値、スプレッド　　　37
注文種別　　　38
注文を出す手順　　　39
関数OrderSend()　　　40
　　成行注文　42
　　逆指値注文　43
　　指値注文　44

損切り価格と利食い価格の計算方法　　　44
　　仕掛け価格からの値幅による計算方法　45

ポイント　46
　　　スリッページとポイント　48
　　　スリッページとポイントをグローバル変数として用いる場合　49
　関数 MarketInfo()　50
　　　損切り価格の計算　51
　　　利食い価格の計算　52
　　　損切り価格と利食い価格の別の計算方法　52
　注文やポジションの状態に関する情報の取得　55
　　　関数 OrderSelect()　55
　決済とキャンセル　58
　　　関数 OrderClose()　58
　　　関数 OrderDelete()　60
　簡単な EA　61
　　　待機注文にも対応できるように EA を変更してみよう　65

第3章　高度な売買注文　69

　　　ECN への対応　69
　注文の変更　69
　　　保有中のポジションや待機注文に損切りと利食いを新たに設定する　71
　　　待機注文の価格の変更方法　73
　損切り価格と待機注文の価格の検証　74
　　　ストップレベル　75
　　　損切り価格と利食い価格の検証　78
　　　待機注文の価格の検証　80
　ロット数の計算　80
　　　マネーマネジメント　81
　　　ロット数の検証　84
　そのほかの注意点　85
　　　トレード状況　85
　　　事前に定義された変数の更新　87
　　　エラー処理　87
　要素をひとつにまとめてみよう　91

第4章　作業の関数化　101

　　　ロット数を計算するための関数　101
　　　ロット数を検証するための関数　103
　　　注文を出すための関数　104

待機注文を出すための関数　106
　　　ポジションを決済するための関数　107
　　　待機注文をキャンセルするための関数　109
　　　損切り価格と利食い価格を計算するための関数　109
　　　ストップレベルの検証　111
　損切り注文と利食い注文を追加設定する　113
　インクルードファイルを使う　114
　ライブラリーを使う　115
　関数を使った簡単なEA　116

第5章　ポジションと注文の管理　121

　ループ（繰り返し処理）　121
　　　for演算子　121
　　　while演算子　122
　　　オーダープールのループ処理　123
　待機注文と保有中のポジションの数を数える　125
　　　複数のポジションや待機注文を同時に決済したりキャンセルする　128
　トレイリングストップ　131
　　　最小限の利益の確保　134
　　　ブレイクイーブンでの仕切り　136
　EAの更新　138

第6章　売買条件とインディケーター　141

　価格データ　141
　インディケーター　143
　　　トレンド系インディケーター　144
　　　オシレーター系インディケーター　146
　　　カスタムインディケーター　149
　インディケーターの定数　155
　　　時間枠　155
　　　適用価格　155
　　　移動平均の計算方法　156
　トレード条件の評価　156
　　　関係演算子　158
　　　ブール演算　159
　　　インディケーターの有効・無効化　161
　いろいろな足のインディケーターの値の比較　164

第7章　日時　169

日付時刻型変数　169
　日付時刻定数　170
日付時刻関数　172
簡単なタイマーの作成　174
新しい足の始値でトレードを実行する　176

第8章　ちょっとしたコツとアドバイス　183

エスケープ文字　183
チャートにコメントを表示する（チャートコメント）　184
チェック関数　184
自作EAの使用制限　186
関数 MessageBox()　188
　ボタンフラッグ　190
　アイコンフラッグ　190
　リターンフラッグ　190
メールによる警告　191
エラー発生後の注文を出し直す　192
オーダーコメントを識別子として使う　195
証拠金を調べる　197
スプレッドを調べる　198
複数の注文を出す　199
グローバル変数　202
利益を調べる　205
マルチンゲール戦略　206
EAのデバッグ　210
　断続的に現れるトレーディングエラーの解決法　213
　コンパイルエラーの修復　214

第9章　カスタムインディケーターとスクリプト　217

バッファー　217
カスタムインディケーターの作成　218
　描画プロパティ　220
　記述式のバッファー名を使う　222
　インディケーターの関数 start()　223
スクリプト　227

付録A
簡単なEA 229
待機注文を出すための簡単なEA 231

付録B
高度なEA 235
待機注文を出すための高度なEA 241

付録C
関数を使ったEA 247
関数を使ったEA ――待機注文 250

付録D
インクルードファイル 255

付録E
カスタムインディケーター 273

索引 275

はじめに

　最近、トレーダーたちの間でにわかに人気を集めているのがFX市場だ。FX市場は24時間取引ができ、しかも少ない証拠金で大きな取引ができる高レバレッジが魅力の市場だ。そのため大勢の一般トレーダーたちが活発にトレードするようになった。

　そしてFX用トレーディングプラットフォームとして、今最も人気を集めているのがメタトレーダー4（略してMT4）である。メタクオーツ・ソフトウエア社が開発したメタトレーダーは、ゲインキャピタル、FXCM、アルパリ、インターバンクFXなどの大手をはじめ、世界中のFXブローカーたちが発注ソフトとして採用している。

　メタトレーダーの人気の秘密は、無料で使えること、発注ソフトとして採用しているブローカーが多いこと、そして多くの役立つテクニカル分析ツールが搭載されている点にある。しかし、最大の魅力は、MQL（Meta Quotes Language）というパワフルなプログラミング言語を使って独自のプログラムを作成できる点にあるといってよいだろう。

　MQLのおかげで、トレーダーたちは独自のインディケーターや自動売買戦略を簡単にプログラミングできるようになった。しかも、ソフトウエアは無料で使える。株式や先物トレーディング用の似たようなソフトは1000ドル以上するものもある。また、トレーダーやプログラマーたちが集う世界規模のコミュニティーでは、プログラミングサービスやアドバイスのほか、さまざまなEA（エキスパートアドバイザー＝Expert Advisors。自動売買システム）やインディケーターが無料あるいは有料で提供されている。

　MQLはC言語などの従来言語に似ているため、経験豊富なプログラマーにとっては比較的とっつきやすく、マニュアルも充実している。しかし、MQLでトレーディング戦略を効果的にプログラミングする

には、試行錯誤を繰り返しながら地道に学んでいくしかない。

MQLは低級言語の部類に入る。したがって、トレード関数を使ってさまざまなトレードを行うには独自の手順を作成する必要がある。したがって、例えばトレイリングストップのような簡単なものをプログラミングするのでも、MQLプログラミングの初心者にとっては困難な作業になるかもしれない。

堅牢な自動売買戦略をプログラミングするときには、考慮しなければならない要素がたくさんある。しかもメタトレーダー自体、独特の特徴を多く持つため、プログラマーとしては注意が必要だ。初心者にとって、トラブルシューティング（問題解決）やEAのプログラミングに必要な技術を学ぶには若干時間がかかるかもしれない。

本書によってEAプログラミング初心者の学習期間を短縮できれば幸いだ。本書では過去数年にわたってEAのプログラミングのために費やした多大な時間のなかで私が習得したちょっとしたコツやアドバイスもたくさん提供している。読者のみなさんのプログラミングにぜひ役立ててもらいたい。

本書について

本書を読み終えるころには、トレイリングストップやマネーマネジメントなどの一般的なトレーディング要素を含め、独自の堅牢な自動売買戦略をMQLで作成するのに必要な知識が身についているはずだ。また、MTの組み込みインディケーター関数を使って簡単なインディケーターを構築できるようにもなっているだろう。

本書はFXトレーディングとテクニカル分析の一般的な知識を持つ読者を対象とするものである。本書の読者はメタトレーダーにおけるEAやインディケーターの使い方については十分な知識を持っていることを想定している。プログラミングに関する基礎的な知識は必要で、

基本的なプログラミング技術があり、変数、制御構造、関数、および現在普及しているプログラミング言語のシンタックス（文法）といった概念を知っているとより理解度は高まる。

　本書では実際のコードを見ながら学習を進めていく。新しい概念については登場した時点でできるかぎり説明するが、本書は言語マニュアルではないことを念頭に入れておいてもらいたい。詳しくは、MQLリファレンス（ホームページ http://docs.mql4.com/）を参照してもらいたい。MQLリファレンスはメタトレーダーに用意されているメタエディター（MQLエディター）という良質なIDE（integrated development editor。統合開発環境）にも装備されているので、そちらを参照してもらっても構わない。

　EAの開発に必要な関連事項はすべて網羅しているが、MQLについてはすべてを説明しているわけではない。MQLにはEAのプログラミングでは一般に使われない特殊な関数も数多く含まれている。配列関数、ファイル操作、オブジェクト、ウィンドウ、文字列、変換関数については本書では議論しない。

　MQL4の公式ホームページ http://www.mql4.com/ ではMQLプログラミングについての冊子が無料で入手できるので、便利な補足情報源としてぜひ活用してもらいたい。また同ホームページでは、MQLの基本的なプログラミング概念や高度なプログラミング概念について書かれた有益な記事も多く掲載されており、インディケーターやサンプルコードを含むコードライブラリー、プログラミングについての質問に答えてくれるフォーラムもあるので、併せて利用するとよいだろう。

　本書で紹介するサンプルコードやテクニックは、私がやってみてうまくいったものだ。私は物事は機能性を犠牲にしないかぎり、できるだけシンプルなほうがよいと思っている。とはいえ、何事もそれを達成する方法は一通りではない。特にプログラミングではそうだ。同じ結果を得る有効な方法はたくさんある。さらに良い方法を求めて模索

することも重要だ。

　付録に収録したコードはパンローリングのホームページ http://www.panrolling.com/books/wb191.html からダウンロードすることができる。ソースコードをダウンロードしておけば自分で入力する手間が省ける。また、ソースコードを必要に応じて変更することで自分のニーズに合った新たなコードを作成することができるので、ぜひチャレンジしてみてもらいたい。

MQL5について

　本書執筆の現時点では、メタトレーダーの次期バージョン（メタトレーダー5）は試用版がリリースされている。最新版MQL（MQL5）には大幅な変更があるようだ。メタクオーツ社が発表したところによれば、メタトレーダー5はメタトレーダー4とは下位互換性はない。したがって、MQL4で書いたプログラムはMQL5用に書き直すか修正する必要がある。

　ただ、メタトレーダー5への移行はゆっくりとしたペースで進むのではないかと私は思っている。ブローカーもしばらくはメタトレーダー4を採用し続けると思われる。したがって、MQL4で書いたプログラムが今すぐに使い物にならなくなることはないだろう。メタトレーダー5やMQL5では関数やシンタックスは若干変更されるかもしれないが、本書で述べた概念そのものが変わることはない。

本書で使用するフォント

　MQL言語の要素、サンプルソースコードには等幅フォントを用いている。ソースコードで太字が使われている部分は、以前のサンプルコードから変更された部分である。

第1章

MQL入門
An Introduction to MQL

メタエディター入門

EAとは何か

　EA（エキスパートアドバイザー）とは、MQL（Meta Quotes Language）で書かれた自動売買システムのことをいい、トレーディングシステムのアルゴリズムに従って注文を出したり、注文の変更、ポジションの決済を行うことができる。一般にEAはインディケーターを使って売買シグナルを点灯させる。インディケーターはメタトレーダーに装備されたものを使ってもよいし、独自開発したもの（カスタムインディケーター）を使ってもよい。

　インディケーターとは、価格データをもとに作成された市場の動きを説明するテクニカル分析ツールのひとつだ。一般にインディケーターはチャート上に描写したラインやオブジェクトなどで表される。注文を出したり、注文の変更、ポジションの決済はインディケーターを使って行うことはできない。よく使われるインディケーターとしては、移動平均線やストキャスティックスなどがある。

　スクリプトとは簡易的なEAで、待機注文（逆指値注文や指値注文）を出したり、すべてのポジションの決済など、ひとつの作業を行うた

めのプログラムである。メタトレーダーには便利なスクリプトがいくつか用意されている。

ファイル形式

　拡張子が .mq4のファイルはソースファイルを意味する。私たちがメタエディターで編集するのがこれらのファイルだ。.mq4ファイルをコンパイルすると、.ex4ファイルが作成され、これが実行ファイル、つまりメタトレーダー上で実行されるファイルである。

　実行ファイルはメタエディターで開くことはできない。EAやインディケーターが .ex4ファイルしか持たない場合、メタエディターのナビゲーターウィンドウではそのファイル名の横に表示されたアイコンがグレー表示される。

　拡張子が .mqhのファイルはインクルードファイル（ヘッダーファイル）を意味する。これらのファイルには .mq4ファイルのなかで参照されるユーザー定義関数（ユーザーが作成した関数）が含まれる。コンパイラーがソースコードをコンパイルするときには .mqhファイルの内容を .ex4ファイルのなかに「インクルードする（取り込む）」。インクルードファイルについてはあとで詳しく説明する。

　拡張子が .mqtのファイルはテンプレートファイルを意味する。これらのファイルはメタエディターで開くことができるが、ファイルタイプはウィンドウズのプログラムとは関連づけられていない。テンプレートはメタエディターのEAウィザード（Expert Advisor Wizard）を使って新しいファイルを作成するのに用いられる。独自のテンプレートを作成することもできるが、本書ではテンプレートの作成方法は扱わない。詳しくはMQLリファレンスを参照してもらいたい。

　拡張子 .mq4はインディケーター、EA、ライブラリー、およびスクリプトのすべてで共通である。見分けるには、ファイルの保存場所を

見るか、ファイルを実際に開いてチェックするしかない。本書を読み終えるころには、ソースコードを見ただけでプログラムの種類を識別することができるようになっているはずだ。

ファイルの保存場所

メタエディターのファイルはすべてエキスパートフォルダのなかに保存される。「¥experts」フォルダはメタトレーダーをインストールしたディレクトリ（C:¥Program Files¥）の下に置かれる。例えば、あなたのブローカーがインターバンクFXの場合、メタトレーダー4をインストールしたフォルダは、「C:¥Program Files¥Interbank FX Trader 4¥」と記述される。

¥expertsフォルダにはソースコードとEAで実行可能なファイル（実行ファイル）が含まれる。上の例を使えば、ブローカーがインターバンクFXの場合、¥expertsフォルダのパスは「C:¥Program Files¥Interbank FX Trader 4¥experts¥」となる。

¥expertsフォルダのなかには、ほかの形式のソースコードや実行ファイルを含むさまざまなフォルダが含まれる。各ファイル形式の保存場所は以下のとおりである。

- ¥experts¥indicators　インディケーターのソースコードと実行ファイルが保存される。
- ¥experts¥include　ソースコードのインクルードファイル（.mqhファイル）が保存される。
- ¥experts¥libraries　関数ライブラリーとDLLが保存される。
- ¥experts¥scripts　スクリプトのソースコードと実行ファイルが保存される。
- ¥experts¥templates　ソースファイルのテンプレートが保存される。

¥expertsフォルダに含まれるフォルダには、ほかにもいくつか重要なものがある。

- ¥experts¥logs　EAの実行結果がログファイルとして保存される。これらのファイルはEAをデバックするときに便利に使える。
- ¥experts¥presets　メタエディターのプロパティ画面から保存またはロードしたEAの設定が保存される。
- ¥experts¥files　入出力用のファイルはここに保存しなければならない。

メタエディター

メタエディターはメタトレーダーに搭載されたMQL言語用の統合開発環境（IDE）である。リファレンス、検索、オートコンパイル用の便利なツールが含まれているため、これを使えばMQL言語でのプログラミングが簡単に行える。

　メタエディターは3つのウィンドウからなる。エディターウィンドウでは見たいファイルのタブをクリックするだけで瞬時に開くことができる。また、各ウィンドウは最大化や最小化ができ、切り替えも自由自在だ。ナビゲーターウィンドウはファイルを検索したり、フォルダ内のファイルを参照するのに使う。ツールボックスウィンドウは、ヘルプの内容、コンパイルエラー、ファイルの検索結果の表示、MQL4.comで提供される記事やファイルへのオンラインアクセスに用いられる。

　最も便利な編集機能のひとつがアシスタント（自動入力）機能だ。MQLの関数や演算子などの言語要素の最初の数文字を入力すれば、ドロップダウンリストが表示されるので、エンターキーを押してハイライト表示されたものを選べば、あとの部分は自動的に入力される。

図1.1 メタエディターの画面構成――メタエディターの画面はエディターウィンドウ（左上）、ナビゲーターウィンドウ（右上）、ツールボックスウィンドウ（下）で構成されている

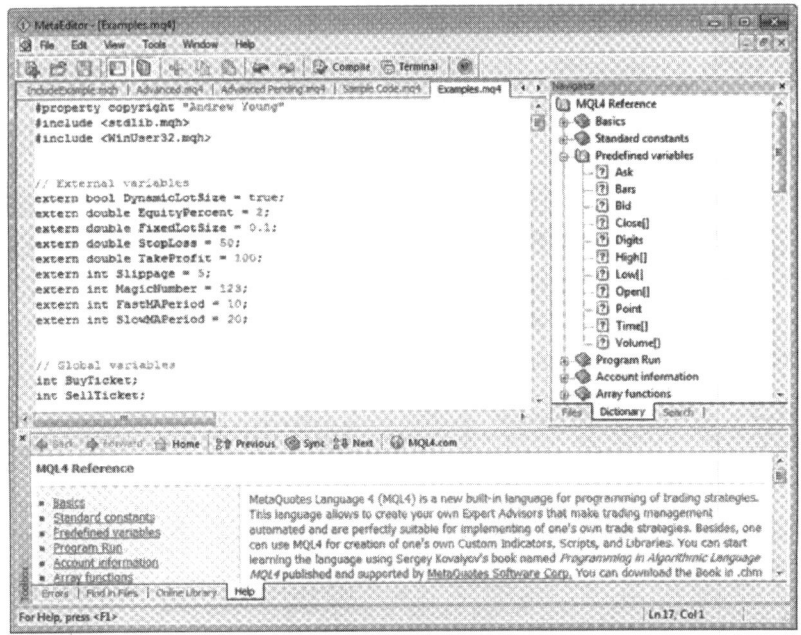

ナビゲーターウィンドウのFilesタブは簡単なファイル検索機能で、¥expertsフォルダに保存したMQLファイルにアクセスしてそれを開いて編集することができる。Dictionaryタブはメタエディターに装備されたMQLリファレンスにアクセスするためのもので、SearchタブはMQLリファレンスを検索するためのものだ。

メタエディターに装備されたMQLリファレンスとその時点における操作に応じた情報を表示するヘルプ機能は、プログラミングにおける時間の節約に役立つはずだ。例えば、特定の言語要素のシンタックスを確認したいと思った場合、エディターウィンドウ上のその部分にテキストカーソルを置いて、キーボードのF1を押すと、ツールボックスウィンドウにヘルプ項目が表示される。

メタエディターのツールバーには標準的な補助的ファイル機能と編

図1.2 メタエディターのアシスタント（自動入力）機能

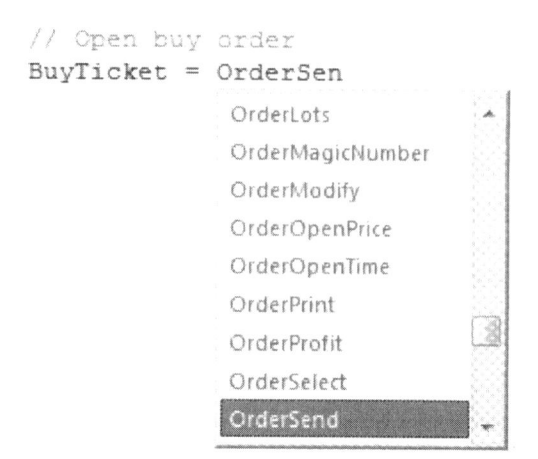

```
// Open buy order
BuyTicket = OrderSen
              OrderLots
              OrderMagicNumber
              OrderModify
              OrderOpenPrice
              OrderOpenTime
              OrderPrint
              OrderProfit
              OrderSelect
              OrderSend
```

集機能が備わっている。ナビゲーターウィンドウとツールボックスウィンドウはツールバー上のボタンを使って表示したり、非表示にしたりすることができる。

　Compileボタンをクリックすると、そのときにエディター上に表示されているファイルをコンパイルすることができる。コンパイルエラーがあればツールボックスウィンドウに表示される。Terminalボタンをクリックすると、検証用のトレーディングターミナルを開くことができる。

基本的概念

　まず基本的なプログラミング概念をいくつかおさらいしておくことにしよう。プログラミング初心者にとってはこのあとの理解が高まるはずだ。ベテランプログラマーはこの部分は飛ばして次の節（「MQ4ファイルの構造」）に移ってもらっても構わない。

シンタックス（文法）

　C++やPHP、あるいはC言語から派生したシンタックスが使われている言語でのプログラミング経験がある人にとって、MQLによるプログラミングはとっつきやすいはずだ。一方、これまで使ってきた言語がVisual Basic などの場合は慣れるのに少し時間がかかるかもしれない。

　MQLでは1つの文（ステートメント）はセミコロン（；）で終了する。式の最後に；を付けると文になる。式は複数行にまたがって書くことができるが、式の最後には必ず；を付けなければならない。

```
double LastHigh = High[1];

string MultiLine = StringConcatenate("This is a multi-line statement. ",
   "For clarity, we will indent multiple lines in this book");
```

　プログラミングが初めてという人、あるいは式の最後に；を付けない言語でのプログラミングに慣れている人は、式の最後には必ず；を付けるように注意しよう。特に初心者は；をつけ忘れることが多いので注意が必要だ。

　これには例外がいくつかある。複合演算子には；は不要だ。複合演算子とは、ブレース（波括弧）｛ ｝のなかに複数の式を含むブロック（プログラムのなかでひとまとまりになった部分）のことを言う。複合演算子には、制御演算子（if、switch）、ループ演算子（for、while）、関数の宣言などがある。

```
if(Compound == true)
   {
      Print("This is a compound expression");
   }
```

　if演算子や右ブレース（｝）のうしろには；はないが、関数Print()

のうしろには ; があることに注意しよう。ブレース内に式が1つしかない場合と複数ある場合があるが、いずれの場合も各式の最後には ; を付ける。

コメント

コメントはコードの説明を記述したり、検証やデバッグのときにコードを一時的にコメントアウト（コメント化することで一時的に機能しないようにすること）するのに使われる。コメントの書き方にはいくつかあり、行末までのコメントにはスラッシュを2つ（ // ）用いる。

```
// This is a comment
```

コメントが複数行にわたる場合は、コメント部分を /* と */ で囲う。コメントは何行にわたっても構わず、 /* と */ で囲った部分がコメントアウトされる。

```
/* This is a comment block
   Everything here is commented out */
```

識別子

識別子とは変数やカスタム関数に与えられる名前で、数字、文字、アンダースコア（ _ ）を組み合わせて表現する（記号で使えるのはアンダースコアのみ）。識別子の長さは31文字を超えてはならない。

自分で定義した関数の識別子はその内容が分かるような記述式にするのがよいが、MQL言語の予約語と重複しないように注意しなければならない。変数とカスタム関数の識別子の例を見てみよう。イタリック体で書かれた部分が識別子だ。

```
double StopLoss;
int Order_Count()
```

　MQLの識別子は小文字と大文字を区別する点に注意しよう。つまり、StopLossとstoplossは異なる変数ということである。これもまた初心者が犯しやすい過ちのひとつだ。識別子の名前には十分注意しよう。

変数

　変数はほかのプログラミング言語と同じく、データを一時的に記憶するのに用いられる。変数には、価格、設定、インディケーターの値など、プログラムが機能するのに必要なデータが格納される。

　変数は使う前に宣言する必要がある。変数を宣言するには、データ型、名前（識別子）、初期値（任意）を指定しなければならない。1つの変数を2回以上宣言したり、宣言し忘れれば、コンパイルエラーになる。

　データ型とはその変数に記憶するデータの種類のことを言う。例えば、数字なのか、文字列なのか、日付なのか、色なのかといった具合だ。MQLのデータ型には次のようなものがある。

- ●int　整数型（0、3、-5などの整数）。整数型変数に代入した数字は最も近い整数に丸められる。
- ●double　浮動小数点型（1.5765、0.03、-2.376などの小数）。価格データや分数を含む数式に用いられる。
- ●string　文字列型（"The quick brown fox jumped over the lazy dog"といった文字列）。文字列は二重引用符（ " ）で囲わなければならない。

- **boolean** ブール型（真［true］と偽［false］の２つの値だけを扱う）。１（true）と０（false）で表してもよい。オンとオフといった２値の状態を表すときに用いられる。
- **datetime** 日付時刻型（2009.01.01 00:00といった日時を表す値）。MQLでは日付時刻型変数は1970年１月１日の午前0:00からの経過秒で表される。
- **color** カラー型（RedやDarkSlateBlueのような色を表す変数）。インディケーターやオブジェクトの色を変更するのに用いられる。

　それでは変数の宣言の例を見てみよう。ここで宣言しているのは、整数型で識別子がMyVariable、初期値が１の変数だ。

```
int MyVariable = 1;
```

　宣言した変数の値を変えるときには、新しい値をその変数に代入すればよい。MyVariableの値を５に変えるには以下のように記述する。

```
MyVariable = 5;
```

　また、ある変数の値をほかの変数に代入することもできる。

```
int YourVariable = 2;
MyVariable = YourVariable;
// MyVariable is 2
```

　代入する変数は同じデータ型でなければならないことに注意しよう。例えば、浮動小数点型の変数を整数型の変数に代入すると、浮動小数点型の変数は最も近い整数に丸められるため、正しい結果を得ることはできない。

定数

　名前からも分かるように、定数とはプログラムの実行期間を通じて変更されない値のことを言う。例えば、数字の5は整数型定数、文字Aは文字型定数、2009.01.01は2009年1月1日を表す日付時刻型定数である。
　MQLには価格データ、チャートの時間枠、色、トレードの演算用にさまざまな標準的な定数が用意されている。例えば、PERIOD_H1はチャートの時間枠H1（1時間足）を表し、OP_BUYは買いの成行注文、Redは赤色を表す定数といった具合だ。
　プリプロセッサー命令「#define」を使えば独自の変数を作成することもできる。これについてはこのあと詳しく説明する。MQLの標準的な定数についてもっと詳しく知りたい人は、MQLリファレンスの「標準的な定数」（Standard Constants）を参照してもらいたい。

関数

　関数は現在のプログラミング言語の基本的な構成要素で、注文を出したり、損切り価格の計算といった特定の作業を実行するための流れをひとまとめにしたもの（これをブロックと言う）である。MQLには、テクニカルインディケーターから注文を出すことまで、さまざまな作業を実行するための関数が標準装備されている。
　関数はプログラムのなかで繰り返し使えることを目的としたものである。したがって、トレーディングでよく行われる作業を関数化する方法を知っておくことは、生産的なプログラミングを行ううえで不可欠だ。こうした作業を行うための再利用可能な関数の作成方法についてはこのあと詳しく説明する。
　ここでは一例として、簡単な関数PipPoint()を見てみることにしよ

う。これは現在表示させているチャートの通貨ペアの小数点以下の桁数を計算するための関数だ。関数の戻り値が常に1ピップスになるように、小数点以下の桁数として3桁や5桁を用いるブローカーの場合は自動的に調整する。例えば、日本円ペア（2桁または3桁）の場合、関数の戻り値は0.01、ほかのペア（4桁と5桁）の場合は0.0001になる。コードのなかでこの関数を呼び出すには次のように記述する。

```
double UsePoint;
UsePoint = PipPoint();
```

　まず、浮動小数点型で名前がUsePointの変数を宣言する。次に、関数PipPoint()を呼び出して、その結果を変数UsePointに代入する。これで、例えば損切り価格の計算に変数UsePointに格納された値を使うことができる。

　関数PipPoint()のコードは以下のとおりである。

```
double PipPoint()
   {
      if(Digits == 2 || Digits == 3) double UsePoint = 0.01;
      else if(Digits == 4 || Digits == 5) UsePoint = 0.0001;
      return(UsePoint);
   }
```

　第1行目は関数の宣言である。変数と同じように、関数の宣言でもデータ型と識別子を指定する。関数では変数で用いられるのと同じデータ型が用いられる。関数のデータ型は関数が返してくる戻り値のデータ型によって決まる。この関数は小数を返してくるので、用いるデータ型は浮動小数点型だ。

　関数の本体はブレース{ }で囲う。この関数にはif-else文が含まれている。これは小数点以下の桁数を評価するための文で、これによって変数UsePointには適切な値が代入される。そのあとのreturn演算子は変数UsePointの値を呼び出す関数に返すための演算子だ。

値を返さない関数には特殊なデータ型が使われる。例えば、特定の作業を行うが、呼び出す関数に値を返す必要のない関数にはデータ型としてvoidが用いられる。void型の関数の場合、関数本体の最後にreturn演算子を記述する必要はない。

ここで買い注文を出すための簡単な関数を見てみよう。この関数は関数に引き渡さなければならない引数（パラメーター）を持つ。これは規定の「ロット数、損切り価格、利食い価格」を事前に設定して買いの成行注文を出すための関数で、コードは以下のとおりである。

```
int OpenBuyOrder(double LotSize, double StopLoss, double TakeProfit)
  {
    int Ticket = OrderSend(Symbol(),OP_BUY,LotSize,Ask,StopLoss,TakeProfit);
    return(Ticket);
  }
```

この関数はLotSize、StopLoss、TakeProfitという3つのパラメーターを持つ。パラメーターにはこの関数のなかでのみ使われる変数が使われている。それぞれの値は呼び出す関数によって代入される。コードのなかで定数を使ってこの関数を呼び出す方法は以下のとおりだ。

```
OpenBuyOrder(2, 1.5550, 1.6050);
```

これは損切り価格1.5550、利食い価格1.6050で2ロットの買い注文を出すためのコードだ。変数を使った別の例を見てみよう。ただし、変数UseLotSize、BuyStopLoss、BuyTakeProfitには適切な値が代入されているものとする。

```
int GetTicket = OpenBuyOrder(UseLotSize,BuyStopLoss,BuyTakeProfit);
```

この例では、関数OpenBuyOrder()の戻り値を変数GetTicket（注

文番号であるチケット番号）に代入する。変数には必ず関数の戻り値を代入しなければならないわけではない。この例では、注文番号であるチケット番号を使ってさらなる処理を行う予定があるときにのみ、関数の戻り値を変数に代入しなければならない。

　パラメーターの値には初期値を設定することができる。つまり、パラメーターが関数に引き渡されないときには、そのパラメーターの値には初期値が使われるということである。初期値を取るパラメーターはリストの最後に置くのが決まりだ。パラメーターのいくつかに初期値を用いる関数の例を見てみよう。

```
int DefaultValFunc(int Ticket, double Price, int Number = 0, string Comment = NULL)
```

　この関数には初期値を取るパラメーターが2つある（NumberとComment）。2つのパラメーターの初期値はそれぞれ0とNULLである。どちらのパラメーターにも初期値を使いたい場合は、関数を呼び出すときにパラメーターを省略して次のようにしてもよい。

```
DefaultValFunc(TicketNum,UsePrice);
```

　最初の2つのパラメーターの値のみ指定し、NumberとCommentにはそれぞれ0とNULLの初期値が使われる。Numberの値は指定し、Commentの値には初期値を使いたいときには、最後のパラメーターは省略してもよい。

```
DefaultValFunc(TicketNum,UsePrice,UseNumber);
```

　この場合もCommentの値には初期値のNULLが使われる。では、Numberには初期値を使うかどうかは分からないが、Commentの値

は指定したい場合はどうだろう。その場合は、Numberの値も指定しなければならない。

```
DefaultValFunc(TicketNum,UsePrice,0,"Comment String");
```

　この例ではNumberの値として0を使った。これは初期値を設定したことを意味する。また、Commentの値には文字列定数を使った。初期値を取る複数のパラメーターを扱うときにパラメーターの記述を省略できるのは、そのあとのパラメーターも初期値を取る場合のみであることに注意しよう。

変数のスコープ（変数が利用できる範囲）

　ある変数がどの関数に使え、どれくらいの期間メモリーに保持されるのかを決めるのが変数のスコープだ。MQLでは、変数のスコープはローカルかグローバルのいずれかになる。ローカル変数は静的変数にすることもできる。

　ローカル変数とは関数内で宣言され、その関数内でしか使えない変数のことを言う。ローカル変数はその関数が呼び出されて実行されるたびに初期化される。そして、その関数の実行が終了すると、その変数とデータはメモリー上から削除される。

　これには例外がある。それは、静的なローカル変数だ。静的変数は関数の実行が終了してもメモリー上に残る。そして、その関数が再び実行されてもその変数の再初期化は行われず、前の値が使われる。

　静的変数として宣言するには、変数の型の前にstaticという修飾子を付け加えればよい。静的変数の宣言の例を見てみよう。

```
static int MyStaticVar;
```

静的変数を2つ以上の関数で使えるようにするには、グローバル変数として宣言しなければならない。つまり、変数を宣言するときにstaticという修飾子を付けなければよいだけである。

グローバル変数はプログラム内のすべての関数で使うことができる。プログラムの実行中はグローバル変数の値は変わらない。グローバル変数は関数の外で宣言する。通常はソースファイルの最初に宣言する。

グローバル変数を初期化する方法は特にない。また、シンタックスはローカル変数と同じである。

MQ4ファイルの構造

新規EAの作成

新規EAを作成する場合、メタエディターのExpert Advisor Wizard（エキスパートアドバイザーウィザード）を使うのが最も簡単な方法だ。EAウィザードを起動するにはメタエディターの［File］メニューから［New］を選択するか、ツールバーの「New」アイコンをクリックするか、Ctrl＋Nホットキーを使う。

EAウィザードが起動したら、作成したいものを選択する。EAウィザードを使って作成できるものはEA以外にも、インディケーター、スクリプト、ライブラリー、インクルードファイル、ファイル作成用のテンプレートがある。作成したファイルはその種類によって適切なディレクトリに保存される。ここではEAを作成するので、「Expert Advisor」を選んで「次へ」ボタンをクリックする。

プロパティ設定画面が現れたら、「Name」（作成するEAの名前）、「Author」（プログラム作成者名）、「Link」（関連するホームページ）、

図1.3 EAのプロパティ設定画面

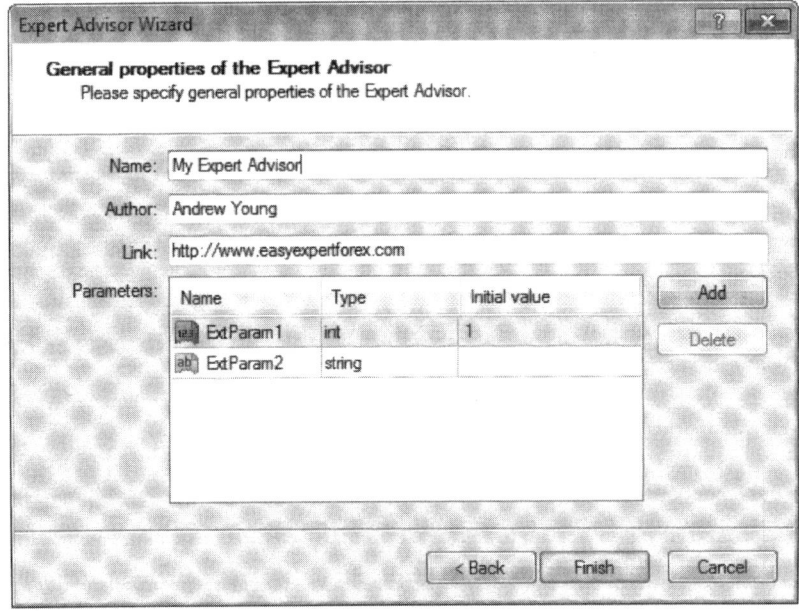

　必要に応じてパラメーターを入力する。作成したEAは「Name」の欄に入力したEAのファイル名で¥expertsフォルダに保存される。

　「Author」欄の内容はStrategy Tester（ストラテジーテスター）ではEAの名前の隣に表示され、ナビゲーターウィンドウではEAの名前の上にカーソルを重ねると表示される。「Link」欄にはあなたのホームページのURLを入力する（ソースファイル以外では表示されない）。

　「パラメーター」欄にはトレードのパラメーターを入力する。パラメーターはとりあえず1つか2つ入力しておく。パラメーターを追加したい場合、ここに追加する必要はなく、あとでソースコードに手動で追加すればよい。すべて入力し終わったら、「完了」ボタンをクリックする。すると、入力した情報が加えられたEAテンプレート（ソ

ースコードの下書き）が表示される。

　初期設定のEAテンプレートは必要最小限の情報しか含まれないが、EAの基本的な構造を持つソースコードになっている。EAテンプレートを使ってMQLファイルの構造を確認しておこう。

プリプロセッサー命令

　MQLファイルの最初に記述されるのがプリプロセッサー命令だ。頭に「＃」の付いたものがプリプロセッサー命令である。初期設定のEAテンプレートには#property copyrightと#property linkという2つのプリプロセッサー命令が記述されている。#property copyrightはEAウィザードで入力したプログラム作成者名で、#property linkは同じくEAウィザードで「Link」欄に入力したホームページのURLだ。

　#propertyはほかにもあるが、インディケーターやスクリプトに関連するものがほとんどだ。EAに必ず含まなければならない#propertyは、そのEAの作成者があなたであることを特定する#property copyrightだけである。

　EAで用いる可能性の高い2番目のプリプロセッサー命令は#includeだ。前にも述べたように、インクルードファイルには、ソースコードをコンパイルするときにプログラムに取り込まれる関数とソースコードが含まれる。#includeのシンタックスは以下のとおりである。

```
#include <filename.mqh>
```

　本章最後のサンプルコードのなかに出てくるstdlib.mqhファイルはメタトレーダーに標準装備されているファイルだ。このファイルには

便利に使える関数がいくつか含まれている。ほかのインクルードファイル同様、stdlib.mqhファイルも¥experts¥includeフォルダのなかに保存されている。

　#defineはプログラムのなかで使われる定数を宣言するのに用いる。あらかじめ定数を定義しておけばその定数の識別子を入力するだけですむので、使うたびに長い文字列を入力する必要はなくなる。

```
#define MYCONSTANT "This is a constant"
```

　この例では定数の識別子として文字列の代わりにMYCONSTANTを使っている。定数の識別子はすべて大文字で書くのが慣わしだ。必ずしも大文字にする必要はないが、一貫性を保つために、定数の識別子はすべて大文字で書くように習慣づけるとよいだろう。

　プログラムで用いる必要のある関数が、別のEA、ライブラリーファイル（.ex4）、ウィンドウズDLLファイル（.dll）などの別ファイルですでにコンパイルされている場合は、#importを使って必要な関数をプログラムに直接インポートすることができる。

　ライブラリーはインクルードファイルに似ているが、そのソースコードはプログラムにはインクルードせず、別のファイルを実行してそこからライブラリー内の関数を呼び出す。ライブラリーの使い方についてはのちほど説明する。

　#importはインクルードファイルのなかに置くのが一般的だ。特に、インポートする関数がたくさんあるときにはそのほうが便利だ。しかし、インポートする関数が１つか２つで、これらの関数を含むインクルードファイルがない場合は、プログラムに直接インポートしてもよい。

　#importの詳細な例については、MQLリファレンスの「関数のインポート」（Importing of Functions）を参照するとともに、¥exports¥

includeフォルダのなかのインクルードファイルも確認してもらいたい。#importのシンタックスは以下のとおりだ。

```
#import "library.ex4"
   double MyImportedFunction();
#import
```

　この例では、関数のインポート元であるライブラリーファイルはlibrary.ex4だ。ここでは浮動小数点型の関数MyImportedFunction()を1つだけインポートしている。関数の識別子はライブラリーのソースファイル内の関数名に一致していなければならない。関数の宣言の最後にセミコロン（;）を入れ忘れないように注意しよう。

パラメーターと外部変数

　EAのソースファイルで次に記述されるのが外部変数だ。外部変数はトレーディングシステムに対して調整可能なパラメーターで、トレードの設定（損切り価格、利食い価格、ロット数）やインディケーターの設定を行うためのものだ。EAのExpert Properties画面を開くと、そのプログラムの外部変数を見ることができる。
　外部変数を定義するには変数の前に修飾子externを付ける。これによって、その変数はExpert Properties画面に追加され、ユーザーが見たり変更したりすることができる。
　外部変数の識別子は、それが実際に何を行うものなのかが分かるように記述式にするのがよい（例えば、「stop」や「SL」とするよりも「StopLoss」としたほうが分かりやすい）。変数の記述には31文字まで使えるので、31文字をフルに使って分かりやすい識別子にするようにしよう。変数の初期値はそのパラメーターの初期値にもなるので、論理的な初期値を選ぶことが大切だ。

グローバル変数

　グローバル変数はソースファイルの一番最初に宣言する。通常は外部変数のあとに宣言する。グローバル変数と外部変数は関数の外側かつ関数の前であればどこで宣言してもよい。

　グローバル変数はプログラムのなかのどの関数のなかでも使うことができる。グローバル変数とその値はプログラムを実行している間はメモリー上に確保され、プログラムのなかのどの関数ででも参照・変更ができる。

　厳密に言えば、外部変数はグローバル変数でもあるわけだが、ここで議論しているグローバル変数は内部変数である。したがって、ユーザーが見たり変更したりすることはできない。

特殊関数

　MQLにはプログラムの実行を制御するための関数が3つ装備されている。init()、deinit()、start()の3つだ。関数init()はEAが起動されたときに一度だけ実行される。この関数は任意なので、使う予定がなければ省略しても構わない。

　関数deinit()はEAの終了時に一度だけ実行される。この関数も任意だ。EAのなかではほとんど使うことはない。

　関数start()はメーンコードを含むため、EAでは必須だ。関数start()が実行されるたびにトレーディング条件がチェックされ、その評価結果によって新規の注文や決済の注文が出される。

　関数start()はティックごとに実行される。ティックとは値動き、つまり通貨ペアの買い気配値や売り気配値の変化のことを言う。動きが活発な市場では、1秒間に数ティック動くこともある。一方、動きの鈍い市場では、数分間1ティックも動かないこともある。

そのほかの関数

　EAで用いるそのほかの関数は関数start()のあとで宣言しなければならない。宣言した関数は関数start()、関数init()、関数deinit()や、メーンプログラムから呼び出されるほかの関数から呼び出す。カスタム関数についてはのちほど説明する。

図1.4　サンプルEAの構造

```
//プリプロセッサー命令
#property copyright "Andrew Young"
#property link      "http://www.expertadvisorbook.com"

#include <stdlib.mqh>

#define MYCONSTANT "This is a constant"


//外部パラメーター
extern int Parameter1 = 1;
extern double Parameter2 = 0.01;


//グローバル変数
int GlobalVariable1;


//関数Init
int init()
  {
     //起動コード
     return(0);
  }


//関数Deinit
int deinit()
  {
     //終了コード
     return(0);
  }


//関数Start
int start()
  {
     //メーンコード
     return(0);
  }


//カスタム関数
int MyCustomFunction()
  {
     //カスタムコード
     return(0);
  }
```

第2章

売買注文
Order Placement

買い気配値、売り気配値、スプレッド

　FXトレーダーのあなたは買い気配値（ビッド）や売り気配値（アスク）についてはすでにご存知のはずだ。しかし、発注時におけるこれらの価格の役割については知らないかもしれない。注文を出したり、ポジションを決済するときには正しい価格を用いることが重要だ。

　買い気配値はメタトレーダーのチャート上の価格だ。通常は、これが「正しい価格」ということになる。売り気配値は、買い気配値よりも数ピップス高いのが普通だ。そして、買い気配値と売り気配値の差をスプレッドといい、これが注文を受けるブローカー側の手数料になる。

　私たちが「買い注文を出したり」、「売りポジションを決済する」ときに使う価格が売り気配値で、「売り注文を出したり」、「買いポジションを決済する」ときに使う価格が買い気配値だ。成行注文を出したり、成行で決済するときには、正しい価格を表示する必要がある。したがって、買い気配値と売り気配値の違いを知っておくことは大変重要だ。

注文種別

　メタトレーダーで出せる注文には3種類ある。成行注文、逆指値注文、指値注文の3つだ。最も一般的なのが成行注文だ。成行注文とはその時点での買い気配値や売り気配値ですぐにポジションを建てるための注文だ。

　MQL（Meta Quotes Language）で成行注文を出すときには仕掛け価格（通常は、最新の買い気配値または売り気配値）を指定しなければならない。市場の動きが速かったり、プログラムの実行が遅れたりすることで指定した仕掛け価格が無効になったときには、クライアントターミナルは現在の市場価格が最大許容スリッページの範囲内であれば、現在の市場価格で注文を出そうとする。

　現在価格が指定した仕掛け価格から最大許容スリッページ以上離れると、出された条件では約定できないことを示すrequoteエラー（レートの再提示）が発生し、注文は出されない。このエラーは動きの速い市場で成行注文を出そうとするときに発生することが多い。ECN/STPタイプのブローカーではスリッページは採用していないため、成行注文は現在価格で出される。

　逆指値注文は待機注文の一種だ。待機注文とは、価格が一定の価格になったら成行でポジションを建てるようにする注文のことを言う。買いの逆指値注文は現在価格の上に置かれ、売りの逆指値注文は現在価格の下に置かれる。これは価格がその水準まで上昇したり下落して、その後もそのポジションの方向に動いて利益を生むことを想定するものだ。

　指値注文は逆指値注文と逆で、買いの指値注文は現在価格の下に置かれ、売りの指値注文は現在価格の上に置かれる。これは、価格がその水準まで下落したり上昇して、注文価格に達したら反転することを想定した注文方法である。自動売買では指値注文はあまり使われない。

待機注文に対しては有効期限を設定することができる。注文がその有効期限までに執行されなければ、注文は自動的にキャンセルされる。ただし、ブローカーによっては有効期限に対応していないところもある。

注文を出す手順

MQLで注文を出すにはいくつかのステップがある。注文を出す前に決めなければならないことは以下のとおりだ。

- **注文種別** 買いか売りか。また、逆指値注文か、成行注文か、指値注文か。
- **売買する通貨ペア** 通常はEA（自動売買システム）が貼付されるチャートの通貨ペア。
- **ロット数** 固定のロット数でもよければ、マネーマネジメントルーチンを使って計算されるものでもよい。
- **仕掛け価格** 成行注文の場合、現在の買い気配値や売り気配値。待機注文の場合、現在価格から必要最小限の距離だけ離れた価格。現在価格よりも高いか安いかは注文種別によって決まる。
- **損切り価格** 損切り価格は事前に決めた価格、インディケーターの値、仕掛け価格から固定ピップス数だけ離れた価格、あるいはリスクマネジメントルーチンを使って動的に計算する価格のいずれかで指定する。損切り価格は注文を出すと同時に設定しても、あとで設定してもよい。
- **利食い価格** 一般に仕掛け価格から固定ピップス数だけ離れた価格だが、ほかの方法で計算することもできる。損切りと同様、利食い価格も注文を出すと同時に設定しても、あとで設定してもよい。
- **マジック番号** 注文のコメントや、特定のEAによる注文であるこ

とを示す注文の識別子。
●**待機注文の有効期限（任意）** ブローカーが対応している場合のみ設定できる。

関数OrderSend()

関数OrderSend()はMQLで注文を出すときに用いられる関数だ。シンタックスは以下のとおりである。

```
int OrderSend(string Symbol, int Type, double Lots, double Price,
    int Slippage, double StopLoss, double TakeProfit, string Comment = NULL,
    int MagicNumber = 0, datetime Expiration = 0, color Arrow = CLR_NONE);
```

●**Symbol** 売買する通貨ペアを表す文字列（例えば、GBPUSD）。関数Symbol()は現在表示させているチャートの通貨ペアに対して用いられることに注意。
●**Type** 注文種別。買いか売りか。成行注文か、逆指値注文か、指値注文か。次に示す整数値で表される。
　　OP_BUY　　買いの成行注文（整数値は０）
　　OP_SELL　　売りの成行注文（整数値は１）
　　OP_BUYSTOP　　買いの逆指値注文（整数値は２）
　　OP_SELLSTOP　　売りの逆指値注文（整数値は３）
　　OP_BUYLIMIT　　買いの指値注文（整数値は４）
　　OP_SELLLIMIT　　売りの指値注文（整数値は５）
●**Lots** 売買するロット数。ブローカーが対応していれば、ミニロット（0.1ロット）やマイクロ（0.01ロット）で指定することもできる。
●**Price** 価格がいくらになったら売買を実行するか（仕掛け価格）を指定する。買いの成行注文の場合は売り気配値、売りの成行注文の場合は買い気配値が仕掛け価格になる。待機注文の場合は、現在

価格の上か下の有効な価格ならば、どんな価格でもよい。
- **Slippage** 最大許容スリッページ（単位はポイント）。自動売買の場合は十分大きな値にすること。スリッページを採用していないブローカーではこのパラメーターは無視される。
- **StopLoss** 損切り価格。買い注文の場合の損切り価格は仕掛け価格の下に置かれ、売り注文の場合の損切り価格は仕掛け価格の上に置かれる。ゼロ（0）に設定すれば、損切りは設定されない。
- **TakeProfit** 利食い価格。買い注文の場合の利食い価格は仕掛け価格の上に置かれ、売り注文の場合の利食い価格は仕掛け価格の下に置かれる。ゼロ（0）に設定すれば、利食いは設定されない。
- **Comment** 注文に対するコメントを文字列で表示することができる（任意）。コメントはターミナルウィンドウのトレードタブをクリックすると見ることができる。注文に対するコメントは注文の識別子として使うこともできる。
- **MagicNumber** どのEAによって出された注文かを識別する整数値（任意）。これは指定しておくことをお勧めする。
- **Expiration** 待機注文の有効期限（任意）。注文の有効期限に対応していないブローカーもある。このような場合、有効期限を指定するとエラーになる。
- **Arrow** チャート上に仕掛け価格と時間を示す矢印の色を指定する（任意）。色を指定しなければ、矢印は表示されない。

関数OrderSend()は注文番号であるチケット番号を返す。エラーによって発注に失敗した場合は、戻り値として−1が返される。

チケット番号はグローバル変数か静的変数に保存しておけば、あとで利用するのに便利だ。エラーによって発注に失敗した場合は、返されたエラーコードに基づいてエラーを分析し、適切な処理を行う。

成行注文

買いの成行注文の例を見てみよう。変数LotSize、Slippage、BuyStopLoss、BuyTakeProfit、MagicNumberはすでに計算されているか数値が与えられ、有効であるものとする。

```
OrderSend(Symbol(),OP_BUY,LotSize,Ask,Slippage,BuyStopLoss,BuyTakeProfit,
    "Buy Order",MagicNumber,0,Green);
```

関数Symbol()は現在表示させているチャートのシンボル(通貨ペア)を返す。注文を出すのは99％の割合で現在表示させているチャートの通貨ペアだ。OP_BUYは買いの成行注文であることを示している。AskはMQLで事前に定義された変数で、最新の売り気配値が保存されている(買いの成行注文の仕掛け価格は売り気配値であることを思い出してもらいたい)。

Slippageは外部変数を使って設定する。価格のスリッページとしてあなたが許容する値幅(ポイント数)を整数値で指定する。あなたのブローカーが小数点以下4桁の気配値(日本円ペアの場合は2桁)を使っているのであれば、1ポイント＝1ピップスで、3桁や5桁の気配値を使っている場合は、1ポイント＝0.1ピップスになる。後者の場合、スリッページの設定値の最後にゼロ(0)を加える必要がある(つまり、10倍するということ)。

この注文には「Buy Order」というコメントを付けた。成行注文の場合は有効期限はないので、有効期限のパラメーターはゼロ(0)に設定する。最後に、チャート上に緑色の矢印が表示されるように、カラー定数としてGreenを指定する。

上記と同じパラメーターを使った売りの成行注文の例は以下のとおりだ。

```
OrderSend(Symbol(),OP_SELL,LotSize,Bid,Slippage,SellStopLoss,SellTakeProfit,
  "Sell Order",MagicNumber,0,Red);
```

注文種別としてOP_SELLを指定しているが、これは売りの成行注文であることを意味している。仕掛け価格には買い気配値を指定している。これはこの売り注文を買い気配値で実行するように指示していることを意味する。「Sell Order」はこの注文に対するコメントだ。また、買い注文と区別するために矢印の色は赤（Red）に指定する。

逆指値注文

待機注文と成行注文との違いは、待機注文では仕掛け価格が現在の市場価格ではない点である。損切り価格や利食い価格は仕掛け価格からの値幅で計算される。

これらの例では、待機注文の仕掛け価格には変数PendingPriceを使う。これはトレーディングアルゴリズムに基づいて計算してもよいし、外部パラメーターとして設定してもよい。

買いの逆指値注文の場合、変数PendingPriceは現在の売り気配値よりも高くしなければならない。BuyStopLossとBuyTakeProfitはPendingPriceからの値幅として正しく計算されているものとする。買いの逆指値注文を出すときの例は以下のとおりだ。

```
OrderSend(Symbol(),OP_BUYSTOP,LotSize,PendingPrice,Slippage,BuyStopLoss,
  BuyTakeProfit,"Buy Stop Order",MagicNumber,0,Green);
```

OP_BUYSTOPは買いの逆指値注文であることを示している。PendingPriceは仕掛け価格を意味する。この注文では有効期限は指定していない。

一方、売りの逆指値注文の場合、PendingPriceは現在の買い気配値

よりも安くしなければならない。この例では、注文の有効期限を変数Expirationを使って指定している。有効期限は現在のサーバー時間の数値よりも大きくしなければならない。売りの逆指値注文を出すときの例は以下のとおりだ。

```
OrderSend(Symbol(),OP_SELLSTOP,LotSize,PendingPrice,Slippage,SellStopLoss,
    SellTakeProfit,"Sell Stop Order",MagicNumber,Expiration,Red);
```

指値注文

指値注文は逆指値注文に似ているが、取引種別が違っているだけでなく、注文価格が現在価格に対して逆指値注文とは逆になる点が異なる。買いの指値注文の場合、注文価格は現在の買い気配値よりも安くしなければならない。買いの指値注文を出すときの例は以下のとおりである。

```
OrderSend(Symbol(),OP_BUYLIMIT,LotSize,PendingPrice,Slippage,BuyStopLoss,
    BuyTakeProfit,"Buy Limit Order",MagicNumber,0,Green);
```

OP_BUYLIMITは買いの指値注文であることを示している。これ以外のパラメーターは逆指値注文と同じである。

売りの指値注文の場合、注文価格は現在の売り気配値よりも高くしなければならない。売りの指値注文を出すときの例は以下のとおりである。

```
OrderSend(Symbol(),OP_SELLLIMIT,LotSize,PendingPrice,Slippage,SellStopLoss,
    SellTakeProfit,"Sell Limit Order",MagicNumber,Expiration,Red);
```

損切り価格と利食い価格の計算方法

損切り価格と利食い価格の計算方法はいくつかある。最もよく使わ

れる方法は、仕掛け価格からの値幅をピップス数で指定するというものだ。例えば、損切りを50ピップスに指定したとすると、損切りは仕掛け価格から50ピップス離れた位置に置かれることを意味する。

あるいは、インディケーターの値、外部パラメーター、そのほかの計算方法を使ってもよい。注意しなければならないのは、損切り価格や利食い価格が有効な値であるかどうかを確認することだ。

仕掛け価格からの値幅による計算方法

損切り価格を計算するときに最もよく用いられる方法は、まず外部変数を使って損切り価格や利食い価格を仕掛け価格からの値幅（ピップス数）で指定し、それを損切り価格そのものに変換するというものだ。

前にも述べたように、買いの成行注文の場合、仕掛け価格は売り気配値になり、売りの成行注文の場合、仕掛け価格は買い気配値になる。逆指値注文や指値注文の場合は、現在の市場価格とは異なる有効な仕掛け価格を指定する。その価格は変数OpenPriceに代入される。

損切りや利食いの設定には次の外部変数を用いる。

```
extern int StopLoss = 50;
extern int TakeProfit = 100;
```

この例では、損切りには50ピップス、利食いには100ピップスを設定している。あなたがこれまで使ったことのあるEAのなかでも、これに似た設定を見たことがあるはずだ。

損切り価格そのものを計算するには、仕掛け価格から50ピップスを足すか引けばよい。まず、整数値50を仕掛け価格に加減する小数値に変換する必要がある。日本円ペアの場合、50ピップス＝0.50で、そのほかのペアの場合は50ピップス＝0.0050だ。

整数値を適切な小数値に変換するには、外部変数StopLossにこの

ポイント数(ピップス値)を掛ければよい。

ポイント

　PointはMQLで事前に定義された変数で、小数点以下何桁を用いるかに基づいて、通貨の最小価格単位を返してくる。例えば、小数点以下4桁の通貨ペアの場合、1ポイント＝0.0001である。日本円ペアの場合は1ポイント＝0.01だ。

　それでは、成行注文で買ったポジションの損切り価格を計算してみよう。現在の売り気配値をOpenPriceに代入し、その値を仕掛け価格として用いる。このとき、StopLossはゼロよりも大きくなければならないので注意しよう。ゼロよりも大きいことを確認したら、StopLossにPointを掛け、得られた値をOpenPriceから差し引く。得られた結果が変数BuyStopLossに代入される。

```
double OpenPrice = Ask;

if(StopLoss > 0) double BuyStopLoss = OpenPrice - (StopLoss * Point);
 //1.4600-(50*0.0001)=1.4550
```

　StopLossの値がゼロよりも大きくない場合、BuyStopLossはゼロ(0)で初期化され、このポジションに対しては損切りは設定されない。Pointが0.0001だと仮定すると、仕掛け価格が1.4600ならば、ストップ水準(損切りの値幅)は50ピップスになり、したがってこの買いポジションの損切り価格は1.4550(＝1.4600－0.0050)になる。

　最近では気配値を小数点以下3桁(日本円ペアの場合)や5桁(そのほかのペアの場合)で表示するブローカーが出てきた。あなたのブローカーがこうした表示方法を使っているのであれば、上の例ではPointは0.00001になる。

　上の損切り価格の計算例で1ポイントの値として0.00001を用いた

場合、仕掛け価格から損切りまで値幅は50ピップスになるが、これでは問題が生じる。正しい値を得るためには、損切りの設定値にゼロを１つ付け加えて、StopLoss=500としなければならない。

しかし、小数点以下３桁や５桁の表示方法を用いるブローカーに注文を出すたびに損切り設定値や利食い設定値にゼロを付け加えるのは面倒だ。そこで、ブローカーが小数点以下３桁や５桁の表示方法を使っているか否かにかかわらず、常に0.01または0.0001を返してくる関数を作ることにしよう。この関数は常に１ピップスに相当するポイント値を返してくるので、名前はPipPointとすることにする。

```
double PipPoint(string Currency)
  {
    int CalcDigits = MarketInfo(Currency,MODE_DIGITS);
    if(CalcDigits == 2 || CalcDigits == 3) double CalcPoint = 0.01;
    else if(CalcDigits == 4 || CalcDigits == 5) CalcPoint = 0.0001;
    return(CalcPoint);
  }
```

文字列のパラメーターCurrencyはポイント値を計算する対象となる通貨ペアのシンボルである。関数MarketInfo()のパラメーターにMODE_DIGITSを入力するとその通貨ペアの小数点以下の桁数を返してくる。if-else文は小数点以下の桁数に基づいて変数CalcPointに適切なポイント値を代入する。

この関数を実際に使ってみよう。用いるのは現在表示させているチャートのペアがほとんどなので、関数Symbol()をパラメーターとして引き渡す。すると現在表示させているチャートの通貨ペアのポイント値を返してくる。

```
double UsePoint = PipPoint(Symbol());
```

特定のペアを使った例は以下のとおりだ。

```
double UsePoint = PipPoint(EURUSD);
//結果は0.0001

double UsePoint = PipPoint(USDJPY);
//結果は0.01
```

本書ではこのあと、1ピップスに相当するポイント値の計算にはこの関数を使うことにする。前にも述べたように、1ピップスの値を計算するとき、ブローカーが小数点以下3桁や5桁を使っている場合、変数Pointは正しく機能しない。EAは小数点以下2桁と4桁を使っているブローカーでのみ使用されるわけではないので、関数PipPoint()を使って1ピップスのポイント値を自動的に計算する必要がある。

スリッページとポイント

本題からは少しそれるが、スリッページパラメーターを調整するための関数を作っておくことにしよう。本章で前にも述べたように、気配値に小数点以下3桁や5桁を用いるブローカーの場合、関数OrderSend()のスリッページパラメーターは、正しいスリッページ値にするためには10倍しなければならない。

次の関数はスリッページパラメーターを外部パラメーターのSlippageで指定したピップス数に自動的に設定するための関数だ。

```
int GetSlippage(string Currency, int SlippagePips)
{
    int CalcDigits = MarketInfo(Currency,MODE_DIGITS);
    if(CalcDigits -= 2 || CalcDigits == 4) double CalcSlippage = SlippagePips;
    else if(CalcDigits == 3 || CalcDigits == 5) CalcSlippage = SlippagePips * 10;
    return(CalcSlippage);
}
```

パラメーターとしては通貨シンボルと外部パラメーターのスリッページを引き渡す。その通貨の気配値が小数点以下2桁や4桁で表示さ

れる場合、スリッページパラメーターにはSlippagePipsをそのまま使うが、小数点以下3桁や5桁で表示される場合は、SlippagePipsを10倍した値を使う。この関数は関数OrderSend()のなかでは次のように使う。

```
//外部パラメーター
extern int Slippage = 5;
```

```
//注文の発注
OrderSend(Symbol(),OP_BUY,LotSize,Ask,GetSlippage(Symbol(),Slippage),BuyStopLoss,
    BuyTakeProfit,"Buy Order",MagicNumber,0,Green);
```

この例のスリッページは5ピップスで、スリッページパラメーターはその通貨の気配値の小数点以下の桁数に基づいて自動的に調整される。

スリッページとポイントをグローバル変数として用いる場合

ポイントやスリッページの値を返す関数を用いる場合、厄介な点は関数のパラメーターを入力する手間がかかることだ。そこで、売買対象の通貨ペアのポイントやスリッページの適切な値を格納するグローバル変数を作成し、これらの値を参照したいときにいつでも使えるようにしておくことにしよう。

これらの値はプログラムの実行中は変わらず一定なので、これらの値は関数init()のなかで計算する。ただし、整数型の外部変数であるSlippageはすでに存在しているものとする。

```
//グローバル変数
double UsePoint;
int UseSlippage;

int init()
  {
    UsePoint = PipPoint(Symbol());
    UseSlippage = GetSlippage(Symbol(),Slippage);
  }
```

これ以降は、これらの値を参照するときにはUsePointとUseSlippageを使う。ただし、このコードは1つの通貨ペアのみ注文を出すことを前提としている。ほとんど（98%の確率）がこのケースだが、複数の通貨（または表示させているチャート以外の通貨）の注文を出すEAを作成する場合、これらの値はその都度、関数PipPoint()と関数GetSlippage()を使って計算する必要がある。

関数MarketInfo()

　前出のコードでは、ポイント値と通貨の気配値の小数点以下の桁数を入手するのに関数Marketinfo()を使った。関数MarketInfo()にはいろいろな用途があるが、ここではプログラムのなかで必要な価格情報を取得するために使う。関数MarketInfo()のシンタックスは以下のとおりである。

```
double MarketInfo(string Symbol, int RequestType);
```

　Symbolパラメーターは情報を取得する対象となる通貨のシンボルである。関数Symbol()は現在表示させているチャートの通貨シンボルに対して用いられることに注意しよう。そのほかの通貨シンボルに対して用いる場合は、EURJPYといった通貨シンボルを指定する必要がある。

　RequestTypeは要求する情報の種類を表す整数の定数である。関数MarketInfo()の定数には便利なものがいくつかある。以下のリストはそれらを示したものだ。すべての定数について知りたい人は、MQLリファレンスの「標準的な定数」（Standard Constants）の「市場情報」（MarketInfo）の項を参照してもらいたい。

- **MODE_POINT**　ポイント値。例えば、0.01や0.00001。
- **MODE_DIGITS**　価格の小数点以下の桁数。日本円ペアの場合は2または3で、そのほかのペアの場合は4または5。
- **MODE_SPREAD**　現在のスプレッド。例えば、3ピップス（小数点以下3桁や5桁を用いるブローカーの場合は30）。
- **MODE_STOPLEVEL**　ストップレベル。例えば、3ピップス（小数点以下3桁や5桁を用いるブローカーの場合は30）。

次に示す定数は別の通貨（現在のチャートに表示させているものとは異なる通貨）の価格情報を確認するときに用いられる。

- **MODE_BID**　選んだ通貨シンボルの現在の買い気配値。
- **MODE_ASK**　選んだ通貨シンボルの現在の売り気配値。
- **MODE_LOW**　選んだ通貨シンボルの現在の足の安値。
- **MODE_HIGH**　選んだ通貨シンボルの現在の足の高値。

損切り価格の計算

　正しいポイント値が得られたところで、損切り価格を計算してみることにしよう。買いポジションの場合、損切り価格は仕掛け価格よりも安く、売りポジションの場合は仕掛け価格よりも高くなる。
　次のコードは以前に出てきた買いポジションの損切り価格を計算するためのコードだが、変数UsePointが新たに加わっている。変数OpenPriceには売り気配値（Ask）が代入されていることに注意しよう。

```
double OpenPrice = Ask;
if(StopLoss > 0) double BuyStopLoss = OpenPrice - (StopLoss * UsePoint);
```

　売りポジションの場合は以下のとおりだ。この場合は、変数

OpenPriceには買い気配値（Bid）を代入する。また、引き算ではなく足し算になっている点にも注意しよう。

```
double OpenPrice = Bid;
if(StopLoss > 0) double SellStopLoss = OpenPrice + (StopLoss * UsePoint);
```

待機注文の場合、損切り価格は仕掛け価格を基準として計算する。その場合、変数OpenPriceには現在の市場価格ではなく、注文した価格(仕掛け価格)を格納する。考え方は上記の例とまったく同じである。

利食い価格の計算

利食い価格の計算は損切り価格の計算とほとんど同じで、足し算と引き算を逆にするだけでよい。例えば、買いポジションの場合、利食い価格は仕掛け価格よりも高くなり、売りポジションの場合、利食い価格は仕掛け価格よりも安くなる。変数OpenPriceには適切な値が代入されているものとする。

```
if(TakeProfit > 0) double BuyTakeProfit = OpenPrice + (TakeProfit * UsePoint);
if(TakeProfit > 0) double SellTakeProfit = OpenPrice - (TakeProfit * UsePoint);
```

損切り価格と利食い価格の別の計算方法

損切り価格と利食い価格の計算方法には別の方法もある。例えば、直近の高値や安値、あるいはインディケーターの値を使って損切り価格を決めることもできる。それでは実例を見てみよう。

このケースでは、現在の足の安値の２ピップス下に損切りを置くというトレーディングシステムを使っているものとする。まず、事前に定義した価格配列Low[]を使って対象となる足の安値を取得する。

Low[0]は現在の足の安値、Low[1]はその1つ前の足の安値といった具合だ。

現在の足の安値を取得したら、UsePointに2を掛けて小数値を求め、得られた値を安値から差し引く。

```
double BuyStopLoss = Low[0] - (2 * UsePoint);
```

例えば、現在の足の安値が1.4760だとすると、損切りは1.4758に置かれることになる。

損切りを過去x本の足の最安値に置きたい場合は、メタトレーダーの組み込み関数を使うことができる。関数iLowest()は特定の期間内において最安値を含む足の位置（最新の足からのシフト）を返す関数だ。高値、安値、始値、終値のいずれかを指定することができる。

関数iLowest()を使って過去10本の足の最安値を求めるコード例は以下のとおりだ。

```
int CountBars = 10;
int LowestShift = iLowest(NULL,0,MODE_LOW,CountBars,0);
double BuyStopLoss = Low[LowestShift];
```

関数iLowest()の最初のパラメーターは通貨シンボルである。NULLになっているが、これは現在表示させているチャートの通貨シンボルであることを意味する。MQL関数は、現在表示させているチャートのシンボルを参照するのに文字列定数のNULLを使うものが多い。2番目のパラメーターはチャートの時間枠（周期）を表す。0は現在表示させているチャートの時間枠であることを意味する。

MODE_LOWは、安値の時系列配列を指定する整数の定数である。つまり、直近のCountBars本の足の最安値を求めることを意味する。最も安い終値を知りたい場合は、MODE_CLOSEを用いる。すべての時系列配列の定数を知りたい人は、MQLリファレンスの「標準的な

定数」(Standard Constants) の「時系列配列」(Series Arrays) の項を参照してもらいたい。

CountBarsは検索したい足の数である。このケースの場合は10である。最後のパラメーターはどの足から数えるかを指定するものだ。0は現在の足を意味する。1つ前の足から数え始めるのであれば1、2つ前の足から数え始めるのであれば2と指定する。

関数iLowest()は、価格時系列において最安値を含む足が数え始めの足から何本目の足であるかを示す整数値を返してくる。上の例で関数iLowest()が整数値6を返してきたとすると、最安値を含む足は数え始めの足から6本目の足ということになる。この戻り値は変数LowestShiftに格納する。実際の価格を求めるには、Low[LowestShift]の値、つまりLow[6]の値を取得すればよい。

この方法を使って売りポジションの損切り価格を計算するには、関数iHighest()を使って同じようにやればよい。例えば上記の例では、時系列配列パラメーターにはMODE_HIGHを使う。

次に、インディケーターを使った例を見てみよう。損切りを移動平均線の位置に置きたい場合（移動平均の値はすでに分かっているものとする）、変数MAが現在の足の移動平均の値になる。したがって、現在の移動平均の値を損切り価格の変数に代入すればよい。

```
double BuyStopLoss = MA;
```

現在の足の移動平均の値が1.6894だとすると、その値が損切り価格になる。

損切り価格や利食い価格を求めるよく使われる方法を見てきたが、自分のテクニカル分析の知識や想像力を駆使してほかの方法も考えてみよう。

注文やポジションの状態に関する情報の取得

　注文を出したあと、注文の変更やポジションの決済を行うには、まずその注文やポジションの状態を調べる必要がある。そのためにはまず関数OrderSelect()を使って対象となる注文やポジションを選択しなければならない。その選択方法としては、注文番号であるチケット番号で選択する方法と、インデックス（オーダープールのなかにおける位置）で選択する方法がある（**注**　オーダープールには2つあって、保有中のポジションと待機注文が保存されている場所がトレーディングプール［ターミナルウィンドウの「取引」タブをクリックしたときに表示される情報］、決済済みのポジションとキャンセルされた注文が保存されている場所がヒストリープール［ターミナルウィンドウの「口座履歴」タブをクリックしたときに表示される情報］）。

　関数OrderSelect()を使って注文やポジションを選択したら、注文やポジションに関する情報を得るためのさまざまな関数を使って、現在の損切り価格、利食い価格、仕掛け価格、決済価格などの情報を取得する。

関数OrderSelect()

　関数OrderSelect()のシンタックスは以下のとおりである。

```
bool OrderSelect(int Index, int Select, int Pool = MODE_TRADES)
```

- **Index**　選択したい注文番号であるチケット番号またはインデックス（オーダープールにおける位置）。Selectパラメーターはどちらを使っているかを示すパラメーター。
- **Select**　Indexパラメーターがチケット番号かオーダープールのな

かの位置（インデックス）なのかを示す定数。
- SELECT_BY_TICKETの場合、Indexパラメーターの値は注文番号であるチケット番号を表す。
- SELECT_BY_POSの場合、Indexパラメーターの値はその注文のオーダープールにおける位置（インデックス）を表す。

● **Pool** オーダープール（待機注文や保有中のポジションなのか、決済済みポジションなのか）を表す定数（任意）。選択したい注文やポジションをどちらのプールから選ぶのかを指定する。
- MODE_TRADESの場合、待機注文や保有中のポジションのプール（トレーディングプール。初期設定）。
- MODE_HISTORYの場合、決済済みポジションとキャンセルされた注文のプール（ヒストリープール）。

関数OrderSelect()は注文やポジションの選択に成功すればtrueを返し、失敗すればfalseを返してくる。

チケット番号を使って注文やポジションを選択する関数OrderSelect()の例を見てみよう。変数Ticketには有効なチケット番号が格納されていなければならない。

```
OrderSelect(Ticket,SELECT_BY_TICKET);
```

関数OrderSelect()で注文やポジションを選択したら、その状態を調べるさまざまな関数を使ってその注文やポジションの状態を調べることができる。関数OrderSelect()とともに使える関数の完全リストについては、MQLリファレンスの「取引の関数」（Trading Functions）を参照してもらいたい。注文やポジションの状態を調べる関数のなかでよく使われる関数は以下のとおりだ。

- **OrderSymbol()** 選択した注文やポジションの通貨ペアのシンボルを返す。
- **OrderType()** 選択した注文やポジションの取引種別を返す（買い注文なのか売り注文なのか。成行注文なのか、逆指値注文なのか、指値注文なのか）。戻り値は50ページの「関数MarketInfo()」のところで示した注文種別を示す整数値のなかの対応する整数値。
- **OrderOpenPrice()** 選択した注文やポジションの仕掛け価格を返す。
- **OrderLots()** 選択した注文やポジションのロット数を返す。
- **OrderStopLoss()** 選択した注文やポジションの損切り価格を返す。
- **OrderTakeProfit()** 選択した注文やポジションの利食い価格を返す。
- **OrderTicket()** 選択した注文やポジションのチケット番号を返す。関数OrderSelect()で2番目のパラメーターにSELECT_BY_TICKETを指定し、注文やポジションをトレーディングプールから選択するときにこのチケット番号を用いる。
- **OrderMagicNumber()** 選択した注文やポジションのマジック番号を返す。ループ処理を行うとき、自分のEAによって発注したことを示すのに必要。
- **OrderComment()** 注文やポジションに付与されたコメントを返す。二次的な識別子としても使うことができる。
- **OrderClosePrice()** 選択した注文やポジションの決済価格を返す。この場合はすでに決済されていなければならない（つまり、ヒストリープールに入っているということ）。
- **OrderOpenTime()** 選択した注文やポジションが約定した時間を返す。
- **OrderCloseTime()** 選択した注文やポジションが決済された時

間を返す。
- ●OrderProfit()　選択した注文やポジションの預金通貨での利益を返す。

ポジションを決済したり、注文を変更したりするときには、その前に関数OrderSelect()を使って対象となるポジションや注文を選択しなければならない。それでは、関数OrderSelect()を使ってポジションを決済する方法を見ていくことにしよう。

決済とキャンセル

成行注文で決済するときには、現在の市場価格で決済する。買いポジションの場合は買い気配値で決済し、売りポジションの場合は売り気配値で決済することになる。待機注文の場合は、トレーディングプールから注文を選択してキャンセルすればよい。

関数OrderClose()

成行注文で決済するときには関数OrderClose()を使う。この関数のシンタックスは以下のとおりである。

```
bool OrderClose(int Ticket, double Lots, double Price, int Slippage, color Arrow);
```

- ●Ticket　成行注文で決済するポジションのチケット番号。
- ●Lots　決済するロット数。ほとんどのブローカーは分割決済に対応している。
- ●Price　決済したい価格。買いポジションの場合は現在の買い気配値になり、売りポジションの場合は現在の売り気配値になる。

●**Slippage**　決済したい価格からの許容スリッページ（単位はピップス）。
●**Color**　決済の位置を示す矢印のカラー定数。省略した場合は矢印は表示されない。

　ロット数の一部を指定することでポジションの一部を決済することができる。例えば、ロット数2.00の保有中のポジションがあり、そのうちの半分を決済したい場合は、Lotsパラメーターを1に指定すればよい。大部分のブローカーは分割決済に対応しているが、対応していないブローカーもあるので注意しよう。

　1つのポジションを何回かに分けて決済する必要がある場合、複数回に分けて決済するよりも、最初から注文を複数に分けて出したほうがよい。上の例を使えば、2回に分けて決済したいときは2つの決済注文を同時に出し、ポジションの半分を決済する必要がある場合はそのうちの1つを決済する。本書では注文はすべて一括決済とする。

　成行注文で買ったポジションを決済する例を見てみよう。

```
OrderSelect(CloseTicket,SELECT_BY_TICKET);

if(OrderCloseTime() == 0 && OrderType() == OP_BUY)
  {
     double CloseLots = OrderLots();
     double ClosePrice = Bid;

     bool Closed = OrderClose(CloseTicket,CloseLots,ClosePrice,UseSlippage,Red);
  }
```

　変数CloseTicketは決済したいポジションのチケット番号だ。関数OrderSelect()で決済したいポジションを選択したら、そのポジションの状態に関する情報を取得することができる。まず関数OrderCloseTime()でそのポジションの決済された時間を調べ、そのポ

ジションが決済済みかどうかを確認する。関数OrderCloseTime()が0を返してきたら、そのポジションは保有中であることが分かる。

　ポジションの取引種別も調べる必要がある。なぜなら、ポジションの決済価格はポジションの取引種別によって決まるからだ。ポジションの取引種別を調べるには関数OrderType()を使う。この関数が返してくる整数値によってポジションの取引種別を確認する。そのポジションが買いの成行注文（OP_BUY）によって建てたものであれば、決済処理を続ける。

　次に関数OrderLots()を使ってそのポジションのロット数を調べ、得られた値を変数CloseLotsに格納する。このケースの場合、現在の買い気配値を変数ClosePriceに代入する。そのあと、関数OrderClose()を呼び出してポジションを決済する。

　スリッページはUseSlippageを使って設定し、チャート上に赤色の矢印を表示させる（パラメーターにRedを指定）。変数Closedにはブール型の戻り値が格納される。ポジションの決済に成功すれば、Closedに格納される値はtrue、失敗すればfalseになる。

　成行注文で売って建てたポジションを決済するには、ポジションの取引種別をOP_SELLに変更して、現在の売り気配値を変数ClosePriceに代入すればよい。

```
if(OrderCloseTime() == 0 && OrderType() == OP_SELL)
  {
     double CloseLots = OrderLots();
     double ClosePrice = Ask;

     bool Closed = OrderClose(CloseTicket,CloseLots,ClosePrice,UseSlippage,Red);
  }
```

関数OrderDelete()

　まだ執行されていない待機注文を取り消すには、関数OrderDelete()

を使って注文をキャンセルする。この関数は２つのパラメーター（チケット番号と矢印の色）を持つ。決済価格、ロット数、スリッページは指定する必要はない。買いの逆指値注文を取り消すためのコードは以下のとおりである。

```
OrderSelect(CloseTicket,SELECT_BY_TICKET);
if(OrderCloseTime() == 0 && OrderType() == OP_BUYSTOP)
  {
     bool Deleted = OrderDelete(CloseTicket,Red);
  }
```

関数OrderClose()と同様、関数OrderDelete()を使う場合も、注文種別を調べて取り消す注文が待機注文であることを確認する必要がある。待機注文の取引種別を表す定数はOP_BUYSTOP、OP_SELLSTOP、OP_BUYLIMIT、OP_SELLLIMITのいずれかだ。ここでは買いの逆指値注文を取り消す例を見てきたが、ほかの取引種別の待機注文を取り消すには、注文種別を変えればよい。

待機注文はいったん執行されればポジションを保有することになるため、関数OrderClose()を使って決済しなければならない。

簡単なEA

これまで見てきたコードを使って簡単なEA（自動売買システム）を作成してみよう。一例として、簡単な移動平均線の交差システムを見てみることにしよう。このシステムは、10期間移動平均線が20期間移動平均線を上に交差したら買い注文を出し、10期間移動平均線が20期間移動平均線を下に交差したら売り注文を出す。

これはドテン売買システムだ。つまり、今あるポジションは、反対方向の注文が出されたら決済されるということである。あるいは損切りや利食いによって決済されることもある。最後の注文番号であるチ

ケット番号をグローバル変数BuyTicketとSellTicketに格納する。新規に注文が出されたら、最後の注文番号であるチケット番号は削除される。これによって複数注文が継続的に出されるのを防ぐ。

```
//プロセッサー命令
#property copyright "Andrew Young"

//外部変数
extern double LotSize = 0.1;
extern double StopLoss = 50;
extern double TakeProfit = 100;

extern int Slippage = 5;
extern int MagicNumber = 123;

extern int FastMAPeriod = 10;
extern int SlowMAPeriod = 20;

//グローバル変数
int BuyTicket;
int SellTicket;

double UsePoint;
int UseSlippage;

//関数Init
int init()
  {
     UsePoint = PipPoint(Symbol());
     UseSlippage = GetSlippage(Symbol(),Slippage);
  }


//関数Start
int start()
  {
     //移動平均線
     double FastMA = iMA(NULL,0,FastMAPeriod,0,0,0,0);
     double SlowMA = iMA(NULL,0,SlowMAPeriod,0,0,0,0);

     //買い注文
     if(FastMA > SlowMA && BuyTicket == 0)
       {
          OrderSelect(SellTicket,SELECT_BY_TICKET);

          //決済注文
          if(OrderCloseTime() == 0 && SellTicket > 0)
            {
               double CloseLots = OrderLots();
               double ClosePrice = Ask;

               bool Closed = OrderClose(SellTicket,CloseLots,ClosePrice,UseSlippage,Red);
            }
```

```
            double OpenPrice = Ask;

            //損切り価格と利食い価格の計算
            if(StopLoss > 0) double BuyStopLoss = OpenPrice - (StopLoss * UsePoint);
            if(TakeProfit > 0) double BuyTakeProfit = OpenPrice + (TakeProfit * UsePoint);

            //買い注文の発注
            BuyTicket = OrderSend(Symbol(),OP_BUY,LotSize,OpenPrice,UseSlippage,
                BuyStopLoss,BuyTakeProfit,"Buy Order",MagicNumber,0,Green);

            SellTicket = 0;
        }

        //売り注文
        if(FastMA < SlowMA && SellTicket == 0)
        {
            OrderSelect(BuyTicket,SELECT_BY_TICKET);

            if(OrderCloseTime() == 0 && BuyTicket > 0)
            {
                CloseLots = OrderLots();
                ClosePrice = Bid;

                Closed = OrderClose(BuyTicket,CloseLots,ClosePrice,UseSlippage,Red);
            }

            OpenPrice = Bid;

            if(StopLoss > 0) double SellStopLoss = OpenPrice + (StopLoss * UsePoint);
            if(TakeProfit > 0) double SellTakeProfit = OpenPrice - (TakeProfit * UsePoint);

            SellTicket = OrderSend(Symbol(),OP_SELL,LotSize,OpenPrice,UseSlippage,
                SellStopLoss,SellTakeProfit,"Sell Order",MagicNumber,0,Red);

            BuyTicket = 0;
        }

        return(0);
    }


//関数PipPoint
double PipPoint(string Currency)
    {
        int CalcDigits = MarketInfo(Currency,MODE_DIGITS);
        if(CalcDigits == 2 || CalcDigits == 3) double CalcPoint = 0.01;
        else if(CalcDigits == 4 || CalcDigits == 5) CalcPoint = 0.0001;
        return(CalcPoint);
    }


//関数GetSlippage
int GetSlippage(string Currency, int SlippagePips)
    {
        int CalcDigits = MarketInfo(Currency,MODE_DIGITS);
        if(CalcDigits == 2 || CalcDigits == 4) double CalcSlippage = SlippagePips;
        else if(CalcDigits == 3 || CalcDigits == 5) CalcSlippage = SlippagePips * 10;
        return(CalcSlippage);
    }
```

最初に宣言するのはプリプロセッサー命令の#property copyrightだ。これはこのコードが私たちに帰属することを示すものだ。次に宣言するのが外部変数で、これはその内容が分かるような記述式の名前にする。次にグローバル変数のBuyTicketとSellTicketを宣言する。これによって注文番号であるチケット番号はプログラムを実行している間はメモリ上に確保される。これらの変数は関数start()のなかで静的変数として宣言してもよい。

　UsePointとUseSlippageをグローバル変数に追加する。これらの変数の値は、関数init()のなかで計算する。次に、関数PipPoint()と関数GetSlippage()を呼び出し（これらの関数はファイルの最後で宣言する）、戻り値をグローバル変数に代入する。これらの値はこのあとでこのプログラムのなかでポイントやスリッページの値を参照するときに用いる。

　次にメインプログラムを実行するための関数start()を宣言する。関数deinit()はここでは使わないので省略する。関数iMA()は移動平均を計算するための関数で、10期間移動平均は移動平均を算出する足の数を表すパラメーターとして変数FastMAPeriodを使って計算し、その値を変数FastMAに格納する。一方、20期間移動平均は同パラメーターとして変数SlowMAPeriodを使って計算し、その値を変数SlowMAに格納する。そのほかのパラメーターは初期値に設定される（移動平均を算出する位置は最新の足。移動平均は単純移動平均で、計算には終値を用いる）。

　次にif演算子を使って売買シグナルの条件を定義する。現在の10期間移動平均（FastMA）が20期間移動平均（SlowMA）よりも大きく、かつBuyTicketが0の場合、買い注文を出す。

　買い注文を出す前に、現在売りポジションがある場合はその売りポジションを決済する。まず、関数OrderSelect()を使って現在のSellTicketを取得する。このポジションの決済時間が0（まだ保有中

であることを示す）で、SellTicketが0よりも大きい（SellTicketは有効であることを示す）場合に売りポジションを決済する。そのためには売りポジションのロット数と現在の売り気配値（この売りポジションの決済価格になる）を取得し、関数OrderClose()を使って売りポジションを決済する。

次に、現在の売り気配値を変数OpenPriceに代入する。これが買い注文の仕掛け価格になる。StopLossまたはTakeProfitを指定したことを確認したあと、損切り価格と利食い価格を仕掛け価格からの値幅として計算する。次に、関数OrderSend()を使って買い注文を出し、注文番号であるチケット番号をBuyTicketに格納する。最後に、SellTicketを削除して、売買シグナルの条件が満たされたら別の売り注文を出せるようにしておく。

売り注文は買い注文と考え方はまったく同じだ。まず、買いポジションを決済する。そして、売り注文の仕掛け価格OpenPriceと買いポジションの決済価格ClosePriceには買い気配値を使う。損切り価格と利食い価格の算出方法は逆になる。

関数start()の最後にはreturn演算子を入れ忘れないように注意しよう。カスタム関数の関数PipPoint()と関数GetSlippage()は関数start()の一番最後に定義する。これらの関数は本書のサンプルコードでは必ずインクルードする。

待機注文にも対応できるようEAを変更してみよう

作成したEAを待機注文にも対応できるように変更してみよう。この例では逆指値注文を使う。ここでは動きの速い（短期間）移動平均線が動きの遅い（長期間）移動平均線を上回ったら、現在の高値の10ピップス上に買いの逆指値注文を置き、逆の場合は現在の安値の10ピップス下に売りの逆指値注文を置くことにする。まず、設定変更のた

めの外部変数PendingPipsを宣言する。

```
extern int PendingPips = 10;
```

　執行されていない待機注文があった場合にそれを取り消すことができるように、買いと売りの注文ブロックに関数OrderDelete()を追加する。SellTicketで示された注文の取引種別を確認して、成行注文で建てたポジションを決済するときは関数OrderClose()を使い、待機注文を取り消すときには関数OrderDelete()を使うようにする。

```
OrderSelect(SellTicket,SELECT_BY_TICKET);
//ポジションの決済
if(OrderCloseTime() == 0 && SellTicket > 0 && OrderType() == OP_SELL)
   {
      double CloseLots = OrderLots();
      double ClosePrice = Ask;

      bool Closed = OrderClose(SellTicket,CloseLots,ClosePrice,UseSlippage,Red);
      if(Closed == true) SellTicket = 0;
   }
//注文のキャンセル
else if(OrderCloseTime() == 0 && SellTicket > 0 && OrderType() == OP_SELLSTOP)
   {
      bool Deleted = OrderDelete(SellTicket,Red);
      if(Deleted == true) SellTicket = 0;
   }
```

　関数OrderType()を使って、選択した注文が売りの成行注文なのか売りの逆指値注文なのかを確認する。売りの成行注文ならば関数OrderClose()を使ってポジションを決済し、売りの逆指値注文ならば関数OrderDelete()を使って注文をキャンセルする。

　元のEAは成行注文だけに対応したものだったが、変更したEAは待機注文にも対応するものなので、待機注文をキャンセルした場合に備えて、待機注文の価格の計算方法を見ておこう。まずPendingPipsをUsePointを使って小数値に変換し、その値を現在のClose価格に

加算する。得られた値は変数PendingPriceに格納する。次に、損切り価格と利食い価格を注文価格を基準にして計算する。最後に関数OrderSend()を使って待機注文を出し、得られた結果を変数BuyTicketに格納する。

```
double PendingPrice = Close[0] + (PendingPips * UsePoint);

if(StopLoss > 0) double BuyStopLoss = PendingPrice - (StopLoss * UsePoint);

if(TakeProfit > 0) double BuyTakeProfit = PendingPrice + (TakeProfit * UsePoint);

BuyTicket = OrderSend(Symbol(),OP_BUYSTOP,LotSize,PendingPrice,UseSlippage,
    BuyStopLoss,BuyTakeProfit,"Buy Stop Order",MagicNumber,0,Green);

SellTicket = 0;
```

買いの逆指値注文の場合は、上のコードを太字部分で示したように変更する。

```
OrderSelect(BuyTicket,SELECT_BY_TICKET);
//注文の決済
if(OrderCloseTime() == 0 && BuyTicket > 0 && OrderType() == OP_BUY)
    {
    CloseLots = OrderLots();
    ClosePrice = Bid;

    Closed = OrderClose(BuyTicket,CloseLots,ClosePrice,UseSlippage,Red);
    if(Closed == true) BuyTicket = 0;
    }
//注文のキャンセル
else if(OrderCloseTime() == 0 && BuyTicket > 0 && OrderType() == OP_BUYSTOP)
    {
    Closed = OrderDelete(BuyTicket,Red);
    if(Closed == true) BuyTicket = 0;
    }

PendingPrice = Close[0] - (PendingPips * UsePoint);

double SellStopLoss = PendingPrice + (StopLoss * UsePoint);
double SellTakeProfit = PendingPrice - (TakeProfit * UsePoint);

SellTicket = OrderSend(Symbol(),OP_SELLSTOP,LotSize,PendingPrice,UseSlippage,
    SellStopLoss,SellTakeProfit,"Sell Stop Order",MagicNumber,0,Red);

BuyTicket = 0;
```

これらのEAのコードについては**付録A**を参照してもらいたい。元のEAと変更後のEAのコードを比較すれば、違いがよく分かるはずだ。

第3章

高度な売買注文
Advanced Order Placement

ECNへの対応

　第2章の発注例でも分かったように、成行注文を出すと同時に損切り注文と利食い注文の設定を行う場合、関数OrderSend()を使うのが一般的な方法だ。ほとんどのブローカーではこれができるが、メタトレーダーを採用している比較的新しいECN/STPタイプのブローカーではこれができない。

　こうしたブローカーを使っている場合、損切りや利食いの設定は注文を出したあとに、関数OrderModify()を使って行わなければならない。この方法は成行注文に対してのみ適用できる。待機注文の場合はこれまでと同じように関数OrderSend()を使って損切りや利食いを設定する。

注文の変更

　注文を出しているがまだ約定していないものや保有中のポジションについて、利食い価格、損切り価格、待機注文の価格、有効期限（待機注文の場合のみ）を変更したい場合は関数OrderModify()を使って変更する。関数OrderModify()を用いるには、変更したい注文番号で

あるチケット番号が必要になる。関数OrderModify()のシンタックスは以下のとおりである。

```
bool OrderModify(int Ticket, double Price, double StopLoss, double TakeProfit,
    datetime Expiration, color Arrow = CLR_NONE)
```

- ●Ticket　変更したい注文番号であるチケット番号。
- ●Price　変更後の待機注文の価格。
- ●StopLoss　変更後の損切り価格。
- ●TakeProfit　変更後の利食い価格。
- ●Expiration　変更後の有効期限（待機注文の場合のみ）。
- ●Arrow　変更した注文の位置に表示される矢印の色（任意）。指定しない場合は矢印は表示されない。

　注文の変更に成功したら、関数OrderModify()はtrueを返し、失敗すればfalseを返してくる。

　注文を変更するときに注意しなければならないのは、関数に引き渡す値が有効なものでなければならないという点だ。例えば、待機注文か保有中のポジションでなければ、注文を変更することはできない。決済済みのポジションは変更できない。また、待機注文のPriceパラメーターを変更する場合、注文はまだ執行されていない（つまり、注文価格に達していない）状態でなければならない。

　また、設定する損切り価格や利食い価格は現在の買い気配値や売り気配値に近すぎてはならない。さらに、損切り価格や利食い価格が有効であることを確認する必要もある。これは価格検証ルーチンを使って行うが、詳しくは本章でこのあと説明する。

　変更しないパラメーターについては、現在の設定値と同じ値を関数OrderModify()に設定しなければならない。例えば、ある待機注文の損切り価格のみを変更したい場合、関数OrderSelect()を使って現在の

注文価格と利食い価格を取得して、それらの値を関数OrderModify()に引き渡す必要がある。

変更値をまったく指定しないで注文を変更しようとすると、エラー1（「no result」［結果は未知］）が発生する。このエラーが発生したら、関数に現在の設定値と同じ値が引き渡される理由を調べる必要がある。これ以外についてはこのエラーは特に問題はないので無視しても構わない。

保有中のポジションや待機注文に損切りと利食いを新たに設定する

まず最初に、対象となるポジションや待機注文が正しく発注されていたかどうかを調べる必要がある。そのためには関数OrderSend()の戻り値（注文番号であるチケット番号）を調べればよい。何らかのエラーで発注されていなければ、チケット番号として−1が返ってくる。

次に、そのポジションや待機注文の情報を取得する。そのためにはまず関数OrderSelect()を使って情報を取得したいポジションや待機注文を選択する必要がある。関数OrderModify()に現在設定している値と同じ値を引き渡すには、関数OrderOpenPrice()、OrderTakeProfit()、OrderStopLoss()、OrderExpiration()（任意）を使う。最後に関数OrderModify()を使って損切り価格と利食い価格を追加設定する。

関数OrderModify()を使って買いポジションに損切り注文と利食い注文を設定する例を見てみよう。損切り価格と利食い価格の計算は関数OrderSend()のあとに移動させた。これは注文を変更する前に計算を行うようにするためだ。

```
int BuyTicket = OrderSend(Symbol(),OP_BUY,LotSize,Ask,UseSlippage,0,0,
   "Buy Order",MagicNumber,0,Green);

if(BuyTicket > 0)
  {
    OrderSelect(BuyTicket,SELECT_BY_TICKET);
    double OpenPrice = OrderOpenPrice();

    if(StopLoss > 0) double BuyStopLoss = OpenPrice - (StopLoss * UsePoint);
    if(TakeProfit > 0) double BuyTakeProfit = OpenPrice + (TakeProfit * UsePoint);
    if(BuyStopLoss > 0 || BuyTakeProfit > 0)
      {
        bool TicketMod = OrderModify(BuyTicket,OrderOpenPrice(),BuyStopLoss,
          BuyTakeProfit,0);
      }
  }
```

関数OrderSend()は、損切りと利食いのパラメーターに0を使う以外は前の例と同じだ。値0は、そのポジションには今現在損切りも利食いも設定されていないことを意味する。変数BuyTicketにはこの注文番号であるチケット番号が格納されている。

if条件文は、BuyTicket番号が有効であるかどうかをチェックするためのものだ。0よりも大きければ有効であることを意味する。有効であることが確認されたら、BuyTicket番号を使って関数OrderSelect()を呼び出す。そして関数OrderOpenPrice()を使ってこのポジションの仕掛け価格を取得し、得られた値を変数OpenPriceに代入する。

次に、損切り価格と利食い価格を仕掛け価格を基準にして計算する。このときにまずやらなければならないのは、外部変数のStopLossとTakeProfitがゼロよりも大きいかどうかをチェックすることだ。これが確認できたら、新たに設定したい損切り価格や利食い価格を計算する。

最後に、関数OrderModify()を呼び出して損切り注文と利食い注文をそのポジションに追加する。そのためにはまず、変数のBuyStopLossやBuyTakeProfitがゼロでないことを確認する。現在の設定値と同じ値で注文を変更しようとすると、関数OrderModify()は

エラーコード1を返してくる。

関数OrderModify()の最初のパラメーターはこのポジションのBuyTicket番号だ。チケット番号には関数OrderTicket()を使ってもよい。2番目のパラメーターは設定した損切り価格や利食い価格だ。仕掛け価格は変更しないので、現在の設定値と同じ値を設定するために関数OrderOpenPrice()を使う。

注文価格を変更できるのは待機注文だけであることに注意しよう。成行注文の場合は注文価格を変更できないので、Priceパラメーターに希望する値を引き渡せばよい。しかし、変更するものは成行注文とは限らないので、必ず関数OrderOpenPrice()を使うようにする。

変数BuyStopLossとBuyTakeProfitは、関数OrderModify()に引き渡される設定したい損切り価格と利食い価格だ。待機注文に有効期限を設定するのであれば、関数OrderExpiration()を使って現在の設定値を取得しそれをそのまま指定し、設定しないのであれば0を指定する。

この方法は追加的なステップがいくつか必要になるが、成行で建てたポジションに対して損切りや利食いを設定する方法としてもこの方法を勧めるのは、どんなブローカーにも対応できるからだ。この方法のもうひとつの利点は、損切り価格や利食い価格をスリッページの影響を受けることなく正確に設定できる点である。

待機注文の価格の変更方法

関数OrderModify()は待機注文の注文価格の変更にも使える。価格が待機注文の価格にすでに達し、注文が執行されたのであれば、これはすでに待機注文ではないため価格を変更することはできない。

変数NewPendingPriceには変更後の注文価格が格納される。ただし、価格はすでに計算され有効であるものとする。待機注文の価格を変更するためのコードは以下のとおりだ。

```
OrderSelect(Ticket,SELECT_BY_TICKET);

if(NewPendingPrice != OrderOpenPrice())
  {
    bool TicketMod = OrderModify(Ticket,NewPendingPrice,OrderStopLoss(),
      OrderTakeProfit(),0);
  }
```

　これまでと同様に、関数OrderSelect()を使って注文に関する情報を取得する。これによって関数OrderModify()に現在の設定値と同じ損切り価格と利食い価格を引き渡すことができる。注文を変更する前に、待機注文の変更後の価格が現在の設定値と同じではないことを確認する。

　関数OrderModify()のパラメーターとして指定するのは、注文番号であるチケット番号、NewPendingPriceに格納されている変更後の注文価格、現在の設定値と同じ値の損切り価格OrderStopLoss()と利食い価格OrderTakeProfit()だ。この注文では有効期限は設定しないので、有効期限のパラメーターには0を指定する。

損切り価格と待機注文の価格の検証

　損切り価格、利食い価格、待機注文の価格は買い気配値や売り気配値から必要最小限だけ離れた位置に設定しなければならない。損切り価格や待機注文の価格が現在価格に近すぎればエラーが発生し、注文は出されない。これはトレーダーが最も犯しやすい間違いのひとつだが、損切り価格や待機注文の価格を現在価格から十分に離れた位置に設定するように注意すれば防げるエラーだ。

　しかし、価格の動きが非常に速い場合、スプレッドが拡大して有効な損切り価格でも無効になる場合がある。適切なストップレベルはブローカーごとに異なるため、あるブローカーでは有効な損切り価格で

も、別のブローカーでは現在価格に近すぎると判断される場合もある。トレーディングシステムによっては、損切り価格や待機注文の価格を、インディケーターの値、高値や安値、あるいはほかの計算方法に基づいて決めるものもあるが、この場合、現在価格からの必要最小限の距離が保証されないこともある。

　こういったことも踏まえ、損切り価格、利食い価格、待機注文の価格は有効な値であること、そして現在の市場価格に近すぎないことを常に確認する必要がある。本書では取引している通貨のストップレベルをチェックすることでこれを確認する。

ストップレベル

　ストップレベルは現在の買い気配値と売り気配値からのピップス数で表される。この位置は大量の損切りや待機注文が置かれる位置だ。ストップレベルを3〜4ピップスに設定しているブローカーが多いなか、ECNタイプのブローカーの場合、ストップレベルは現在の市場価格に非常に近い位置に設定され、アルパリ（Alpari）などのブローカーでは現在の市場価格から比較的離れた位置（8ピップス以上）に設定されている。

　図3.1は現在価格とストップレベルとの位置関係を示したものだ。現在価格（例えば、買い気配値）はただ1つの値ではなく、図に示したスプレッドの値幅を持つ価格帯(図の斜線部分)と考えてもらいたい。

　その価格帯の上と下にストップレベルで示した境界線がある。損切り、利食い、待機注文はこれらの境界線の外側に置かなければならない。

　任意の通貨シンボルのストップレベルは関数MarketInfo()のパラメーターにMODE_STOPLEVELを入力して取得する。関数MarketInfo()はストップレベルをポイント数（整数値）で返してくるので、Pointを掛けて実際の値幅（小数値）に変換する必要がある。

図3.1　ストップレベル

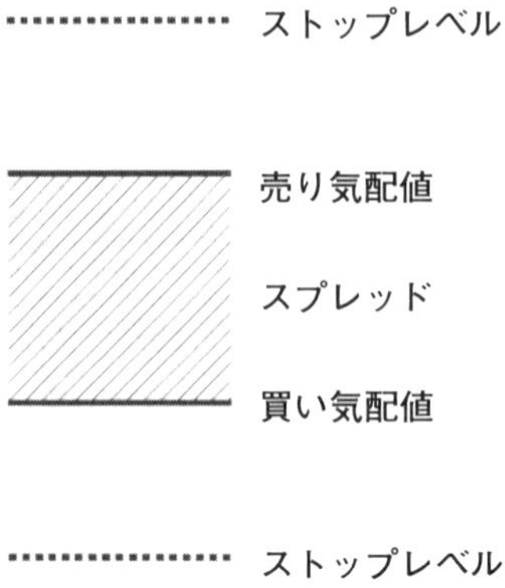

....　ストップレベル

売り気配値

スプレッド

買い気配値

....　ストップレベル

　ストップレベルが3ピップスで小数点以下4桁で表示される通貨の場合、関数MarketInfo()のパラメーターにMODE_STOPLEVELを入力すると、戻り値として3を返してくる。ストップレベルが3ピップスで小数点以下5桁で表示される通貨の場合は、関数MaketInfo()は0を1つ追加して30を返してくる。ストップレベルをポイント数で取得してそれを実際の値幅（小数値）に変換するためのコードは以下のとおりだ。

```
double StopLevel = MarketInfo(Symbol(),MODE_STOPLEVEL) * Point;
```

　前に作成した関数PipPoint()の代わりに事前に定義された変数Pointを使っていることに注意しよう。これは取得したストップレベルに実際のポイント値を掛ける必要があるためだ。小数点以下4桁で表示される通貨の場合、Pointは0.0001、5桁の場合はPointは0.00001になる。したがって、前例のストップレベルが3ピップスで小数点以下4桁で表示される通貨の場合は、その小数値は0.0003になる。
　ストップレベルの計算方法が分かったところで、損切り価格、利食い価格、待機注文の価格の最小値と最大値を計算してみよう。これは

現在の買い気配値や売り気配値にストップレベルを加減すればよい。

次のコードは、買いポジションの利食い、売りポジションの損切り、買いの逆指値注文、売りの指値注文の最小許容価格を計算するためのものだ。このコードでは前に算出したStopLevel値を用いる。

```
double UpperStopLevel = Ask + StopLevel;
```

売り気配値（Ask）が1.4650で、ストップレベル（StopLevel）が0.0003ポイントだとすると、売り気配値から最低どれくらい離した位置に設定すればよいかを示す最小価格は1.4653になる。この注文に対して利食い価格を設定する場合、その価格はこの最小価格よりも高くしなければならない。これは現在価格よりも高いのでUpperStopLevelとする。

次のコードは、売りポジションの利食い、買いポジションの損切り、売りの逆指値注文、買いの指値注文の最大許容価格を計算するためのものだ。上のコードとの違いは、売り気配値（Ask）の代わりに買い気配値（Bid）を使っている点と、足し算の代わりに引き算を使っている点だ。

```
double LowerStopLevel = Bid - StopLevel;
```

これは現在価格よりも安いのでLowerStopLevelとする。注文を出す前に、上記のコードで算出したUpperStopLevelとLowerStopLevelを使って出そうとしている損切り価格、利食い価格、待機注文の価格が正しいかどうかを確認しよう。価格は絶えず変化しているため、実際の損切り、利食い、待機注文はこれらの水準から十分離れた位置に入れることが重要だ。

損切り価格と利食い価格の検証

　利食い価格の最小値（単位はピップス）は仕掛け価格にストップレベルを加減した値になる。ストップレベルが3ピップスで、仕掛け価格が1.4500であれば、買い注文の利食いは1.4503よりも上に置かなければならない。
　しかし成行注文の場合、損切りの最小値（単位はピップス）には現在のスプレッドが含まれるため、損切りの最小値は利食いの最小値よりも大きくなる。例えば、ストップレベルが3ピップス、スプレッドが2ピップス、仕掛け価格が1.4500の場合、成行注文で買ったポジションに対する損切りは1.4495よりも安い位置に置かなければならない。
　これは待機注文には当てはまらない。待機注文の損切りを確認するときには、スプレッドは含める必要はない。したがって、例えば待機注文を1.4500で出し、ストップレベルが3ピップスの場合、損切りは1.4497の下であればどこに置いてもよい。
　買いポジションの損切り価格と利食い価格を検証するためのコード例を見てみよう。このコードでは、損切り価格や利食い価格が有効でない場合、ストップレベルから数ピップス離れた位置になるように自動的に調整できるようになっている。

```
double MinStop = 5 * UsePoint;

if(BuyStopLoss > LowerStopLevel) BuyStopLoss = LowerStopLevel - MinStop;
if(BuyTakeProfit < UpperStopLevel) BuyTakeProfit = UpperStopLevel + MinStop;
```

　変数MinStopにはストップレベルから5ピップスを加減した値が代入される。これは検証した価格がスリッページによって無効にならないようにするためだ。損切り価格や利食い価格を現在価格からもっと十分に離したいのであれば、この値を変更すればよい。あるいは、外

部変数を使って調整してもよい。

　2行目では、損切り価格をLowerStopLevelと比較する。損切り価格がLowerStopLevelよりも大きければ、その損切り価格は無効であることが分かる。その場合、損切り価格がストップレベルよりも数ピップス下になるように調整する。利食い価格に対しても同じことを行う（3行目）。

　売りポジションの損切り価格と利食い価格を確認するには、逆の計算を行えばよい。

```
if(SellTakeProfit > LowerStopLevel) SellTakeProfit = LowerStopLevel - MinStop;
if(SellStopLoss < UpperStopLevel) SellStopLoss = UpperStopLevel + MinStop;
```

　価格が無効の場合、ただ調整するだけではなく、エラーメッセージを表示して、プログラムの実行を中断することもできる。エラーメッセージが出たら、ユーザーは損切り価格や利食い価格を再調整しなければならない。そのコード例は以下のとおりだ。

```
if(BuyStopLoss > LowerStopLevel)
  {
    Alert("The stop loss setting is too small!");
    return(0);
  }
```

　このコードでは、算出した損切り価格がストップレベルを上回り、現在価格に近すぎる場合、関数Alert()を使ってユーザーの画面にポップアップメッセージを表示する。return演算子は現在実行されている関数から抜けて、注文が出されないようにするためのものだ。

　本書では、注文を出さないよりも正しく修正された注文を出したほうがよいという考えの下、無効な価格は自動的に調整するようにしている。エラーが発生したらメッセージをログに出力して記録するようにしておくとよいだろう。

```
if(BuyStopLoss > LowerStopLevel)
  {
    BuyStopLoss = LowerStopLevel - MinStop;
    Print("Stop loss is invalid and has been automatically adjusted");
  }
```

待機注文の価格の検証

買いの逆指値注文や売りの指値注文などの待機注文の価格を検証する方法について見ていくことにしよう。変数PendingPriceには待機注文の価格が格納される。

```
if(PendingPrice < UpperStopLevel) PendingPrice = UpperStopLevel + MinStop;
```

考え方は、買いポジションの利食い価格や売りポジションの損切り価格をチェックするための前出のコードとまったく同じだ。売りの逆指値注文や買いの指値注文などの待機注文の価格を検証するためのコードは以下のとおりである。

```
if(PendingPrice > LowerStopLevel) PendingPrice = LowerStopLevel - MinStop;
```

ロット数の計算

適切な損切り水準や利食い水準を選ぶことに加え、正しいロット数を用いることも重要なリスクマネジメントのひとつだ。ロット数は、外部変数の宣言やどの注文に対しても同じロット数を指定するのと同じように、簡単に指定することができる。本節では、ロット数を1トレード当たりの最大許容損失額に基づいて算出するもっと高度な方法について見ていくことにする。

FXトレーダーたちにとって最も危険な行為のひとつは過大なレバレッジをかけることだ。自分の資金に見合わないほど大きなロット数でトレードすれば、得られる利益は大きいかもしれないが、口座はたちまちのうちに破産する。1トレード当たりに投じる資金は自分の資金の2～3％を超えないようにすることが重要だ。つまり、1トレード当たりの最大損失額は口座資産の2～3％以内に抑えなければならないということである。

マネーマネジメント

　この方法を使ってロット数を計算するには、投じる資金を全資産の何％にするかと、損切り価格（単位はピップス）を指定する必要がある。資産の何％かを指定するのに用いるのは外部変数EquityPercentだ。また、ここでは損切りとして50ピップスを用いることにする。

```
extern double EquityPercent = 2;
extern double StopLoss = 50;
```

　まず、EquityPercentで指定された1トレード当たりの投資額を算出する必要がある。口座資産が1万ドルで、1トレード当たりの投資額をその2％とした場合、1トレード当たりの投資額は次のコードを使って算出できる。

```
double RiskAmount = AccountEquity() * (EquityPercent / 100);
```

　関数AccountEquity()はMQL関数で、現在の口座資産の値を返す。EquityPercentを100で割ってパーセンテージの値（0.02）を算出する。得られた値にAccountEquity()を掛けてこの取引に用いる資金額を算出する。1万ドルの2％は200ドルなので、これが変数RiskAmount

に格納される。

次に、ティック値を求める。これは取引対象の通貨を1ロット売買したときの1ピップス当たりの利益を意味する。例えば、標準口座（10万通貨）でEURUSDを1ロット売買したとすると、1ピップス当たりの利益は10ドルになる。ミニ口座（1万通貨）で1ロット売買すると、1ピップス当たりの利益は1ドルだ。

指定した通貨の1ピップス当たりの利益を求めるには、関数MarketInfo()にパラメーターとしてMODE_TICKVALUEを入力する。ティック値の単位はピップスなので、小数点以下の桁数が3桁または5桁のブローカーで売買しているのであれば、ティック値を10倍しなければならない。

```
double TickValue = MarketInfo(Symbol(),MODE_TICKVALUE);
if(Point == 0.001 || Point == 0.00001) TickValue *= 10;
```

ここで標準口座で売買していると仮定すると、EURUSDのティック値は10になる。この値は変数TickValueに格納される。小数点以下3桁や5桁を使っているブローカーの場合、TickValueは1なので1ピップスにするためにTickValueは10倍しなければならない。変数Pointが、取引している通貨が小数点以下3桁または5桁で表示されていることを示していれば、TickValueを10倍して小数点以下2桁または4桁の値にする必要がある。

次に取引するロット数を算出する。まず、RiskAmountをStopLossで割る。これがこの注文の1ティック当たりの利益である。200ドルを損切りの50で割ると4ドルになる。最後にこの4ドルをTickValueで割ると求めるロット数が得られる。

```
double CalcLots = (RiskAmount / StopLoss) / TickValue;
```

算出した標準口座でのロット数は0.4ロットである。ミニ口座では4ロットになる。得られた値は変数CalcLotsに格納される。

正しいマネーマネジメントでは、投資額の全資産に対する割合は常に一定でなければならない（あまりリスクをとりたくない場合は１～２％、リスク指向の場合は上限で５％）。これに対して、損切りは使っている時間枠とトレーディングシステムによって違ってくる。ロット数も損切りによって違ってくる。

損切りを現在価格に近い位置に置けばロット数は増える。この場合、利食いになれば大きな利益が得られる。一方、損切りを現在価格から離れた位置に置く場合、ロット数は少なくなる。少ないロット数の売買は、損切りの位置を近くに置き、利食いの位置を遠くに置くときに最高の売買になる。

損切りを現在価格から離れた位置に置くか、損切りを設定しない場合は固定ロット数のほうがよいだろう。ロット数は算出するか、固定ロット数にするかを自由に選べるようにしたいので、ブール型の外部変数DynamicLotSizeを使ってロット数の計算をするかしないかを選択できるようにする。

```
//外部変数
extern bool DynamicLotSize = true;
extern double EquityPercent = 2;
extern double FixedLotSize = 0.1;


//関数Start
if(DynamicLotSize == true)
  {
    double RiskAmount = AccountEquity() * (EquityPercent / 100);
    double TickValue = MarketInfo(Symbol(),MODE_TICKVALUE);
    if(Digits == 3 || Digits == 5) TickValue *= 10;
    double CalcLots = (RiskAmount / StopLoss) / TickValue;
    double LotSize = CalcLots;
  }
else LotSize = FixedLotSize;
```

DynamicLotSizeをtrueに設定した場合、ロット数は損切りに

基づいて計算し、得られた値を変数LotSizeに格納する。一方、DynamicLotSizeをfalseに設定した場合、FixedLotSizeの値をそのままLotSizeに格納する。変数LotSizeは注文のロット数として関数OrderSend()に引き渡される。

ロット数の検証

損切り価格、利食い価格、待機注文の価格と同様、ロット数があなたのブローカーに受理されるものであるかどうかを検証する必要がある。つまり、ロット数は大きすぎても小さすぎてもダメで、ブローカーがマイクロロット（0.01ロット）に対応していなければマイクロロットを指定することはできない。またロット数はブローカーが対応する適切な小数点以下の桁数にそろえなければならない。

まず、最大取引ロット数と最小取引ロット数をチェックする。そのためには関数MarketInfo()のパラメーターにMODE_MINLOTとMODE_MAXLOTを入力して最大取引ロット数と最小取引ロット数を取得し、現在のロット数を最大取引ロット数および最小取引ロット数と比較する。現在のロット数が無効の場合は最小取引ロット数または最大取引ロット数に自動的に変更される。

```
if(LotSize < MarketInfo(Symbol(),MODE_MINLOT))
   {
      LotSize = MarketInfo(Symbol(),MODE_MINLOT);
   }
else if(LotSize > MarketInfo(Symbol(),MODE_MAXLOT))
   {
      LotSize = MarketInfo(Symbol(),MODE_MAXLOT);
   }
```

LotSizeの値（上記のコードで計算したロット数または固定ロット数）を最小取引ロット数および最大取引ロット数と比較する。LotSizeが最小取引ロット数よりも少ないか、最大取引ロット数より

も多い場合、LotSizeには最小取引ロット数と最大取引ロット数のうちのいずれか適切なものが代入される。

次に、ロット数をステップ値と比較する。ステップ値とはブローカーがマイクロロット（0.01ロット）やミニロット（0.1ロット）に対応しているかどうかを示すものだ。ミニロットにしか対応していないブローカーでマイクロロットを使おうとすると、エラーが発生し注文は出されない。ステップ値を確認するためのコードは以下のとおりだ。

```
if(MarketInfo(Symbol(),MODE_LOTSTEP) == 0.1)
  {
     LotSize = NormalizeDouble(LotSize,1);
  }
else LotSize = NormalizeDouble(LotSize,2);
```

関数NormalizeDouble()はLotSizeの値を2番目のパラメーターで指定された小数点以下の桁数に丸めるための関数である。最初の行で行っているのはステップ値が0.1（つまり、そのブローカーはミニロットにしか対応していないということ）の場合、LotSizeを小数点以下1桁の値に丸める処理だ。これ以外の場合、LotSizeは小数点以下2桁の値に丸められる。

将来、ブローカーが小数点以下3桁（0.001）までのロット数に対応するようになった場合は上のコードを変更すればよい。しかし現時点では、メタトレーダーを採用しているほぼすべてのブローカーはロット数として小数点以下1桁か2桁（つまり、ミニロットやマイクロロット）にしか対応していないのが実情だ。

そのほかの注意点

トレード状況

メタトレーダーではEA（自動売買システム）によるトレードの実

行単位は1つ（シングルスレッド）だ。つまり、そのターミナルで使っているEAの数にかかわらず、一度に実行されるEAは1つだけということである。トレードを行う前に、トレード実行スレッドが現在使用中かどうかを必ずチェックする必要がある。

　関数IsTradeContextBusy()はトレード実行スレッドが現在使用中かどうかをチェックするための関数だ。使用中の場合はtrueを返し、使用中でなければfalseを返す。この関数はOrderSend()、OrderClose()、OrderDelete()、OrderModify()などのトレード関数を呼び出す直前に呼び出す。

　IsTradeContextBusy()を使ってトレード実行スレッドをチェックするためのコードは以下のとおりだ。

```
while(IsTradeContextBusy()) Sleep(10);
int Ticket = OrderSend(Symbol(),OP_BUY,LotSize,Ask,UseSlippage,0,0,
    "Buy Order",MagicNumber,0,Green);
```

　While文を使って関数IsTradeContextBusy()を評価する。関数がtrueを返してくれば、トレード実行スレッドが現在使用中であることを意味し、この場合EAは10ミリ秒だけSleep状態に入る。IsTradeContextBusy()がtrueを返してくる間、while文は処理を繰り返す。トレード実行スレッドが解放されたらトレードが開始される。

　トレード実行スレッドが使用中であるにもかかわらずEAがトレードを実行しようとすると、エラー146（「trade context busy」［トレード状況がビジー状態］）が発生する。この方法はこのエラーの出にくい方法だが、絶対確実とは言えない。特に複数のEAが一度にトレードを実行しようとする場合はそうである。エラーが出たあとトレードをやり直すための方法についてはのちほど説明する。

事前に定義された変数の更新

　BidやAskといった事前に定義された変数の値は、EAが実行を開始した時点で設定される。EAコードの実行に要する時間はミリ秒単位と非常に短い。しかし、サーバーの反応が遅く、価格が急激に変化する可能性がある場合、価格には常に最新の価格を用いることが重要だ。

　関数RefreshRates()は事前に定義された変数の内容をサーバーからの最新価格に更新するための関数だ。変数BidやAskを用いるときには、その都度この関数を呼び出すことをお勧めする。特に前のトレードを実行したあとではそうである。

　ただし、関数MarketInfo()を使って価格を取得する場合は、関数RefreshRates()を使う必要はない。関数MarketInfo()については第２章（50ページ）を参照してもらいたい。第４章では関数の作成について説明するが、そこでは事前に定義された変数の代わりに関数MarketInfo()を使って価格を取得する。しかし、現在表示させているチャート上の価格を参照したいときには関数Start()のなかで変数BidやAskを使っても構わない。

エラー処理

　発注、注文の変更、ポジションの決済においては、トレードパラメーターに間違った値を用いたり、リクオート（注文された条件では約定できないため、レートが再提示される）が発生したり、あるいはサーバー側の問題などによってエラーが発生することがある。有効なトレードパラメーターを使い、回避できるエラーはなるべく回避するように注意してもエラーが発生することはある。エラーが発生したらユーザーにその旨を知らせ、トラブルシューティング（問題解決）に関連する情報をログに記録しておく必要がある。

エラーが発生したかどうかはOrderSend()、OrderModify()、OrderClose()などの関数の出力を調べることでチェックする。関数の実行が成功しなかった場合、関数OrderSend()の場合は－1を返し、OrderModify()とOrderClose()の場合はfalseを返してくる。

　本節では関数OrderSend()のエラー処理ルーチンを作成する。関数OrderSend()が－1を返してきたら、エラー処理ルーチンを実行し、警告をユーザーの画面に表示し、関連するトレードパラメーターや価格情報をログに出力する。

　まず、エラーコードを取得する。これは関数GetLastError()を使って行う。関数GetLastError()の戻り値は変数に格納しておく必要がある。なぜなら、いったん関数GetLastError()を呼び出すと、エラーコードは消去され、次に関数GetLastError()を呼び出すと0を返してくるからだ。そこでグローバル変数ErrorCodeを宣言し、この変数に関数GetLastError()の戻り値を格納する。

　次にやらなければならないのは、そのエラーに関する記述情報（説明）の取得だ。これにはインクルードファイルstdlib.mqhに含まれるErrorDescription()という関数を使う。この関数はエラーを説明した文字列を返してくる。これはエラーを詳細に説明するものではなく、おおよその見当をつける程度のものだが、まったくないよりはマシだ。stdlib.mqhを取り込むためにはファイルの最初に#includeを宣言する必要がある。

　次に組み込み関数Alert()を使って警告をユーザーの画面に表示する。この情報はログにも出力する。警告には、エラーコード、エラーの簡単な説明、行おうとしていた操作の簡単な説明が含まれる。これによってプログラムのどの部分でエラーが発生したのかを知ることができる。

　最後に、関数Print()を使って関連する価格情報をログに出力する。価格情報には、現在の買い気配値と売り気配値に加え、ロット数や注

文価格などのトレードパラメーターも含まれる。

```
//プリプロセッサー命令
#include <stdlib.mqh>

//グローバル変数
int ErrorCode;

//注文の発注
int Ticket = OrderSend(Symbol(),OP_BUYSTOP,LotSize,PendingPrice,UseSlippage,0,0,
  "Buy Stop Order",MagicNumber,0,Green);

if(Ticket == -1)
  {
    ErrorCode = GetLastError();
    string ErrDesc = ErrorDescription(ErrorCode);

    string ErrAlert = StringConcatenate("Open Buy Stop Order - Error ",
      ErrorCode,": ",ErrDesc);
    Alert(ErrAlert);

  string ErrLog = StringConcatenate("Bid: ",Bid," Ask: ",Ask," Price: ",
    PendingPrice," Lots: ",LotSize);
  Print(ErrLog);
}
```

　まず最初にstdlib.mqhファイルを取り込む。次に、エラーコードを格納するための変数ErrorCodeを宣言する。そして関数OrderSend()を使って買いの逆指値注文を出す。この関数の実行に失敗すると、エラー処理コードが実行される。

　まず、関数GetLastError()の値を変数ErrorCodeに格納する。次にErrorCodeをパラメーターとして関数ErrorDescription()を呼び出す。そして関数StringConcatenate()を使って警告メッセージを作成し、作成したメッセージを文字列型変数ErrAlertに格納する。

　StringConcatenate()はMQL関数で、これを使えば変数や定数を使って複雑な文字列を作成することができる。つなぎ合わせて文字列を構成する各要素はコンマで区切る。上の例をメタエディターに入力してみよう。シンタックスがハイライト表示された状態で表示されるはずだ。

図3.2　警告メッセージ

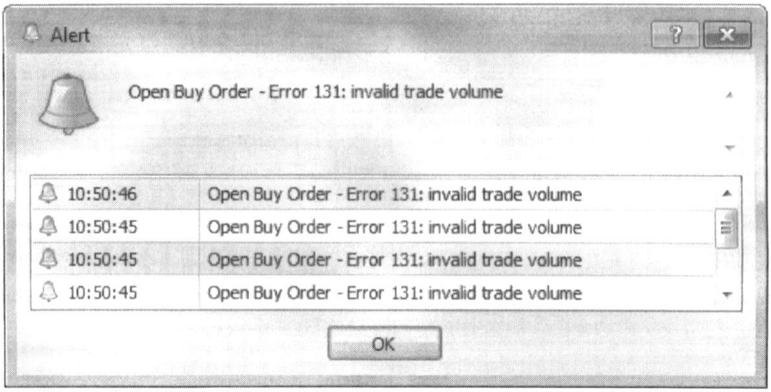
Alert
Open Buy Order - Error 131: invalid trade volume
10:50:46
Open Buy Order - Error 131: invalid trade volume
10:50:45
Open Buy Order - Error 131: invalid trade volume
10:50:45
Open Buy Order - Error 131: invalid trade volume
10:50:45
Open Buy Order - Error 131: invalid trade volume
OK

文字列を構成する各要素はプラス記号（+）を使ってつなぎ合わせてもよい。関数StringConcatenate()を使ったほうが分かりやすく効率的ではあるが、文字列が短い場合はプラス記号を使って文字列の要素となる定数や変数をつなぎ合わせたほうが簡単だ。

```
string PlusCat = "The current Ask price is "+Ask;
//出力例――The current Ask price is 1.4320
```

関数Alert()は変数ErrAlertの内容を含むポップアップメッセージをユーザーの画面に表示させるための関数だ。**図3.2**は関数Alert()の出力例を示したものだ。

別の文字列を価格やトレードパラメーターを使って作成し、それを変数ErrLogに格納する。変数ErrLogは関数Print()に引き渡される。関数Print()は関数のパラメーターの内容をエキスパートログに出力する。エキスパートログはターミナルウィンドウのExpertsタブ、あるいはストラテジーテスターを使っているのであればテスターウィンドウの操作履歴タブをクリックすれば見ることができる。

ログの内容は以下のとおりである。最初の行は関数Alert()からの出力で、２行目は関数Print()からの出力だ。「invalid trade volume」（無

効なロット数）と、ログに報告されたロット数が0であることに注目
しよう。これはロット数が無効であることによって発生したエラーで
ある。

```
16:47:54 Profit Buster EURUSD,H1: Alert: Open Buy Stop Order - Error 131:
    invalid trade volume
16:47:54 Profit Buster EURUSD,H1: Bid: 1.5046, Ask: 1.5048, Lots: 0
```

　ほかの関数、特に関数OrderModify()や関数OrderClose()のエラー
処理ルーチンも同様に作成することができる。さらに、エラーコード
に基づいてカスタムエラーメッセージを表示したり、ほかの動作を行
う高度なエラー処理ルーチンを作成することもできる。
　例えば、エラーコード130の「invalid stops」（無効なストップ値）
が発生した場合、「損切り価格または利食い価格が無効」といったメ
ッセージを表示させることができる。そのコード例は以下のとおりだ。

```
ErrorCode = GetLastError();

string ErrDesc;
if(ErrorCode == 129) ErrDesc = "Order opening price is invalid!";
if(ErrorCode == 130) ErrDesc = "Stop loss or take profit is invalid!";
if(ErrorCode == 131) ErrDesc = "Lot size is invalid!";

string ErrAlert = StringConcatenate("Open Buy Order - Error ",ErrorCode,": ",ErrDesc);
Alert(ErrAlert);
```

要素をひとつにまとめてみよう

　それでは本節で学習した各トレーディング要素を第2章の「簡単な
EA」（61ページ）に加えてみることにしよう。EAに追加するトレー
ディング要素は、注文の変更、ストップレベルの検証、トレード状況
の確認、事前に定義された変数の更新、ロット数の検証だ。これらの
要素を追加したコードは以下のとおりだ。

```
#property copyright "Andrew Young"
#include <stdlib.mqh>


//外部変数
extern bool DynamicLotSize = true;
extern double EquityPercent = 2;
extern double FixedLotSize = 0.1;

extern double StopLoss = 50;
extern double TakeProfit = 100;

extern int Slippage = 5;
extern int MagicNumber = 123;

extern int FastMAPeriod = 10;
extern int SlowMAPeriod = 20;


//グローバル変数
int BuyTicket;
int SellTicket;

double UsePoint;
int UseSlippage;

int ErrorCode;
```

まず、エラー処理ルーチンに用いる関数ErrorDescription()を含むstdlib.mqhファイルを#includeを使って取り込む。次にロット数の計算・検証に用いる3つの外部変数とエラー処理ルーチンに用いるグローバル変数を宣言する。

関数start()の最初に記述されるのが次のコードだ。

```
//移動平均線
double FastMA = iMA(NULL,0,FastMAPeriod,0,0,0,0);
double SlowMA = iMA(NULL,0,SlowMAPeriod,0,0,0,0);
```

```
//ロット数の計算
if(DynamicLotSize == true)
  {
     double RiskAmount = AccountEquity() * (EquityPercent / 100);
     double TickValue = MarketInfo(Symbol(),MODE_TICKVALUE);
     if(Point == 0.001 || Point == 0.00001) TickValue *= 10;
     double CalcLots = (RiskAmount / StopLoss) / TickValue;
     double LotSize = CalcLots;
  }
else LotSize = FixedLotSize;


//ロット数の検証
if(LotSize < MarketInfo(Symbol(),MODE_MINLOT))
  {
     LotSize = MarketInfo(Symbol(),MODE_MINLOT);
  }

else if(LotSize > MarketInfo(Symbol(),MODE_MAXLOT))
  {
     LotSize = MarketInfo(Symbol(),MODE_MAXLOT);
  }

if(MarketInfo(Symbol(),MODE_LOTSTEP) == 0.1)
  {
     LotSize = NormalizeDouble(LotSize,1);
  }
else LotSize = NormalizeDouble(LotSize,2);
```

　関数start()の最初に、「ロット数の検証」(84ページ)のロット数を計算・検証するためのブロックを加える。損切り水準は事前に分かっているので、ここに入れてもよい。残りのコードは、買いの成行注文の変更ルーチンだ。

```
//買い注文
if(FastMA > SlowMA && BuyTicket == 0)
  {
     //ポジションの決済
     OrderSelect(SellTicket,SELECT_BY_TICKET);

     if(OrderCloseTime() == 0 && SellTicket > 0)
       {
          double CloseLots = OrderLots();

          while(IsTradeContextBusy()) Sleep(10);

          RefreshRates();
          double ClosePrice = Ask;
```

```
          bool Closed = OrderClose(SellTicket,CloseLots,ClosePrice,UseSlippage,Red);
       //エラー処理
       if(Closed == false)
         {
           ErrorCode = GetLastError();
           string ErrDesc = ErrorDescription(ErrorCode);
           
           string ErrAlert = StringConcatenate("Close Sell Order - Error ",
              ErrorCode,": ",ErrDesc);
           Alert(ErrAlert);
           
           string ErrLog = StringConcatenate("Ask: ",Ask," Lots: ",LotSize,
              " Ticket: ",SellTicket);
           Print(ErrLog);
         }
   }


//買い注文の発注
while(IsTradeContextBusy()) Sleep(10);
RefreshRates();

BuyTicket = OrderSend(Symbol(),OP_BUY,LotSize,Ask,UseSlippage,0,0,
   "Buy Order",MagicNumber,0,Green);

//エラー処理
if(BuyTicket == -1)
   {
     ErrorCode = GetLastError();
     ErrDesc = ErrorDescription(ErrorCode);
     ErrAlert = StringConcatenate("Open Buy Order - Error ",
        ErrorCode,": ",ErrDesc);
     Alert(ErrAlert);
     
     ErrLog = StringConcatenate("Ask: ",Ask," Lots: ",LotSize);
     Print(ErrLog);
   }

//注文の変更
else
   {
     OrderSelect(BuyTicket,SELECT_BY_TICKET);
     double OpenPrice = OrderOpenPrice();
     
     //ストップレベルの計算
     double StopLevel = MarketInfo(Symbol(),MODE_STOPLEVEL) * Point;
     
     RefreshRates();
     double UpperStopLevel = Ask + StopLevel;
     double LowerStopLevel = Bid - StopLevel;
     
     double MinStop = 5 * UsePoint;
```

```
//損切り価格と利食い価格の計算
if(StopLoss > 0) double BuyStopLoss = OpenPrice - (StopLoss * UsePoint);
if(TakeProfit > 0) double BuyTakeProfit = OpenPrice + (TakeProfit * UsePoint);

//損切り価格と利食い価格の検証
if(BuyStopLoss > 0 && BuyStopLoss > LowerStopLevel)
  {
    BuyStopLoss = LowerStopLevel - MinStop;
  }

if(BuyTakeProfit > 0 && BuyTakeProfit < UpperStopLevel)
  {
    BuyTakeProfit = UpperStopLevel + MinStop;
  }

//注文の変更
if(IsTradeContextBusy()) Sleep(10);

if(BuyStopLoss > 0 || BuyTakeProfit > 0)
  {
    bool TicketMod = OrderModify(BuyTicket,OpenPrice,BuyStopLoss,
      BuyTakeProfit,0);

    //エラー処理
    if(TicketMod == false)
      {
        ErrorCode = GetLastError();
        ErrDesc = ErrorDescription(ErrorCode);
        ErrAlert = StringConcatenate("Modify Buy Order - Error ",
          ErrorCode,": ",ErrDesc);
        Alert(ErrAlert);

        ErrLog = StringConcatenate("Ask: ",Ask," Bid: ",Bid," Ticket: ",
          BuyTicket," Stop: ",BuyStopLoss," Profit: ",BuyTakeProfit);
        Print(ErrLog);
      }
  }
}

SellTicket = 0;
}
```

　このあとのコードの残りの部分は、売りの成行注文を出すためのブロックと、関数PipPoint()および関数GetSlippage()だ。このEAのコードは**付録B**に収録されているので参照してもらいたい。

　各トレード操作の前に関数IsTradeContextBusy()が加えられていることに注意しよう。これは、各トレード操作を行う前にトレード実行スレッドが解放されていることを確認するためだ。また、変数BidやAskを参照する前には必ず関数RefreshRates()を使って、用いる価格

が最新価格であることを確認する。

まずは前の売りポジションの注文番号であるチケットを選択して、そのポジションを関数OrderClose()を使って決済する。関数の実行に失敗すると、エラー処理ブロックが実行される。次に、関数OrderSend()を使って買いの成行注文を出す。関数の実行に失敗した場合は、エラー処理ルーチンが実行される。成功した場合は、注文の変更ブロックに進む。

関数OrderSelect()を使って出した注文を選択し、仕掛け価格を変数OpenPriceに代入する。次にストップレベルとその上限と下限を計算する。次に損切り価格と利食い価格を計算・検証し、最後に関数OrderModify()を使って注文を変更する。最後のエラー処理ブロックは注文の変更によって発生するエラーを処理するためのものだ。

買いの逆指値注文のためのブロックは以下のとおりだ。

```
//ポジションの決済
 OrderSelect(SellTicket,SELECT_BY_TICKET);

 if(OrderCloseTime() == 0 && SellTicket > 0 && OrderType() == OP_SELL)
    {
       double CloseLots = OrderLots();

       while(IsTradeContextBusy()) Sleep(10);

       RefreshRates();
       double ClosePrice = Ask;

       bool Closed = OrderClose(SellTicket,CloseLots,ClosePrice,UseSlippage,Red);

       //エラー処理
       if(Closed == false)
         {
            ErrorCode = GetLastError();
            string ErrDesc = ErrorDescription(ErrorCode);

            string ErrAlert = StringConcatenate("Close Sell Order - Error ",ErrorCode,
               ": ",ErrDesc);
            Alert(ErrAlert);

            string ErrLog = StringConcatenate("Ask: ",Ask," Lots: ",LotSize,
               " Ticket: ",SellTicket);
            Print(ErrLog);
         }
    }
```

```
//注文のキャンセル
else if(OrderCloseTime() == 0 && SellTicket > 0 && OrderType() == OP_SELLSTOP)
  {
    bool Deleted = OrderDelete(SellTicket,Red);
    if(Deleted == true) SellTicket = 0;

    //エラー処理
    if(Deleted == false)
      {
        ErrorCode = GetLastError();
        ErrDesc = ErrorDescription(ErrorCode);

        ErrAlert = StringConcatenate("Delete Sell Stop Order - Error ",ErrorCode,
           ": ",ErrDesc);
        Alert(ErrAlert);

        ErrLog = StringConcatenate("Ask: ",Ask," Ticket: ",SellTicket);
        Print(ErrLog);
      }
  }
```

関数OrderDelete()を使って待機注文をキャンセルするためのコードを関数OrderClose()のあとに加えた。売りポジションを決済するときには関数OrderClose()を使い、売りの待機注文をキャンセルするときは関数OrderDelete()を使うことに注意しよう。

次のコードと成行注文のコードとの大きな違いは、次のコードには注文を変更するためのブロックがないことだ。待機注文の場合、損切りと利食いは発注時に設定することができる。したがって、損切り価格と利食い価格は関数OrderSend()を使って注文を出す前に計算する。

```
//ストップレベルの計算
double StopLevel = MarketInfo(Symbol(),MODE_STOPLEVEL) * Point;
RefreshRates();
double UpperStopLevel = Ask + StopLevel;
double MinStop = 5 * UsePoint;

//待機注文の価格の計算
double PendingPrice = High[0] + (PendingPips * UsePoint);
if(PendingPrice < UpperStopLevel) PendingPrice = UpperStopLevel + MinStop;

//損切り価格と利食い価格の計算
if(StopLoss > 0) double BuyStopLoss = PendingPrice - (StopLoss * UsePoint);
if(TakeProfit > 0) double BuyTakeProfit = PendingPrice + (TakeProfit * UsePoint);

//損切り価格と利食い価格の検証
UpperStopLevel = PendingPrice + StopLevel;
double LowerStopLevel = PendingPrice - StopLevel;
```

```
if(BuyStopLoss > 0 && BuyStopLoss > LowerStopLevel)
  {
    BuyStopLoss = LowerStopLevel - MinStop;
  }

if(BuyTakeProfit  > 0 && BuyTakeProfit < UpperStopLevel)
  {
    BuyTakeProfit = UpperStopLevel + MinStop;
  }
//待機注文の発注
if(IsTradeContextBusy()) Sleep(10);

BuyTicket = OrderSend(Symbol(),OP_BUYSTOP,LotSize,PendingPrice,UseSlippage,
  BuyStopLoss,BuyTakeProfit,"Buy Stop Order",MagicNumber,0,Green);
//エラー処理
if(BuyTicket == -1)
  {
    ErrorCode = GetLastError();
    ErrDesc = ErrorDescription(ErrorCode);

    ErrAlert = StringConcatenate("Open Buy Stop Order - Error ",ErrorCode,
       ": ",ErrDesc);
    Alert(ErrAlert);

    ErrLog = StringConcatenate("Ask: ",Ask," Lots: ",LotSize," Price: ",PendingPrice,
       " Stop: ",BuyStopLoss," Profit: ",BuyTakeProfit);
    Print(ErrLog);
  }

SellTicket = 0;
```

　まず、ストップレベルの上限を計算し、次にPendingPriceに格納されている待機注文の価格を計算・検証する。次に待機注文の価格を基準に、UpperStopLevelを計算し直し、LowerStopLevelを計算する。損切り価格と利食い価格を検証するときには、売り気配値や買い気配値を使う必要はなく、スプレッドを含める必要もない。

　最後に関数OrderSend()を使って待機注文を出し、それと同時に損切りと利食いも設定する。このコードでは発注に関連するエラーを処理するのに、標準的なエラー処理関数を使っている。

　いろいろなブロックを追加したが、これらのEAは第2章の最後に提示した戦略と同じ戦略を使っている。異なるのは、このコードにはロット数、ストップレベル、損切り価格、利食い価格、待機注文の価

格を計算・検証するためのブロックが追加されている点だ。さらにトレード状況をチェックするためのブロックとエラー処理ブロックも追加している。次章では、繰り返し利用できる関数の作成方法について見ていく。こういった関数を使えばこのコードはもっと簡単に記述することができる。

第4章

作業の関数化
Working with Functions

　本章では、第3章で議論したコードを繰り返し使える関数を使って（関数化して）もっと簡潔なコードに書き換えてみることにしよう。こうすることで、トレーディング操作といったこまごまとした部分に惑わされることなく、トレーディングシステムそのものに集中できるため、かなりの手間が省ける。

　関数化とは、特殊な作業の一連の流れをひとつにまとめること（ブロックと言う）を言う。関数はさまざまなトレーディング状態に対応できるように十分な柔軟性を持たせることが重要だ。カスタム関数には外部変数や計算結果を引き渡す必要があるが、カスタム関数は外部インクルードファイルやライブラリーに保存されるため、必要な値はこれ以外の方法ではカスタム関数に取り込むことはできない。

　一貫性を保つために、外部変数の名前にはこれまでと同じ名前を使うことにする。ただし、これらの変数は関数のパラメーターであることを示すために、名前の前に「arg」を付けることにする。

ロット数を計算するための関数

　第3章（83ページ）で定義したロット数の計算をするための関数の作成から始めることにしよう。

```
double CalcLotSize(bool argDynamicLotSize, double argEquityPercent, double argStopLoss,
   double argFixedLotSize)
   {
      if(argDynamicLotSize == true)
         {
            double RiskAmount = AccountEquity() * (argEquityPercent / 100);
            double TickValue = MarketInfo(Symbol(),MODE_TICKVALUE);
            if(Point == 0.001 || Point == 0.00001) TickValue *= 10;
            double LotSize = (RiskAmount / argStopLoss) / TickValue;
         }
      else LotSize = argFixedLotSize;

      return(LotSize);
   }
```

最初の行はこれから作成する関数を宣言する部分だ。この関数の名前をCalcLotSize()とすることにしよう。これを83ページのコードと比較してみると、DynamicLotSize、EquityPercent、StopLoss、FixedLotSizeがここではすべて関数のパラメーターになっていることが分かる。これらの名前のついた外部変数はまだプログラム中に存在するので、ここではこれらの変数を関数のパラメーターとして関数に引き渡す。

関数のパラメーターは太字で表示している。このコードはargのついたパラメーターを使っていること以外はロット数を計算する以前のコード（83ページのコード）とまったく同じだ。関数の最後にreturn文が加えられているが、これによってLotSizeの値が呼び出す関数に返される。

この関数は関数start()と関数init()の間に置くか、外部インクルードファイルのなかに入れておく。後者の場合、この関数をプログラムのなかで使えるようにするには、プログラムの最初に#includeを宣言して取り込んでおく必要がある。

それでは、この関数のコードのなかでの使い方について見ていくことにしよう。ロット数の設定に用いる外部変数は以下のとおりだ。

```
extern bool DynamicLotSize = true;
extern double EquityPercent = 2;
extern double FixedLotSize = 0.1;
extern double StopLoss = 50;
```

この関数の呼び出し方は以下のとおりだ。この行は関数start()のなかに置く。

```
double LotSize = CalcLotSize(DynamicStopLoss,EquityPercent,StopLoss,FixedLotSize);
```

これらの外部変数はこの関数にパラメーターとして引き渡される。関数はロット数を計算し、得られた値は変数LotSizeに格納される。この変数は関数CalcLotSize()のなかにある変数LotSizeとは異なることに注意しよう。いずれの変数も決められた関数のなかでしか使えないローカル変数なので、名前は同じでもまったく異なる変数である。

ロット数を検証するための関数

次にロット数を検証するための関数を作ってみよう。これもベースとなるのは84ページのコードだ。ロット数の計算に別の方法を使う場合を考慮して、まったく別の関数として作成する。ロット数の計算にどの方法を用いるかとは無関係に、この関数を注文を出す関数に引き渡す前には必ず検証することが必要だ。

```
double VerifyLotSize(double argLotSize)
   {
      if(argLotSize < MarketInfo(Symbol(),MODE_MINLOT))
        {
           argLotSize = MarketInfo(Symbol(),MODE_MINLOT);
        }
      else if(argLotSize > MarketInfo(Symbol(),MODE_MAXLOT))
        {
           argLotSize = MarketInfo(Symbol(),MODE_MAXLOT);
        }
```

103

```
    if(MarketInfo(Symbol(),MODE_LOTSTEP) == 0.1)
      {
        argLotSize = NormalizeDouble(argLotSize,1);
      }
    else argLotSize = NormalizeDouble(argLotSize,2);

    return(argLotSize);
}
```

この関数には、関数CalcLotSize()を使って計算したロット数を格納した変数（argLotSize）をパラメーターとして引き渡す。パラメーターとして引き渡された変数argLotSizeは処理され、呼び出す関数に返される。

注文を出すための関数

次は買いの成行注文を出すための関数を作成してみよう。作成する注文を出すための関数は以前のコードとはいくつか相違点がある。第一に、私たちが作成する注文を出すための関数にはポジションの決済は含まれない。ポジションの決済は、注文を出すのとは別に行う。ポジションを決済するための関数は第5章で見ていく。

また、損切り価格と利食い価格の計算や変更は注文を出すための関数の外で行う。損切り価格の計算にはいろいろな方法があるので、注文を出すための関数はできるだけ柔軟性を持たせ、損切り価格を計算するための一定の方法に特化しないようにしなければならない。注文を変更するためのブロックも分離して別の関数にする。

ここでは関数OrderSend()を使って現在の市場価格で買い注文を出すための関数を作成する。発注に失敗したら、89ページのエラー処理ルーチンを実行する。注文番号であるチケット番号は呼び出す関数に返すが、発注に失敗した場合は－1が返される。

売買する通貨のシンボルは、現在表示させているチャートの通貨シンボルをそのまま使うのではなく、パラメーターargSymbolを使

って指定する。こうすれば、現在表示させているチャートの通貨シンボル以外の通貨の注文を出すとき、簡単に注文を出すことができる。また、買い気配値や売り気配値は、事前に定義された変数BidやAskは使わず、関数MarketInfo()にパラメーターとしてMODE_ASKやMODE_BIDを入力して取得する。

注文のコメントには初期値を指定した。パラメーターargCommentの初期値は「Buy Order」(買い注文)だ。このパラメーターに値を指定しなければ、初期値が使われる。また、ロット数とスリッページはこの関数を呼び出す前にすでに計算・検証は行われているものとする。

```
int OpenBuyOrder(string argSymbol, double argLotSize, double argSlippage,
  double argMagicNumber, string argComment = "Buy Order")
  {
     while(IsTradeContextBusy()) Sleep(10);

     //買い注文の発注
     int Ticket = OrderSend(argSymbol,OP_BUY,argLotSize,MarketInfo(argSymbol,MODE_ASK),
        argSlippage,0,0,argComment,argMagicNumber,0,Green);

     //エラー処理
     if(Ticket == -1)
       {
          int ErrorCode = GetLastError();
          string ErrDesc = ErrorDescription(ErrorCode);

          string ErrAlert = StringConcatenate("Open Buy Order - Error ",
             ErrorCode,": ",ErrDesc);
          Alert(ErrAlert);

          string ErrLog = StringConcatenate("Bid: ",MarketInfo(argSymbol,MODE_BID),
             " Ask: ",MarketInfo(argSymbol,MODE_ASK)," Lots: ",argLotSize);
          Print(ErrLog);
       }

     return(Ticket);
  }
```

関数OrderSend()のなかでは事前に定義された変数Askの代わりに、関数MarketInfo()にパラメーターとしてMODE_ASKを入力して、argSymbolで示された通貨シンボルの最新の売り気配値を取得していることに注意しよう。

発注に失敗したら、エラー処理ルーチンが実行される。発注に成功

すれば注文番号であるチケット番号が呼び出す関数に返され、失敗すれば－1が返される。売りの成行注文を出すためのコードについては**付録D**を参照してもらいたい。

待機注文を出すための関数

待機注文を出すには、待機注文の価格と注文の有効期限に関するパラメーターを関数に引き渡す必要があるため、関数にはパラメーターargPendingPriceとargExpirationを追加する。

待機注文の価格および損切り価格と利食い価格については関数を呼び出す前に計算・検証が行われているものとする。この待機注文を出すための関数では、待機注文を出すのと同時に損切り注文や利食い注文も設定する。したがって、注文を変更するための関数を別に作る必要はない。

買いの逆指値注文を出すためのコードは以下のとおりだ。

```
int OpenBuyStopOrder(string argSymbol, double argLotSize, double argPendingPrice,
   double argStopLoss, double argTakeProfit, double argSlippage, double argMagicNumber,
   datetime argExpiration = 0, string argComment = "Buy Stop Order")
   {
   while(IsTradeContextBusy()) Sleep(10);

   //買いの逆指値注文の発注
   int Ticket = OrderSend(argSymbol,OP_BUYSTOP,argLotSize,argPendingPrice,
      argSlippage,argStopLoss,argTakeProfit,argComment,argMagicNumber,
      argExpiration,Green);

   //エラー処理
   if(Ticket == -1)
      {
      int ErrorCode = GetLastError();
      string ErrDesc = ErrorDescription(ErrorCode);

      string ErrAlert = StringConcatenate("Open Buy Stop Order - Error ",ErrorCode,
         ": ",ErrDesc);
      Alert(ErrAlert);

      string ErrLog = StringConcatenate("Ask: ",MarketInfo(argSymbol,MODE_ASK),
         " Lots: ",argLotSize," Price: ",argPendingPrice," Stop: ",argStopLoss,
         " Profit: ",argTakeProfit," Expiration: ",TimeToStr(argExpiration));
      Print(ErrLog);
```

```
    }
    return(Ticket);
}
```

　パラメーターargExpirationには初期値の 0 を指定していることに注意しよう。待機注文の有効期限を指定せず、初期値の注文コメントを使いたい場合は、関数を呼び出すときにパラメーターargExpirationとargCommentは省略する。次の例は買いの逆指値注文を有効期限は設定せず、初期値の注文コメント「Buy Stop Order」（買いの逆指値注文）を使って出すためのものだ。

```
int Ticket = OpenBuyStopOrder(Symbol(),LotSize,PendingPrice,StopLoss,TakeProfit,
    UseSlippage,MagicNumber);
```

　エラー処理関数では、待機注文の価格と有効期限（指定する場合）をログに追加した。関数TimeToStr()は日付時刻型変数を分かりやすい文字列型変数に変換するための関数だ。

　売りの逆指値注文、買いの指値注文、売りの指値注文を出すための関数はこれとほとんど同じで、関数OrderSend()の注文種別を指定するパラメーターだけ異なる。待機注文を出すためのすべての関数については**付録D**を参照してもらいたい。

ポジションを決済するための関数

　最後に、1つのポジションを決済するための関数を作成してみよう。ベースとなるのは93ページのコードだ。同じ取引種別の複数のポジションを同時に決済する方法については第5章で説明する。ポジションの決済については次章で述べる方法のほうがシンプルだが、1つのポジションを決済する場合は、ここで述べる関数を使ったほうが効率的だ。

```
bool CloseBuyOrder(string argSymbol, int argCloseTicket, double argSlippage)
  {
    OrderSelect(argCloseTicket,SELECT_BY_TICKET);

    if(OrderCloseTime() == 0)
      {
        double CloseLots = OrderLots();

        while(IsTradeContextBusy()) Sleep(10);

        double ClosePrice = MarketInfo(argSymbol,MODE_BID);

        bool Closed = OrderClose(argCloseTicket,CloseLots,ClosePrice,argSlippage,Red);

        if(Closed == false)
          {
            int ErrorCode = GetLastError();
            string ErrDesc = ErrorDescription(ErrorCode);

            string ErrAlert = StringConcatenate("Close Buy Order - Error: ",ErrorCode,
                ": ",ErrDesc);
            Alert(ErrAlert);

            string ErrLog = StringConcatenate("Ticket: ",argCloseTicket," Bid: ",
                MarketInfo(argSymbol,MODE_BID));
            Print(ErrLog);
          }
      }

    return(Closed);
  }
```

　変数ClosePriceには、関数MarketInfo()を使ってargSymbolで示された通貨の最新の買い気配値を取得して、その値を代入する。また、ポジションの注文番号であるチケット番号とスリッページのパラメーターにはそれぞれargCloseTicketとargSlippageを使う。ポジションの決済に失敗したら、エラー処理ルーチンを実行し、チケット番号と現在の買い気配値をログに出力する。

　売りポジションの決済は、変数ClosePriceに売り気配値を代入する以外は同じだ。売りの成行注文で建てたポジションを決済するための関数のコードについては**付録D**を参照してもらいたい。

待機注文をキャンセルするための関数

以下に示すのは、1つの待機注文をキャンセルするための関数だ。この関数は買いと売りの両方の待機注文に対応可能だ。

```
bool ClosePendingOrder(string argSymbol, int argCloseTicket, double argSlippage)
{
    OrderSelect(argCloseTicket,SELECT_BY_TICKET);

    if(OrderCloseTime() == 0)
      {
        while(IsTradeContextBusy()) Sleep(10);
        bool Deleted = OrderDelete(argCloseTicket,Red);

        if(Deleted == false)
          {
             int ErrorCode = GetLastError();
             string ErrDesc = ErrorDescription(ErrorCode);

             string ErrAlert = StringConcatenate("Close Pending Order -  Error: ",
                ErrorCode,": ",ErrDesc);
             Alert(ErrAlert);

             string ErrLog = StringConcatenate("Ticket: ",argCloseTicket,
                " Bid: ",MarketInfo(argSymbol,MODE_BID),
                " Ask: ",MarketInfo(argSymbol,MODE_ASK));
             Print(ErrLog);
          }
      }
    return(Deleted);
}
```

損切り価格と利食い価格を計算するための関数

損切り価格と利食い価格については44～54ページにかけて説明したが、これらの価格を計算するための短い関数を作成してみよう。関数には損切り価格や利食い価格をピップスで表した値を格納した外部変数と、仕掛け価格を引き渡す。すると、関数は実際の損切り価格や利食い価格そのものを返してくる。

買いポジションの損切り価格を計算するための関数は以下のとおりだ。

109

```
double CalcBuyStopLoss(string argSymbol, int argStopLoss, double argOpenPrice)
  {
    if(argStopLoss == 0) return(0);
    double BuyStopLoss = argOpenPrice - (argStopLoss * PipPoint(argSymbol));
    return(BuyStopLoss);
  }
```

　まず、有効な損切り水準が関数に引き渡されたかどうかをチェックする。パラメーターargStopLossが0の場合は、呼び出す関数に値0を返す。これは損切りが設定されていないことを意味する。

　次に、仕掛け価格から損切り水準を差し引いて、実際の損切り価格を計算する。そのためにはargStopLossにPipPoint()を掛けて実際の値幅を求め、その値をargOpenPriceから差し引く。argOpenPriceの値としては、成行注文の場合は買い気配値と売り気配値のいずれか、待機注文の場合は仕掛け価格を用いる。

　ここではストップレベルはチェックしていないし、損切り価格が有効であるかどうかも検証していないことに注意してほしい。損切り価格の検証や変更には必要に応じて別の関数を使う。もちろんこの関数を変更して、損切り価格の検証、エラーメッセージの表示、価格の自動調整ができるようにしても構わない。

　買いポジションの利食い価格を計算するための関数は以下のとおりだ。

```
double CalcBuyTakeProfit(string argSymbol, int argTakeProfit, double argOpenPrice)
  {
    if(argTakeProfit == 0) return(0);
    double BuyTakeProfit = OpenPrice + (argTakeProfit * PipPoint(argSymbol));
    return(BuyTakeProfit);
  }
```

　売りポジションの損切り価格や利食い価格を計算するための関数については**付録A**を参照してもらいたい。売りポジションの損切り価格を計算するための関数は、買いポジションの損切り価格を計算するた

めの関数とほぼ同じで、売りポジションの利食い価格についても同様だ。

ストップレベルの検証

ここではストップレベルを計算・検証するための関数を2つ作成してみよう。最初の関数は特定の価格からの値幅を計算し、指定した価格がストップレベルの内側にあるか外側にあるかを示すブール値を返してくる。もうひとつの関数は指定した価格がストップレベルの外側にくるように、一定のピップス数を加減して価格を自動的に調整する。

次の関数は任意の価格がストップレベルの上限（仕掛け価格にストップレベルを足したもの）の上にあるかどうかを調べるための関数だ。上にある場合は関数はtrueを返し、そうでなければfalseを返してくる。

```
bool VerifyUpperStopLevel(string argSymbol, double argVerifyPrice,
    double argOpenPrice = 0)
    {
        double StopLevel = MarketInfo(argSymbol,MODE_STOPLEVEL) * Point;

        if(argOpenPrice == 0) double OpenPrice = MarketInfo(argSymbol,MODE_ASK);
        else OpenPrice = argOpenPrice;

        double UpperStopLevel = OpenPrice + StopLevel;

        if(argVerifyPrice > UpperStopLevel) bool StopVerify = true;
        else StopVerify = false;

        return(StopVerify);
    }
```

関数のパラメーターとして引き渡すのは、通貨シンボル、検証したい価格、仕掛け価格（任意）だ。初期設定では、ストップレベルは売り気配値からの値幅として計算される。argOpenPriceを指定した場合は、ストップレベルはその価格からの値幅として計算される（待機注文の損切り価格や利食い価格を検証するときにはこちらを使う）。

次の関数はargVerifyPriceがUpperStopLevelよりも大きいかどうかを調べるためのものだ。argVerifyPriceがUpperStopLevelよりも大きい場合、関数はtrueを返し、そうでない場合はfalseを返してくる。この関数は最初の価格を変更することなく、損切り価格、利食い価格、待機注文の価格が有効なものであるかどうかを調べるのに使うことができる。損切り価格を調べ、価格が無効な場合はエラーメッセージを表示させるコード例は以下のとおりだ。

```
bool Verified = VerifyUpperStopLevel(Symbol(),SellStopLoss);

if(Verified == false) Alert("Sell stop loss is invalid!");
```

　ストップレベルが現在価格や待機注文の価格の下にあるかどうかを調べるための関数については**付録D**を参照してもらいたい。2番目の関数は、損切り価格、利食い価格、待機注文の価格が無効な場合に有効な価格に自動的に調整する以外は、上の関数と同じだ。

```
double AdjustAboveStopLevel(string argSymbol, double argAdjustPrice, int argAddPips = 0,
  double argOpenPrice = 0)
  {
     double StopLevel = MarketInfo(argSymbol,MODE_STOPLEVEL) * Point;

     if(argOpenPrice == 0) double OpenPrice = MarketInfo(argSymbol,MODE_ASK);
     else OpenPrice = argOpenPrice;

     double UpperStopLevel = OpenPrice + StopLevel;
    if(argAdjustPrice <= UpperStopLevel)
       {
          double AdjustedPrice = UpperStopLevel + (argAddPips * PipPoint(argSymbol));
       }
     else AdjustedPrice = argAdjustPrice;

     return(AdjustedPrice);
  }
```

　パラメーターargAdjustPriceは検証対象の価格で、検証の結果無効だと分かった場合は有効な値に調整される。ここではargAddPipsという任意選択のパラメーターを新たに加えている。これは、価格が無

効なときにそれを調整するためにストップレベルに加えるピップス数を指定するためのものだ。

前と同じように、ストップレベルは売り気配値またはargOpenPriceパラメーターを基準として計算する。argAdjustPriceパラメーターがストップレベルの内側にあるとき（つまり、無効ということ）、価格はargAddPipsで指定されたピップス数を足してストップレベルの外側にくるように調整される。

argAdjustPriceで指定した価格が有効な場合、その価格は呼び出す関数に引き渡される。いずれにしても、損切り価格、利食い価格、待機注文の価格としてあなたが使いたい価格が戻り値になるわけである。本書ではこれらの関数はストップレベルの検証とそれに応じて価格を自動調整するのに用いる。ストップレベルの下限を計算・検証するための関数については**付録D**を参照してもらいたい。

損切り注文と利食い注文を追加設定する

本書では関数は簡単な作業を別々に行わせることを旨とするため、注文を変更するための関数は別に作成する。これから説明する関数は、指定した保有中のポジションに損切り注文と利食い注文を新たに置いたり変更するための関数だ。ただし、損切り価格と利食い価格は事前に計算・検証が行われているものとする。

```
bool AddStopProfit(int argTicket, double argStopLoss, double argTakeProfit)
{
    if(argStopLoss == 0 && argTakeProfit == 0) return(false);

    OrderSelect(argTicket,SELECT_BY_TICKET);
    double OpenPrice = OrderOpenPrice();

    while(IsTradeContextBusy()) Sleep(10);

    //注文の変更
    bool TicketMod = OrderModify(argTicket,OrderOpenPrice(),argStopLoss,argTakeProfit,0);
```

```
   //エラー処理
   if(TicketMod == false)
     {
        int ErrorCode = GetLastError();
        string ErrDesc = ErrorDescription(ErrorCode);

        string ErrAlert = StringConcatenate("Add Stop/Profit - Error ",ErrorCode,": ",
           ErrDesc);
        Alert(ErrAlert);

        string ErrLog = StringConcatenate("Bid: ",MarketInfo(OrderSymbol(),MODE_BID),
           " Ask: ",MarketInfo(OrderSymbol(),MODE_ASK)," Ticket: ",argTicket,
           " Stop: ",argStopLoss," Profit: ",argTakeProfit);
        Print(ErrLog);
     }

   return(TicketMod);
 }
```

まず最初に損切りや利食いが設定されているかどうかを調べる。設定されていない場合は、関数から抜ける。設定されている場合は、関数に引き渡された損切り価格や利食い価格を使って注文を変更する。注文の変更に失敗した場合はエラー処理ルーチンを実行する。この関数はどんなポジションに対しても使える。

インクルードファイルを使う

作成した関数をソースファイルに簡単に取り込めるように、関数はインクルードファイルのなかに置く。インクルードファイルには関数の宣言、インポートされた関数、EA（自動売買システム）に取り込みたいグローバル変数や外部変数を置くことができる。

インクルードファイルには特別なシンタックスはない。ソースファイルと同じように、関数や変数をインクルードファイルのなかで宣言すればよい。インクルードファイルのなかには関数init()、関数start()、関数deinit()を置いてはならない。インクルードファイルのなかに入れるファイルには拡張子として .mqhを用い、¥experts¥includeフォルダのなかに置かなければならない。

本書で作成する関数はすべてIncludeExample.mqhという名前のイ

ンクルードファイルのなかに置かれる。このファイルの内容については**付録D**を参照してもらいたい。

ライブラリーを使う

　ライブラリーとは関数をひとまとめにして保存したコンパイルされたプログラムだ。インクルードファイルはその内容が実行可能なファイルに「インクルード」されるものであるのに対し、ライブラリーはインポートされた関数を含む、インクルードファイルとは別の実行可能なファイルだ。したがって、自作したEAを実行するにはEAとライブラリーの両方を実行可能にしておく必要がある。

　ライブラリーは、¥experts¥librariesフォルダのなかに保存される。そのソースファイルは .mq4の拡張子を持ち、実行ファイルは .ex4の拡張子を持つ。ライブラリーには関数start()、関数init()、関数deinit()は含まれない。ファイルをライブラリーとして宣言するには、ファイルの最初にプリプロセッサー命令の#property libraryを記述する必要がある。

　ライブラリーの利点は、それがコンパイルされたプログラムであるという点だ。したがって、関数ライブラリーを配布する場合、インクルードファイルのようにあなたの持つ知的財産を公開する必要はない。ライブラリーのバグを取り除くときも、関数の宣言を変更（例えば、パラメーターや関数そのものの追加や削除）しない場合はEAをコンパイルし直す必要がないのも便利な点だ。

　ライブラリーには欠点もある。ライブラリーはすでにコンパイルされているため、コンパイラーを使ってパラメーターが正しいかどうかをチェックすることができない。また、ライブラリー関数はパラメーターの値として初期値を指定することができない。つまり、関数を呼び出すときにはすべてのパラメーターを指定しなければならないとい

うことである。さらに、ライブラリーでは外部変数を使ったり、作成したEAがアクセスできるグローバルスコープの変数を作成したりすることはできない。

　作成するEAにライブラリー関数をインポートするためには#importを記述する必要がある。ライブラリーに含まれる関数が多い場合、インクルードファイルを新たに作成し、#importを使って取り込むのが一番よい。しかし、これによって作業対象のファイルの数は増える。したがって、ライブラリーを使わなければならない理由がないかぎり、作成した関数はインクルードファイルに保存することをお勧めする。

　#importを使えば、ウィンドウズDLLからも関数をインポートすることができる。¥exports¥includeの下にあるインクルードファイルWinUser32.mqhには、関数MessageBox()で使えるさまざまなサンプルが入っている（関数MessageBox()については第8章で説明する）。DLL関数の使用は高度なテクニックになるので、ここでは扱わない。興味のある人は、MQL4のホームページにDLLの使い方についての説明があるのでそちらを参照してもらいたい。

関数を使った簡単なEA

　以下に示すのは私たちが作成したEAのソースコードで、これはソースファイルに入っている。本章で作成した関数はインクルードファイルIncludeExample.mqhのなかで宣言されているものとする（このインクルードファイルの内容については**付録D**を参照のこと）。

第4章 作業の関数化

```
//プロプロセッサー命令
#include <IncludeExample.mqh>


//外部変数
extern bool DynamicLotSize = true
extern double EquityPercent = 2;
extern double FixedLotSize = 0.1;

extern double StopLoss = 50;
extern double TakeProfit = 100;

extern int Slippage = 5;
extern int MagicNumber = 123;

extern int FastMAPeriod = 10;
extern int SlowMAPeriod = 20;


//グローバル変数
int BuyTicket;
int SellTicket;
double UsePoint;
int UseSlippage;


//関数Init
int init()
   {
      UsePoint = PipPoint(Symbol());
      UseSlippage = GetSlippage(Symbol(),Slippage);
   }


//関数Start
int start()
   {
      //移動平均線
      double FastMA = iMA(NULL,0,FastMAPeriod,0,0,0,0);
      double SlowMA = iMA(NULL,0,SlowMAPeriod,0,0,0,0);

      //ロット数の計算
      double LotSize = CalcLotSize(DynamicLotSize,EquityPercent,StopLoss,FixedLotSize);
      LotSize = VerifyLotSize(LotSize);

      //買い注文
      if(FastMA > SlowMA && BuyTicket == 0)
         {
            if(SellTicket > 0) int Closed = CloseSellOrder(Symbol(),SellTicket,UseSlippage);
            SellTicket = 0;

            BuyTicket = OpenBuyOrder(Symbol(),LotSize,UseSlippage,MagicNumber);

            if(BuyTicket > 0 && (StopLoss > 0 || TakeProfit > 0))
               {
                  OrderSelect(BuyTicket,SELECT_BY_TICKET);
                  double OpenPrice = OrderOpenPrice();
```

117

```
            double BuyStopLoss = CalcBuyStopLoss(Symbol(),StopLoss,OpenPrice);
            if(BuyStopLoss > 0)
               {
                  BuyStopLoss = AdjustBelowStopLevel(Symbol(),BuyStopLoss,5);
               }

            double BuyTakeProfit = CalcBuyTakeProfit(Symbol(),TakeProfit,OpenPrice);
            if(BuyTakeProfit > 0)
               {
                  BuyTakeProfit = AdjustAboveStopLevel(Symbol(),BuyTakeProfit,5);
               }

            AddStopProfit(BuyTicket,BuyStopLoss,BuyTakeProfit);
         }
      }

   //売り注文
   if(FastMA < SlowMA && SellTicket == 0)
      {
         if(BuyTicket > 0) Closed = CloseBuyOrder(Symbol(),BuyTicket,Slippage);
         BuyTicket = 0;

         SellTicket = OpenSellOrder(Symbol(),LotSize,UseSlippage,MagicNumber);

         if(SellTicket > 0 && (StopLoss > 0 || TakeProfit > 0))
            {
               OrderSelect(SellTicket,SELECT_BY_TICKET);
               OpenPrice = OrderOpenPrice();

               double SellStopLoss = CalcSellStopLoss(Symbol(),StopLoss,OpenPrice);
               if(SellStopLoss > 0)
                  {
                     SellStopLoss = AdjustAboveStopLevel(Symbol(),SellStopLoss,5);
                  }

               double SellTakeProfit = CalcSellTakeProfit(Symbol(),TakeProfit,OpenPrice);
               if(SellTakeProfit > 0)
                  {
                     SellTakeProfit = AdjustBelowStopLevel(Symbol(),SellTakeProfit,5);
                  }

               AddStopProfit(SellTicket,SellStopLoss,SellTakeProfit);
            }
      }
   return(0);
}
```

それではコードの内容を見ていくことにしよう。

まず最初に作成した関数を含むファイル（この場合はIncludeExample.mqh）を取り込む。変数の宣言と関数init()の内容は以前と同じだ。関数start()では最初に関数CalcLotSize()と関数VerifyLotSize()を使ってロット数の計算と検証を行う。

買い注文と売り注文のブロックでは、関数CloseBuyOrder()と関数CloseSellOrder()を使って反対のポジションを決済する。そして、関数OpenBuyOrder()または関数OpenSellOrder()を使って新たに注文を出す。損切り価格と利食い価格を計算する前に、注文の発注に成功したかどうかと、StopLossまたはTakeProfitが指定されているかどうかをチェックする。

仕掛け価格は、関数OrderSelect()と関数OrderOpenPrice()を使って取得する。次に関数CalcBuyStopLoss()または関数CalcSellStopLoss()を使って損切り価格を計算し、関数CalcBuyTakeProfit()または関数CalcSellTakeProfit()を使って利食い価格を計算する。

損切り価格や利食い価格が0よりも大きいかどうかをチェックし、関数AdjustAboveStopLevel()と関数AdjustBelowStopLevel()を使って損切り価格と利食い価格を検証する。最後に、これらの値を関数AddOrderProfit()に引き渡すと、関数は損切りと利食いを注文に追加設定する。

このEAは83ページから始まるコードとまったく同じ内容だが、より読みやすいものになっている。コードの各ブロックを関数に置き換えることで雑然としていたコードはすっきりし、管理もしやすくなる。このEAにはこのあとさらにいくつかの機能を加えていく。このEAのコードについては**付録C**を参照してもらいたい。

関数を作成するのは最初は時間がかかるかもしれないが、自分のトレーディングアイデアがプログラミングしやすくなり、EAも短時間で作成することができるようになるため、長い目で見れば時間の節約になるはずだ。

第5章

ポジションと注文の管理
Order Management

関数OrderSelect()については第2章ですでに紹介したが、本章では関数OrderSelect()にforやwhileなどのループ演算子を併用し、ループ処理によって注文情報を取得する方法について見ていくことにしよう。この方法は複数のポジションを同時に決済したり、トレイリングストップを設定したり、保有中のポジションの数を数えたりといったことに使える。

ループ（繰り返し処理）

for演算子

for演算子は一定のブロックを決められた回数だけ繰り返すのに使われる。カウンターとして整数型の変数を宣言し、それにループ（繰り返し処理）の初期値を代入する。そして、ループを開始するための条件を指定する。その条件がtrueのときにループが実行される。さらに、カウンター変数をいくつずつ増やす（増分値）かも指定する。

forループの例は以下のとおりだ。

```
for(int Counter = 1; Counter <= 3; Counter++)
{
  //ループ本体
}
```

　最初の式「int Counter = 1」は変数Counterを値1から開始することを示している。2番目の式「Counter <= 3」は、ブレース（{}）内のコード（ループ本体）を実行するための条件を示している。この条件がtrueの間ループは継続し、falseになったらループから抜けてブレースのあとのブロックに進む。

　3番目の式「Counter++」は「Counterの値を1だけ増やす」ことを意味する。この部分が「Counter--」のときは、「Counterの値を1だけ減らす」ことを意味し、「Counter+2」のときは「2だけ増やす」ことを意味する。ループが1回終了するごとにCounter変数は指定した数だけ増減する。そして次のループに進む前に、2番目のパラメーター（この場合は、「Counter <= 3」）がチェックされ、条件を満たせば2回目のループが実行される。for文のあとにはセミコロン（;）を付けないことに注意しよう。

　上の例ではループは3回実行される。それぞれのループが終了すると、カウンターは1だけ増え、3回目のループが終了するとループは終了する。

while演算子

　while演算子もfor演算子と同じくループ処理を行うためのものだが、ループする回数が事前に分かっている場合はfor演算子を使い、分かっていない場合はwhile演算子を使う。

　whileループの例を見てみよう。

```
while(Something == true)
  {
    //ループ本体
  }
```

　この非常にシンプルな例では、Somethingというブール型変数を使っている。Somethingがtrueのとき、ループが実行される。もちろんSomethingの値が変わらなければ、ループは無限に続く。したがって、Somethingの値を変化させるための条件をループ内に記述する必要がある。この条件がtrueになったらSomethingはfalseに変わり、ループは終了する。

　for演算子と同じように、変数を増やしていくこともできる。

```
int Counter = 1;
while(Counter <= 3)
  {
     Counter++;
  }
```

　このコードは前出のforループと処理内容はまったく同じである。

オーダープールのループ処理

　以下に示すのは保有中のポジションと待機注文のループ処理に用いるコードだ。

```
for(Counter = 0; Counter <= OrdersTotal()-1; Counter++)
  {
    OrderSelect(Counter,SELECT_BY_POS);
     //条件の評価
  }
```

　Counterの値を0に設定し、Counterの値が「関数OrderTotal()の値－1」以下になるまでループを繰り返す。この例では、ループが1回

終了するたびにCounterの値は1だけ増える。

　関数OrdersTotal()は現在保有中のポジションと待機注文の総数を返してくる。関数OrdersTotal()から1を差し引くのはなぜだろうか。オーダープールの仕組みを見てみることにしよう。

　オーダープールには私たちのターミナルで現在保有中のポジションと待機注文（手動で出した注文とEA［自動売買システム］で出した注文のすべて）が出した順番に並べられている。インデックス番号（オーダープール内における位置）は0から始まる。したがって、保有中のポジションか待機注文が1つの場合は、そのインデックス番号は0になる。2番目の注文が発注されるとそのインデックス番号は1、3番目の注文が発注されるとそのインデックス番号は2、といった具合だ（最も古い注文のインデックス番号が0で、最も新しい注文のインデックス番号が2）。

　前述のとおり、関数OrdersTotal()は現在保有中のポジションと待機注文の総数を返してくる。上の例では、保有中のポジションと待機注文の総数が3つということだ。しかし、インデックス番号は0から始まるので、カウンター変数にカウントさせたいのは2までだ。したがって、Counter変数の値をインデックス番号に一致させるためには、関数OrdersTotal()から1を差し引かなければならないというわけである。

　オーダープール内の待機注文や保有しているポジションが1つクローズ（決済またはキャンセル）されたら、プール内のそれよりも新しい注文（あるいは保有中のポジション）のインデックス番号は1だけ少なくなる。例えば、インデックス番号0のポジションが決済されたとすると、インデックス番号1の注文（あるいは保有中のポジション）のインデックス番号は0になり、インデックス番号2の注文（あるいは保有中のポジション）のインデックス番号は1になる。これはポジションを決済したり、待機注文をキャンセルするときに重要にな

る。詳しくはこのあと説明する。

　それではオーダープールのループ処理に戻ることにしよう。関数OrderSelect()文はCounter変数の値をインデックス番号として用いる。前述のとおり、オーダープールのループ処理では古い注文から新しい注文の順にループする。SELECT_BY_POSパラメーターは注文をチケット番号ではなくオーダープールのなかの位置（インデックス）で選ぶことを示している。

　最初のループでは、Counterの値は0なので、関数OrderSelect()を使ってオーダープールのなかから最も古い注文を選ぶ。そして、関数OrderTicket()や関数OrderStopLoss()などの関数を使って注文情報を調べ、必要に応じて待機注文のキャンセル、保有中のポジションの決済、および注文内容の変更をする。

待機注文と保有中のポジションの数を数える

　自分のEAから出した待機注文や保有中のポジションがいくつあるのかと、その取引種別が分かると非常に便利だ。そこで、取引種別ごとに現在保有中のポジションと待機注文の総数を数えるための関数を作成することにしよう。その関数は以下のとおりだ。

```
int TotalOrderCount(string argSymbol, int argMagicNumber)
  {
     int OrderCount;
     for(Counter = 0; Counter <= OrdersTotal()-1; Counter++)
       {
          OrderSelect(Counter,SELECT_BY_POS);
          if(OrderMagicNumber() == argMagicNumber && OrderSymbol() == argSymbol)
            {
               OrderCount++;
            }
       }
     return(OrderCount);
}
```

この関数の名前は関数TotalOrderCount()で、関数のパラメーターとして引き渡したマジック番号に一致し指定したチャートの通貨シンボルの待機注文と保有中のポジションの総数を整数値で返してくる。

　まず、変数OrderCountを宣言する。初期値を指定していないので、OrderCountは0で初期化される。for演算子や関数OrderSelect()は前節ですでに説明したとおりだ。

　オーダープールには、ほかのEAから出した注文や保有中のポジションがすべて含まれるので、対象となるEAが出した注文がどれなのかを知る必要がある。まず最初に、選択した注文のOrderSymbol()を調べ、それがargSymbolパラメーターに一致することを確認する。次に、その注文のマジック番号を調べる。

　OrderMagicNumber()がargMagicNumberパラメーターに一致すれば、これが対象となるEAによって出された注文であることが分かる。同じマジック番号を持つ同じ通貨シンボルの2つのEAを実行しないかぎり、この注文はこのEAによって出されたものということになる。同じ通貨シンボルの複数のEAを実行している場合は、それぞれのEAに対して別々のマジック番号を使うようにしなければならない。

　探している注文やポジションがマジック番号にもチャートのシンボルにも一致したら、OrderCountの値は1増える。オーダープール内のすべての注文と保有中のポジションのループが終わったら、OrderCountの値を呼び出す関数に返す。

　この関数はコードのなかでは次のように使う。

```
if(TotalOrderCount(Symbol(),MagicNumber) > 0 && CloseOrders == true)
   {
      //すべてのポジションを決済し、待機注文をキャンセルする
   }
```

　このEAによって出された注文があり、CloseOrdersの値がtrue（こ

れはプログラム内のほかの場所で設定されているものとする）ならば、ブレース内のブロックが実行され、保有中のポジションはすべて決済されると同時に、待機注文もすべてキャンセルされる。

　保有ポジションと待機注文の総数を数えるルーチンを成行注文で買ったポジションだけを数えるルーチンに変更してみよう。

```
int BuyMarketCount(string argSymbol, int argMagicNumber)
  {
    int OrderCount;
    for(Counter = 0; Counter <= OrdersTotal()-1; Counter++)
      {
        OrderSelect(Counter,SELECT_BY_POS);
        if(OrderMagicNumber() == argMagicNumber && OrderSymbol() == argSymbol
            && OrderType() == OP_BUY)
          {
            OrderCount++;
          }
      }
    return(OrderCount);
  }
```

　このコードは、現在選択されているポジションや待機注文の取引種別を調べるための関数OrderType()を追加した以外は、前のコードとまったく同じだ。OP_BUYは買いの成行注文を表す定数である。ほかの取引種別のポジションや待機注文の数を数えたいのであれば、OP_BUYの部分を数えたい取引種別のポジションや待機注文の定数に置き換え、関数の名前をそのポジションや待機注文の取引種別を反映する名前に変えればよい。

　ポジションや待機注文の数を数える関数はポジションや待機注文の取引種別ごとに別々に作っておくとよいだろう。ポジションや待機注文の数を数えるすべての関数のコードについては**付録D**を参照してもらいたい。

複数のポジションや待機注文を同時に決済したりキャンセルする

同じ取引種別の複数のポジションや待機注文を決済したりキャンセルしなければならないことはよくある。ここでは、ループ処理とポジションや待機注文の決済ルーチンを組み合わせて、複数のポジションや待機注文を同時に決済したりキャンセルするための関数を作成することにしよう。次の関数の対象となるのはEAが出した成行注文によって買ったポジションを一度にすべて決済するための関数だ。

```
void CloseAllBuyOrders(string argSymbol, int argMagicNumber, int argSlippage)
   {
      for(int Counter = 0; Counter <= OrdersTotal()-1; Counter++)
         {
            OrderSelect(Counter,SELECT_BY_POS);

            if(OrderMagicNumber() == argMagicNumber && OrderSymbol() == argSymbol
               && OrderType() == OP_BUY)
               {
                  //決済注文
                  int CloseTicket = OrderTicket();
                  double CloseLots = OrderLots();

                  while(IsTradeContextBusy()) Sleep(10);
                  double ClosePrice = MarketInfo(argSymbol,MODE_BID);

                  bool Closed = OrderClose(CloseTicket,CloseLots,ClosePrice,argSlippage,Red);

                  //エラー処理
                  if(Closed == false)
                    {
                       ErrorCode = GetLastError();
                       string ErrDesc = ErrorDescription(ErrorCode);

                       string ErrAlert = StringConcatenate("Close All Buy Orders - Error ",
                          ErrorCode,": ",ErrDesc);
                       Alert(ErrAlert);

                       string ErrLog = StringConcatenate("Bid: ",
                          MarketInfo(argSymbol,MODE_BID)," Ticket: ",CloseTicket,
                          " Price: ",ClosePrice);
                       Print(ErrLog);
                    }
                  else Counter--;
               }
         }
   }
```

関数のデータ型としてvoidを使っていることに注意しよう。この関数から返す有益なデータはないので、関数の最後にreturn演算子は不要だ。

前出のループ処理で使ったforループと関数OrderSelect()をここでも使っている。これはオーダープールを巡回して待機注文や保有中のポジションを調べ、そのポジションや待機注文を決済したりキャンセルする必要があるかどうかをチェックするためだ。それがOP_BUYで示された成行注文での買いポジションで、チャートのシンボルとマジック番号に一致すれば、そのポジションは決済される。

次に関数OrderTicket()を呼び出して、その注文番号であるチケット番号を取得する。ここからは以前の章で見てきた成行注文で買ったポジションを決済するためのコードと同じだ。最後の文Counter--に注意しよう。これはポジションが正しく決済されたら、Counter変数が1だけ減らされることを意味する。

前にも説明したように、あるポジションが決済されたら、そのあとに出された注文はすべてインデックス番号が1だけ小さくなる。ポジションを決済したあとカウンター変数を減らさなければ、そのあとの注文やポジションはスキップされる。

オーダープール内の保有中のポジションや待機注文を巡回するとき、古いものから新しいものの順に巡回するのには理由がある。それは、2009年の夏からNFA（全米先物協会）がアメリカの全ブローカーに対してFIFO（first in, first out。先入れ先出し）ルールに従うことを命じたからだ。同じ通貨に対して複数の注文を出していたら、出された順番どおりに決済しなければならないということである。待機注文や保有中のポジションを古いものから新しいものの順に巡回するのは、決済するときにこのFIFOルールに従うためである。

上記のコードを使って成行注文で売ったポジションを決済するには、取引種別をOP_SELLに変えて、ClosePriceをその通貨の売り気配値

に変えればよい。売りポジションを決済するための関数のコードについては**付録D**を参照してもらいたい。

それでは、複数の待機注文を同時にキャンセルするためのコードを見てみよう。この例では逆指値注文のすべてをキャンセルする。このコードと成行注文で買ったポジションを決済するための前出のコードとの違いは、このコードでは逆指値注文をキャンセルするので取引種別としてOP_BUYSTOPを用い、注文をキャンセルするための関数としてOrderDelete()を使っている点だ。

```
void CloseAllBuyStopOrders(string argSymbol, int argMagicNumber, int argSlippage)
  {
    for(int Counter = 0; Counter <= OrdersTotal()-1; Counter++)
      {
        OrderSelect(Counter,SELECT_BY_POS);

        if(OrderMagicNumber() == argMagicNumber && OrderSymbol() == argSymbol
          && OrderType() == OP_BUYSTOP)
          {
            //注文のキャンセル
            int CloseTicket = OrderTicket();

            while(IsTradeContextBusy()) Sleep(10);

            bool Closed = OrderDelete(CloseTicket,Red);

            //エラー処理
            if(Closed == false)
              {
                ErrorCode = GetLastError();
                string ErrDesc = ErrorDescription(ErrorCode);

                string ErrAlert = StringConcatenate("Close All Buy Stop Orders",
                  " - Error ",ErrorCode,": ",ErrDesc);
                Alert(ErrAlert);

                string ErrLog = StringConcatenate("Bid: ",
                  MarketInfo(argSymbol,MODE_BID)," Ask: ",
                  MarketInfo(argSymbol,MODE_ASK)," Ticket: ",CloseTicket);
                Print(ErrLog);
              }
            else Counter--;
          }
      }
  }
```

このコードはどの取引種別の待機注文にも適用可能だ。注文の取引

種別を、キャンセルしたい注文の取引種別に変えるだけでよい。待機注文をキャンセルするためのすべての関数については**付録D**を参照してもらいたい。

トレイリングストップ

　ループ処理は複数の注文を変更するのにも使える。これの最も一般的な例はトレイリングストップだ。トレイリングストップとは、含み益が出ている状態において、損切り価格を切り上げたり、切り下げたりすることで利益の上乗せを狙う手法を言う。これによって、利益を「確保」しながら、損失を抑えることができる。
　トレイリングストップは損切り価格を切り上げたり、切り下げたりする最大幅をピップス数で指定する。例えば、トレイリングストップの値として50ピップスを指定したとすると、損切り価格はあなたが最初に指定した損切り価格から50ピップス以上離れることはない。価格が不利な方向に動いて利益が減少した場合には損切り価格は変更されない。損切り価格はあくまで価格が有利な方向に動いているときのみ変更される。
　トレイリングストップを設定する（損切り価格を変更する）場合、現在価格と現在の損切り価格との差（単位はピップス）がトレイリングストップの値よりも大きいかどうかをチェックする必要がある。もしそうなら、現在価格からのトレイリングストップの値を加減して、それと等しくなるように損切り価格は変更される。
　トレイリングストップは、仕掛け価格ではなく決済価格を基準に計算する。決済価格は買いポジションの場合は買い気配値、売りポジションの場合は売り気配値である。トレイリングストップを設定する（損切り価格を変更する）ためのコードは以下のとおりである。まず、トレイリングストップの設定に用いる外部変数を宣言する。

```
extern double TrailingStop = 50;
```

成行注文で建てた買いポジションをすべてチェックし、必要に応じて損切り価格を変更する。

```
for(int Counter = 0; Counter <= OrdersTotal()-1; Counter++)
  {
    OrderSelect(Counter,SELECT_BY_POS);

    double MaxStopLoss = MarketInfo(Symbol(),MODE_BID) -
      (TrailingStop * PipPoint(Symbol()));

    MaxStopLoss = NormalizeDouble(MaxStopLoss,MarketInfo(OrderSymbol(),MODE_DIGITS));

    double CurrentStop = NormalizeDouble(OrderStopLoss(),
      MarketInfo(OrderSymbol(),MODE_DIGITS));
    //損切り価格の変更
    if(OrderMagicNumber() == MagicNumber && OrderSymbol() == Symbol()
      && OrderType() == OP_BUY && CurrentStop < MaxStopLoss)
      {
        bool Trailed = OrderModify(OrderTicket(),OrderOpenPrice(),MaxStopLoss,
          OrderTakeProfit(),0);
    //エラー処理
      if(Trailed == false)
        {
          ErrorCode = GetLastError();
          string ErrDesc = ErrorDescription(ErrorCode);

          string ErrAlert = StringConcatenate("Buy Trailing Stop - Error ",
            ErrorCode,": ",ErrDesc);
          Alert(ErrAlert);

          string ErrLog = StringConcatenate("Bid: "MarketInfo(Symbol(),MODE_BID),
            " Ticket: ",CloseTicket," Stop: ",OrderStopLoss()," Trail: ",
            MaxStopLoss);
          Print(ErrLog);
        }
      }
  }
}
```

関数OrderSelect()を使ってオーダープールから対象となるポジションを選択したら、設定したトレイリングストップに関数PipPoint()を掛けたものを現在の買い気配値から差し引いて、損切りの最大値を計算し、得られた値を変数MaxStopLossに格納する。

MQL関数の関数NormalizeDouble()を使って、変数MaxStopLossを

適切な小数点以下の桁数にそろえる。メタトレーダーでは価格は小数点以下8桁まで表すことができる。ここでは関数NormalizeDouble()を使ってMaxStopLossを小数点以下4桁または5桁（日本円ペアの場合は2桁または3桁）に丸める。

　次に、選択したポジションの損切り価格を取得して、関数NormalizeDouble()を使って適切な小数点以下の桁数に丸める。得られた値は変数CurrentStopに代入する。

　次に、選択したポジションの損切り価格を変更する必要があるかどうかをチェックする。マジック番号、シンボル、取引種別が一致し、現在の損切り価格（CurrentStop）がMaxStopLossよりも小さければ、このポジションの損切り価格を変更する。そのために新しい損切り価格として変数MaxStopLossを関数OrderModify()に引き渡す。

　関数OrderModify()が失敗した場合は、エラー処理ルーチンを実行し、現在の価格情報、チケット番号、現在の損切り価格、変更後の損切り価格をログに出力する。

　成行注文で建てた売りポジションの場合、トレイリングストップの変更条件はこれとは異なるので、別に記述しなければならない。成行注文で建てた売りポジションのトレイリングストップを変更する場合の条件は以下のとおりである。

```
//損切り価格の変更
if(OrderMagicNumber() == MagicNumber && OrderSymbol() == Symbol()
    && OrderType() == OP_SELL && (CurrentStop > MaxStopLoss || CurrentStop == 0))
```

　この場合の条件は「CurrentStop > MaxStopLoss ‖ CurrentStop == 0」である。このポジションに損切りが設定されていない場合、MaxStopLossはゼロよりも小さくならないので条件の「CurrentStop > MaxStopLoss」はtrueにはならない。OR条件「CurrentStop == 0」を加えたのはそのためだ。

現在のポジションの損切りが0に設定されている場合（つまり、損切りが設定されていないということ）、残りの条件がtrueならばトレイリングストップは設定される。

最小限の利益の確保

最小限の利益水準を追加してトレイリングストップをより効果的なものにしてみよう。前の例では、トレイリングストップは直ちに発動する。例えば、損切りの最初の設定値が100ピップスで、トレイリングストップが50ピップスの場合、損切りはただちに50ピップスに変更され、損切りの最初の設定値である100ピップスは無効になってしまう。

最小限の利益水準を追加することで、一定の利益に達するまでトレイリングストップの発動を遅らせることができる。これから見ていく例では、注文を出すときに、損切りは100ピップスに設定されているものとする。トレイリングストップは50ピップスで、最小限の利益水準は50ピップスとする。このポジションの利益が50ピップスに達したら、損切りはブレイクイーブン（損益ゼロ）の水準に移される。

まず、最小限の利益水準を設定するための外部変数を追加する。

```
extern int TrailingStop = 50;
extern int MinimumProfit = 50;
```

次の関数は、損切り価格を変更するとき、まず最小限の利益水準に達しているかどうかをチェックし、そのあとで損切り価格を変更するための関数で、対象となるのは成行注文で買ったポジションである。

```
void BuyTrailingStop(string argSymbol, int argTrailingStop, int argMinProfit,
   int argMagicNumber)
{
   for(int Counter = 0; Counter <= OrdersTotal()-1; Counter++)
     {
      OrderSelect(Counter,SELECT_BY_POS);

      //損切りの最大値と最小限の利益を計算
      double MaxStopLoss = MarketInfo(argSymbol,MODE_BID) -
         (TrailingStop * PipPoint(argSymbol));

      MaxStopLoss = NormalizeDouble(MaxStopLoss,
         MarketInfo(OrderSymbol(),MODE_DIGITS));

      double CurrentStop = NormalizeDouble(OrderStopLoss(),
         MarketInfo(OrderSymbol(),MODE_DIGITS));

      double PipsProfit = MarketInfo(argSymbol,MODE_BID) - OrderOpenPrice();
      double MinProfit = MinimumProfit * PipPoint(argSymbol));

      //損切り価格の変更
      if(OrderMagicNumber() == argMagicNumber && OrderSymbol() == argSymbol
         && OrderType() == OP_BUY && CurrentStop < MaxStopLoss
         && PipsProfit >= MinProfit)
        {
         bool Trailed = OrderModify(OrderTicket(),OrderOpenPrice(),MaxStopLoss,
            OrderTakeProfit(),0);

         //エラー処理
         if(Trailed == false)
           {
            ErrorCode = GetLastError();
            string ErrDesc = ErrorDescription(ErrorCode);

            string ErrAlert = StringConcatenate("Buy Trailing Stop - Error ",
               ErrorCode,": ",ErrDesc);
            Alert(ErrAlert);

            string ErrLog = StringConcatenate("Bid: ",
               MarketInfo(argSymbol,MODE_BID)," Ticket: ",CloseTicket,
               " Stop: ",OrderStopLoss()," Trail: ",MaxStopLoss);
            Print(ErrLog);
           }
        }
     }
}
```

　現在どれくらい利益（単位はピップス）が出ているかは、現在の買い気配値から関数OrderOpenPrice()を差し引いて求める。得られた値は変数PipsProfitに格納する。この値を設定した最小限の利益と比較

する。最小限の利益は関数PipPoint()を掛けて変数MinProfitに格納されている。

現在の利益（PipsProfit。単位はピップス）が設定した最小限の利益（MinProfit）以上で、そのほかの条件がすべてtrueならば、損切り価格が変更される。

最小限の利益を設定したトレイリングストップは柔軟性があるため、EAを作成するときにはこの関数を使うとよいだろう。売りのトレイリングストップのコードについては**付録D**を参照してもらいたい。

ブレイクイーブンでの仕切り

今見てきた方法は、損切りをブレイクイーブンでの仕切りに変更するのにも使える。ブレイクイーブンでの仕切りとは、一定の利益を確保したあと、損切り価格を仕掛け価格に移動させることを言う。ブレイクイーブンでの仕切りは、最初の損切りやトレイリングストップとは別に行う。

まず、確保したい最小限の利益を設定するための外部変数を宣言する。最小限の利益はピップスで指定する。

```
extern double BreakEvenProfit = 25;
```

このコードは、利益（単位はピップス）がBreakEvenProfit以上になれば、成行注文で買ったポジションの決済注文をブレイクイーブンの位置に移動させるためのものだ。この処理は関数化はしていないが、関数化したほうが便利だと思うのであれば関数化しても構わない。

```
for(int Counter = 0; Counter <= OrdersTotal()-1; Counter++)
  {
    OrderSelect(Counter,SELECT_BY_POS);
    RefreshRates();
    
    double PipsProfit = Bid - OrderOpenPrice();
    double MinProfit = BreakEvenProfit * PipPoint(OrderSymbol());
    
    if(OrderMagicNumber() == MagicNumber && OrderSymbol() == Symbol()
      && OrderType() == OP_BUY && PipsProfit >= MinProfit
      && OrderOpenPrice() != OrderStopLoss())
      {
        bool BreakEven = OrderModify(OrderTicket(),OrderOpenPrice(),
          OrderOpenPrice(),OrderTakeProfit(),0);


        if(BreakEven == false)
          {
            ErrorCode = GetLastError();
            string ErrDesc = ErrorDescription(ErrorCode);
            
            string ErrAlert = StringConcatenate("Buy Break Even - Error ",
              ErrorCode,": ",ErrDesc);
            Alert(ErrAlert);
            
            string ErrLog = StringConcatenate("Bid: ",Bid,", Ask: ",Ask,
              ", Ticket: ",CloseTicket,", Stop: ",OrderStopLoss(),", Break: ",
              MinProfit);
            Print(ErrLog);
          }
      }
  }
```

　現在の買い気配値から仕掛け価格を差し引いて現在の利益をピップスで算出し、得られた値をPipsProfitに格納する。また、最小限の利益をピップスで算出し、得られた値をMinProfitに格納する。PipsProfitがMinProfit以上であれば、決済価格を仕掛け価格に等しくなるように移動させる。

　また、決済価格がブレイクイーブン価格に等しくないことをチェックする。関数OrderOpenPrice()が関数OrderStopLoss()に等しくなければ、処理を進める。

EAの更新

移動平均線の交差システムのEAの関数start()を、私たちが作成した新しい関数を反映するように変更してみることにしよう。まず、新しい注文を出す前に、保有中の買いポジションがあるかどうかを調べる。1つの売りポジションを決済する代わりに、すべての売りポジションを一度に決済するための関数を使ってすべての売りポジションを決済する。この方法ではチケット番号は不要だ。

```
//買い注文
if(FastMA > SlowMA && BuyTicket == 0 && BuyMarketCount(Symbol(),MagicNumber) == 0)
  {
     if(SellMarketCount(Symbol(),MagicNumber) > 0)
       {
          CloseAllSellOrders(Symbol(),MagicNumber,Slippage);
       }

     SellTicket = 0;

     BuyTicket = OpenBuyOrder(Symbol(),LotSize,UseSlippage,MagicNumber);
  }
```

127ページで定義した関数BuyMarketCount()を使って、現在保有中の買いポジションの数を調べる。買いと売りのポジションが交互に仕掛けられるように、BuyTicketは残す。

売りポジションで保有中のものがあれば関数CloseAllSellOrders()で決済する。そのためには、まず関数SellMarketCount()を使って、保有中の売りポジションがあるかどうかを調べる。第4章の関数CloseSellOrder()とは違って、この関数はパラメーターとしてチケット番号を指定する必要はない。この方法はより堅牢な方法なので、EAにおける反対ポジションの決済にはこの方法を使うことをお勧めする。

買い注文の発注ブロックの残りの部分は前と同じだ。これに対応する売り注文の発注ブロックは以下のとおりだ。

```
//売り注文
if(FastMA < SlowMA && SellTicket == 0 && SellMarketCount(Symbol(),MagicNumber) == 0)
  {
    if(BuyMarketCount(Symbol(),MagicNumber) > 0)
      {
        CloseAllBuyOrders(Symbol(),MagicNumber,Slippage);
      }

    BuyTicket = 0;

    SellTicket = OpenSellOrder(Symbol(),LotSize,UseSlippage,MagicNumber);
  }
```

次に、トレイリングストップ関数を追加する。トレイリングストッププルーチンは、注文を出したあとに実行する。前と同じように、トレイリングストップ関数を呼び出す前に、保有中の買いや売りのポジションがあるかどうかを調べる。追加する外部変数は以下のとおりだ。

```
extern int TrailingStop = 50;
extern int MinimumProfit = 50;
```

以下に示すのは、トレイリングストップをチェックして変更するためのコードだ。まず、TrailingStopの設定対象となるポジションがあるかどうかをチェックしていることに注意しよう。これが０の場合、このコードは実行されない。

```
if(BuyMarketCount(Symbol(),MagicNumber) > 0 && TrailingStop > 0)
  {
    BuyTrailingStop(Symbol(),TrailingStop,MinimumProfit,MagicNumber);
  }
if(SellMarketCount(Symbol(),MagicNumber) > 0 && TrailingStop > 0)
  {
    SellTrailingStop(Symbol(),TrailingStop,MinimumProfit,MagicNumber);
  }
```

これらの変更については詳しくは**付録C**を参照してもらいたい。

第6章

売買条件とインディケーター

Order Conditions and Indicators

　これまで数章にわたって、どのEA（自動売買システム）にも共通する発注手順を実行するための関数の作成方法について見てきた。これらの関数はさまざまなトレーディング状況において利用できるように、再利用可能でできるだけ柔軟性を持つように作成した。こうした関数を作成しておくことで、こまごまとしたことからは解放され、自分のトレーディングシステムにおける独特なトレーディング状況をプログラミングすることに集中することができる。

　自分のシステムをできるだけ忠実にトレードできるEAを作成することこそが、私たちが最も集中的にやるべきことである。自分のシステムに忠実にトレードを行うには、どういう状況のときに注文を出したり決済したりすべきなのかを明確に見極め、正しい損切り価格や利食い価格を決定することが必要になる。ほとんどのトレーディングシステムは、価格データやインディケーターの値を使う。EAでこれらの情報にアクセスしてそれを利用するにはどうすればよいのだろうか。その方法について見ていくことにしよう。

価格データ

　EAでは、現在の買い気配値や売り気配値（詳しくは第5章を参照）

だけでなく、ローソク足のデータ（つまり、特定の足の高値、安値、始値、終値）も必要になる。現在表示させているチャートについては、事前に定義された時系列配列High[]、Low[]、Open[]、Close[]を使って、特定の足の高値、安値、始値、終値を取得することができる。

　配列とは複数の値を格納するための変数のことを言う。ブラケット（［　］）のなかのインデックス（添え字）によってアクセスする足を指定することができる。例えば、Open[0]は最新の足の始値を意味する。0がインデックスだ。ほかの足の始値を知りたければインデックスをそれに応じて変えればよい。最新の足の1つ前の足の始値を知りたければ、インデックスを1にする……といった具合だ。よく使うのは、最新の足やその1つ前の足の価格だ。

　現在表示させているチャート以外のシンボルの高値、安値、始値、終値や、現在表示させているチャートの時間枠以外の時間枠の価格データが必要なときは、関数iHigh()、iLow()、iOpen()、iClose()を使って取得することができる。これらの関数のシンタックスを関数iClose()を例にとって説明しよう。

```
double iClose(string Symbol, int Period, int Shift)
```

- ●Symbol　用いる通貨ペアのシンボル。
- ●Period　用いるチャートの時間枠（単位は分）。
- ●Shift　終値を知りたい足の位置（最新の足からいくつ前の足か［シフト値］を指定する）。

　それでは、iClose()を使って現在表示させているチャートの時間枠と異なる時間枠の終値を取得してみよう。今使っているのは1時間足チャートだが、4時間足チャートの1つ前の足の終値を取得することにする。

```
double H4Close = iClose(NULL,PERIOD_H4,1);
```

　NULLは現在のチャートのシンボルを意味する。PERIOD_H4はチャートの時間枠H4（4時間足）を表す整数の定数だ。1は最新の足から1つ前の足であることを示すシフト値である。別の例を見てみよう。以下の例は、別のチャートの最新の足の終値を求めるためのコードだ。

```
double GBPClose = iClose(GBPUSD,0,0);
```

　GBPUSDは今使っている通貨ペアのシンボルである。この通貨ペアで調べたいチャートの時間枠は現在見ているチャートと同じなので、時間枠には0を指定した。知りたいのは最新の足の価格なので、シフト値も0だ。

　Shiftパラメーターを増やしながらチャート履歴を巡回するにはforやwhileなどのループ演算子を使えばよい。次に示すのは、forループを使って直近の10本の足の終値を取得して、それをログに出力するためのコードだ。

```
for(int Count = 0; Count <= 9; Count++)
  {
     double CloseShift = iClose(NULL,0,Count);
     Print(Count+" "+CloseShift);
  }
```

インディケーター

　トレーディングシステムは、売買シグナルの点灯にインディケーターを用いるものがほとんどだ。メタトレーダーでは、移動平均線、MACD、RSI（相対力指数）、ストキャスティックスなど、よく使わ

れるインディケーターが20以上用意されている。また、MQL（Meta Quotes Language）には株式インディケーター用の組み込み関数が備わっている。自作のEAではカスタムインディケーターを使うこともできる。

トレンド系インディケーター

これまで本書で使ってきたインディケーターである移動平均線について見ていくことにしよう。移動平均線はトレンド系インディケーターだ。つまり、そのインディケーターの期間にわたって価格が上昇したのか下落したのかを示すインディケーターということである。移動平均線は過去 x 本の足の平均価格を１本の線でつないでチャート上に描いたもので、１本のラインで構成される。

移動平均線を求める関数のシンタックスは以下のとおりだ。

```
double iMA(string Symbol, int Timeframe, int MAPeriod, int MAShift, int MAMethod,
    int MAPrice, int Shift)
```

●Symbol　　移動平均線を適用するチャートのシンボル。
●Timeframe　　移動平均線を適用するチャートの時間枠。

MQLのすべてのインディケーター関数の最初の２つのパラメーターはこれらのパラメーターで、このあとにそのインディケーター特有のパラメーターが続く。これらのパラメーターは、インディケーターのproperties画面のパラメータータブの内容に対応している。

●MAPeriod　　移動平均線を算出する足の数（期間）。

ほぼすべてのインディケーターは期間を指定するパラメーターを少

なくとも１つ持っている。ほとんどのインディケーターは過去の足の価格時系列を使って算出する。例えば、期間が10ということは、そのインディケーターの値は直近10本の足の価格データを使って算出されることを意味する。

●MAShift　移動平均線を右方向（未来の方向）に移す足の数。移動平均線を最新のデータ位置よりも右（未来のデータ位置）に移して使う場合、いくつの足だけ未来に移すかを表す値。これはこのあと出てくるShiftパラメーターとは異なるので注意しよう。
●MAMethod　移動平均線の算出方法。単純移動平均線、指数移動平均線、平滑移動平均線、線形加重移動平均線のなかから選択する。

移動平均を使ったインディケーターでは、移動平均線の算出方法を選択することができる。移動平均線の算出方法についてはこのあと説明する。

●MAPrice　移動平均を計算するときに用いる価格配列。

これは終値、始値、高値、安値、あるいは平均（中央値、代表値、加重値など）のいずれかになる。適用する価格の定数についてはこのあと説明する。

●Shift　移動平均の値を算出する足の位置（最新の足から何本前［シフト値］の足か）。

どのインディケーター関数でも、Shiftパラメーターが最後のパラメーターになる。これはインディケーターの値を最新の足から何本前の足にさかのぼって計算すればよいかを示すものだ。この値が０のと

きは最新の足を表し、3のときは最新の足から3本前の足を表す。

移動平均線やそれに似たインディケーターはチャート上（メーンウィンドウ）に直接描かれる。トレード条件はインディケーターと価格との関係に基づいて設定することができる。移動平均線の交差システムでは、2つのインディケーターの値の関係に基づいて売買シグナルを点灯させる。具体的には、一方のインディケーターの値がもう1つのインディケーターの値よりも高ければ、買いや売りのシグナルが生成される。

あるいは、現在価格がインディケーターのラインを上回るか下回ったときに売買シグナルを点灯させることもできる。例えば、ボリンジャーバンドは、現在価格を上のバンドと下のバンドと比較して、その位置関係に基づいて売買シグナルを生成するインディケーターだ。

オシレーター系インディケーター

もうひとつの代表的なインディケーターがオシレーターだ。オシレーターは、チャートの下側（サブウィンドウ）に表示され、その名が示すように、一定の範囲（高値と安値の間）を振り子のように行き来するという特徴を持つ。オシレーターは、中立軸（通常0の位置）を中心に動くものと、上と下の極値（例えば、0と100）の間を動くものの2種類に分かれる。オシレーターの代表例としては、モメンタム、ストキャスティックス、RSI（相対力指数）などが挙げられる。

オシレーターは買われ過ぎと売られ過ぎを見るための指標だ。トレンド指標としても使えるが、反転が予想される位置を見るのに用いるのが一般的な使い方だ。つまり、逆張りのインディケーターということである。

最もよく使われるオシレーターのひとつであるストキャスティックスを見てみることにしよう。ストキャスティックスは2本のライン

――ストキャスティックスライン(Kライン)とシグナルライン(Dライン)――からなる。このオシレーターは買われ過ぎと売られ過ぎの状態を 0 と100の間の値で表す。ストキャスティックスが70を上回ると買われ過ぎ状態で、反転が近いことを示唆し、30を下回ると売られ過ぎ状態を表す。

ストキャスティックスのシンタックスは以下のとおりだ。

```
double iStochastic(string Symbol, int Timeframe, int KPeriod, int DPeriod, int Slowing,
    int MAMethod, int PriceField, int Mode, int Shift)
```

最初の 2 つのパラメーター(SymbolとTimeframe)については前に述べたとおりだ。ここでは、そのあとのインディケーター特有のパラメーターについて見ていくことにしよう。

- **KPeriod** 最高値と最安値を決定する期間(Kラインの期間)。
- **DPeriod** 移動平均を取る期間(Dラインの期間)。
- **Slowing** ストキャスティックスを求める期間(何本の足の終値を使ってストキャスティックスの値を算出するか)。この値が小さいときをファストストキャスティックスと呼び、大きいときをスローストキャスティックスと呼ぶ(スローストキャスティックスはファストストキャスティックスよりも遅れてシグナルを出す)。
- **MAMethod** Kラインの移動平均の計算方法(DラインはKを移動平均化したもの)。移動平均線のMAMethodと同じ。移動平均の計算方法についてはこのあと説明する。
- **PriceField** Kラインの算出に用いられる価格データ。0 (安値・高値)または 1 (終値)で表す。値が 1 の場合、ストキャスティックスは極値を取ることが多い。
- **Mode** 算出するストキャスティックス。1 (Kライン)または 2 (Dライン)で表す。

Modeパラメーターについて少し詳しく見ていこう。インディケーターのなかには、複数のラインを描くものがある。例えば、ストキャスティックスは2つのライン（KラインとDライン）からなる。2つのラインを描くにはそれぞれのラインを描くための関数iStochastic()を呼び出す必要がある。

```
double KLine = iStochastic(NULL,0,KPeriod,DPeriod,Slowing,MAMethod,Price,0,0);
double DLine = iStochastic(NULL,0,KPeriod,DPeriod,Slowing,MAMethod,Price,1,0);
```

　ModeパラメーターはKラインの場合は0で、Dラインの場合は1になっていることに注意しよう。Modeパラメーターを用いるインディケーターの有効な整数の定数については、MQLリファレンスの「標準的な定数」（Standard Constants）の「インディケーターライン」（Indicator lines）の項を参照してもらいたい。

　売買シグナルは、インディケーターのラインとインディケーターの特定の水準（例えば、買われ過ぎ水準の70や売られ過ぎ水準の30）との関係に基づいて点灯させることができる。また、インディケーターを構成する複数のラインの関係に基づいて点灯させることもできる。例えば、KラインがDラインを上回ったときだけ買い注文を出す、といった具合だ。具体例を見てみよう。

```
if(KLine < 70) //ストキャスティックスが買われ過ぎでなければ買う
if(KLine > DLine) //KラインがDラインを上回っていれば買う
```

　組み込みインディケーター関数については、MQLリファレンスの「テクニカル指標」（Technical Indicators）を参照してもらいたい。インディケーターの使い方や計算方法についてもっと詳しく知りたい人は、MQLのホームページ http://ta.mql4.com/ のテクニカル分析のコーナーを参照してもらいたい。

カスタムインディケーター

メタトレーダーのカスタムインディケーターはオンラインで入手可能で、その数は何百にものぼる。自作EAでカスタムインディケーターを使いたい場合、若干の作業が必要になる。カスタムインディケーターを使うときには、.mq4ソースファイルがあると便利だ。もちろん、ソースコードがなくてもカスタムインディケーターは使うことができるが、ソースファイルがあればModeパラメーターのバッファーインデックスを簡単に確認することができる（バッファーについては第9章を参照）。

MQLにはカスタムインディケーターを組み込み関数のように使うことができる関数iCustom()が組み込まれている。関数iCustom()のシンタックスは以下のとおりだ。

```
double iCustom(string Symbol, int Timeframe, string IndicatorName, Indicator Parameters,
    int Mode, int Shift);
```

Symbol、Timeframe、Mode、Shiftパラメーターはすでに説明済みなので、そのほかのパラメーターを見ていくことにしよう。IndicatorNameはインディケーターファイルの名前で、ナビゲーターウィンドウのカスタムインディケーターリストに表示されるものと同じだ。ここには「Slope Direction Line」「super_signal」など、あなたが利用しようと思っているカスタムインディケーターの名前を入力する。

Indicator Parametersは、カスタムインディケーターのパラメーターを入力する場所だ。Custom Indicator Properties画面のパラメーターの入力タブをクリックすると、カスタムインディケーターのパラメーターが表示されるのでこれを参考にするとよい。各パラメーターの左側のアイコンはデータ型を示している。インディケーターの .mq4

図6.1　カスタムインディケーターの入力画面

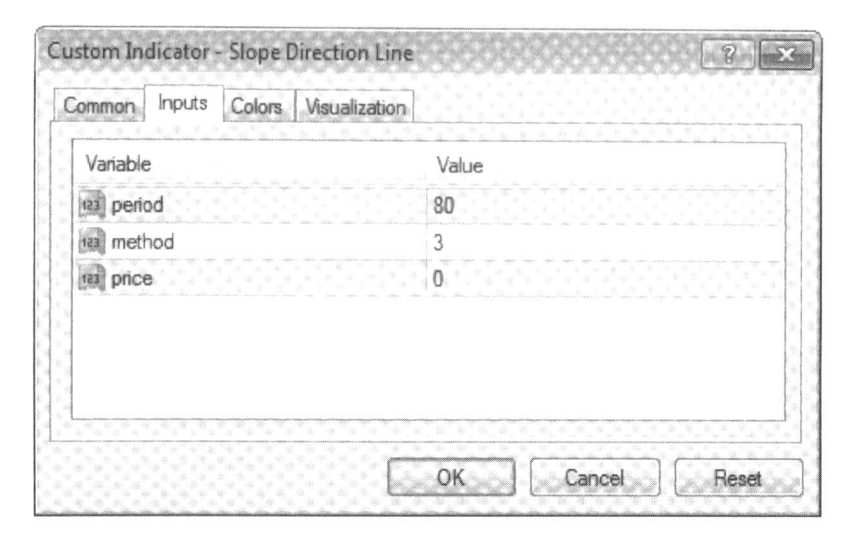

```
Custom Indicator - Slope Direction Line
Common | Inputs | Colors | Visualization

Variable            Value
  period            80
  method            3
  price             0

              OK   Cancel   Reset
```

ファイルがない場合、インディケーターのパラメーターはこの画面から指定する必要がある。

　カスタムインディケーターにどんなパラメーターが使われているのかをもっと簡単に知るには、インディケーターのソースファイルの最初にある外部変数をチェックするとよい。ここには、インディケーターのすべてのパラメーター、そのデータ型、初期値が列挙されているので、自作EAの外部変数を入力する部分にコードのこの部分をコピー&ペーストとすると簡単だ。

　カスタムインディケーターの各外部変数は関数iCustom()内に対応するパラメーターがなければならず、しかも登場する順に並べなければならない。変更する必要のないパラメーター（例えば、情報を含む文字列やあまり重要ではない設定）には定数を用いるとよい。

　例を見てみよう。よく使われるカスタムインディケーターSlope Direction Lineのソースコードには次のような外部変数が列挙されている。

```
//パラメーターの入力
extern int      period=80;
extern int      method=3;                   //MODE_SMA
extern int      price=0;                    //PRICE_CLOSE
```

　本書のEAではこれらの外部変数に対応する外部変数としてSlopePeriod、SlopeMethod、SlopePriceを使う。そのコードは以下のとおりである。

```
//外部変数
extern int SlopePeriod = 80;
extern int SlopeMethod = 3;
extern int SlopePrice = 0;
```

　インディケーターSlope Direction Lineを利用して独自のカスタムインディケーターを作成するには次のように記述すればよい。

```
iCustom(NULL,0,"Slope Direction Line",SlopePeriod,SlopeMethod,SlopePrice,0,0);
```

　NULLは現在表示させているチャートのシンボルを使うことを意味し、0は現在表示させているチャートの時間枠を使うことを意味する。「Slope Direction Line」はインディケーターファイルの名前で、SlopePeriod、SlopeMethod、SlopePriceは作成するインディケーターのパラメーターである。さらに、Modeパラメーターには初期値の0を指定している。Shiftパラメーターは0なのでインディケーターを算出する位置は最新の足である。
　Slope Direction Lineインディケーターは1本のラインで描かれるが、実際には2つの異なるバッファーからなる。また、インディケーターの価格が上昇しているか下落しているかによって、色（およびバッファー）が変化する。
　インディケーターをチャートに上に表示させ、メタトレーダーのデータウィンドウ（Data Window）を見ると、Slope Direction Lineの

図6.2 データウィンドウ

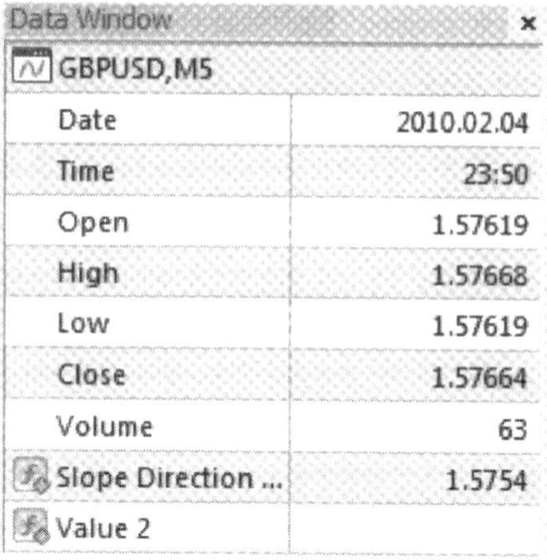

Data Window	
GBPUSD,M5	
Date	2010.02.04
Time	23:50
Open	1.57619
High	1.57668
Low	1.57619
Close	1.57664
Volume	63
Slope Direction ...	1.5754
Value 2	

２つの値を見ることができる。最初の値はインディケーターの値が増えているときの価格を表し、ラインの色は初期値の青に設定されている。２番目の値はインディケーターの値が減少しているときの価格を表し、ラインの色は初期値の赤に設定されている。

　Modeインデックスはこれら２本のラインのそれぞれに対して指定する必要がある。最も簡単なのは、ソースコードを見てみることだ。関数init()のなかを見ると、インディケーターバッファーを宣言し、その特性を設定するための行がいくつかあるはずだ。

```
SetIndexBuffer(0, Uptrend);
SetIndexBuffer(1, Dntrend);
SetIndexBuffer(2, ExtMapBuffer);
...
SetIndexStyle(0,DRAW_LINE,STYLE_SOLID,2);
SetIndexStyle(1,DRAW_LINE,STYLE_SOLID,2);
```

　最初の行の関数SetIndexBuffer()は、インデックス０のインディケーターバッファーに配列Uptrendを割り当てるための関数だ。配列の

名前から、これは青色のインディケーターライン用のものであること
が推測できる。2番目の関数も同様で、これはインデックス1のイン
ディケーターバッファーに配列DnTrendを割り当てる。下のほうに
関数SetIndexStyle()が2つあるが、これはバッファー0と1に実線を
描くように指定するための関数だ。

インデックス3の3番目のバッファーには配列ExtMapBufferが割
り当てられているが、これは計算のためだけに用いられる。つまり、
私たちのインディケーターの価格情報が含まれるのはインデックス0
と1のバッファーのみということになる。配列の識別子が示すように、
インデックス0は上昇トレンドライン、1は下降トレンドラインであ
る。インディケーターの宣言方法は以下のとおりだ。

```
double SlopeUp = iCustom(NULL,0,"Slope Direction Line",SlopePeriod,SlopeMethod,
    SlopePrice,0,1);

double SlopeDown = iCustom(NULL,0,"Slope Direction Line",SlopePeriod,SlopeMethod,
    SlopePrice,1,1);
```

最後から2つ目のModeパラメーターにはインディケーターバ
ッファーのインデックス番号を指定する。SlopeUpの場合は0、
SlopeDownの場合は1だ。一番最後のShiftパラメーターは1に設定
されている。これは最新の足の終値を意味する。

正しいModeパラメーターを使っているかどうかは二重にチェック
するようにしよう。関数Print()を追加し、「Open prices only」をテ
ストモデルとしてStrategy Testerでバックテストを実行する。関数
iCustom()のなかのShiftパラメーターは必ず1に設定する。

```
Print("Slope Up: "+SlopeUp+", Slope Down: "+SlopeDown+" Time: "+TimeToStr(Time[1]));
```

関数Print()はインディケーターバッファーの値と、1つ前の足の日

時をログに出力する。ログの内容はStrategy Testerウィンドウの操作履歴タブで見ることができる。関数Print()のログへの出力内容は以下のとおりだ。

```
Slope Up: 2147483647.00000000, Slope Down: 1.50483900 Time: 2009.11.26 16:00
```

　SlopeUpの値は非常に大きな整数値2147483647だが、これはカスタムインディケーターがEMPTY_VALUE状態であることを意味する。これはトレード条件として用いることができる。SlopeDownは1つ前の足のインディケーターの値を返してくる。Timeは対象となるチャート上の足を表している。

　Strategy TesterウィンドウのOpen chartボタンをクリックすると、インディケーターが表示されたチャートを開くことができる。ログのなかでTimeによって示されている足を見つける。また、データウィンドウにおけるインディケーターの値がログに出力されたものと一致しているかどうかを確認する。一致していなければ、正しいバッファーが見つかるまで関数iCustom()のModeパラメーターを調整する。

　EAにおけるSlope Direction Lineインディケーターの使い方を見てみよう。上昇トレンドの場合、SlopeUpが価格の値を返し、SlopeDownはEMPTY_VALUEまたは2147483647を返してくる。下降トレンドの場合は、この逆になる。

```
if(SlopeUp != EMPTY_VALUE && SlopeDown == EMPTY_VALUE) //買い
if(SlopeUp == EMPTY_VALUE && SlopeDown != EMPTY_VALUE) //売り
```

　これらの条件によってどのラインがEMPTY_VALUEに匹敵し、どのラインが匹敵しないのかをチェックする。

インディケーターの定数

時間枠

インディケーター関数や価格関数を含むMQL関数の多くは、時間枠のパラメーターを持っている。前にも述べたように、Timeframeパラメーターとして0を指定すれば、現在表示させているチャートの時間枠が使われる。これとは異なる時間枠を使いたいのであれば、時間枠を分単位で指定する必要がある。例えば、M5は5分、H1は60分、H4は240分、といった具合だ。あるいは、時間枠を示す定数を使ってもよい。

- ●PERIOD_M1　1分足
- ●PERIOD_M5　5分足
- ●PERIOD_M15　15分足
- ●PERIOD_M30　30分足
- ●PERIOD_H1　1時間足（＝60分）
- ●PERIOD_H4　4時間足（＝240分）
- ●PERIOD_D1　日足（＝1440分）

適用価格

適用価格パラメーターはインディケーターの値を計算するときに用いる価格系列を指定するためのものだ。インディケーターの値を計算するときには終値を使うのが普通だが、もちろん別の値を使ってもよい。価格系列とそれに対応する定数（整数値）は以下のとおりだ。

- ●PRICE_CLOSE　0（終値）

- ●PRICE_OPEN　1（始値）
- ●PRICE_HIGH　2（高値）
- ●PRICE_LOW　3（安値）
- ●PRICE_MEDIAN　4（中央値）＝（高値＋安値）÷2
- ●PRICE_TYPICAL　5（代表値）＝（高値＋安値＋終値）÷3
- ●PRICE_WEIGHTED　6（加重値）＝（高値＋安値＋終値＋終値）÷4

移動平均の計算方法

　移動平均の計算を含むインディケーターは移動平均の計算方法を指定するパラメーターを持っている。描かれる移動平均線は計算方法によって違ってくる。移動平均の計算方法とそれに対応する定数（整数値）は以下のとおりだ。

- ●MODE_SMA　0（単純移動平均）　価格データの平均を取る。
- ●MODE_EMA　1（指数移動平均）　直近の価格データの重みを大きくし、古い価格データの重みは指数関数的に減らす。よく使われる移動平均。
- ●MODE_SMMA　2（平滑移動平均）　単純移動平均と同じだが、移動平均の計算に平滑化式を用いる点が異なる。線は滑らかになるが、反応は遅い。
- ●MODE_LWMA　3（線形加重移動平均）。指数移動平均に似ているが、最新の価格の重みを大きくする点が異なる。

トレード条件の評価

　トレード条件の評価にはifやelseといった条件演算子を使う。本書ではもうすでにこれらの演算子は使っているが、プログラミング初心

者のためにざっとおさらいしておくことにしよう。

　if演算子は条件がtrueかfalseかを判断し、条件がtrueのときはif文のあとのブロックが実行され、条件がfalseのときはifブロックは飛ばしてそのあとのブロックに進む。

```
if(BuyCondition == true)
  {
     OpenBuyOrder(...);
  }
```

　if演算子のあとに文が1つしかない場合は、次のように書くこともできる。

```
if(BuyCondition == true) OpenBuyOrder(...);
```

　複数の文があるときにはブレース（{}）のなかに書かなければならない。

　else演算子は、その前のif文がfalseのときに別の条件を評価する。elseとifを組み合わせて別の条件を設定し、条件がtrueのときのみそれに対応する文を実行するようにしてもよい。

　例えば、次のコードは3つの条件を順に評価する。そのうちの1つの条件がtrueであれば、それに対応する文が実行される。いずれもtrueでなければ、どの文も実行されない。

```
if(Condition1 == true)         //condition1を実行
else if(Condition2 == true)    //condition2を実行
else if(Condition3 == true)    //condition3を実行
```

　else演算子はif-elseブロックの最後に単体で用いることもできる。これは、ほかのif文がすべてfalseのときに、else演算子のあとの文が実行されるというものだ。上のコードと同じように、条件を満たす文

が1つだけ実行される。

```
if(Condition1 == true)        //condition1を実行
else if(Condition2 == true)   //condition2を実行
else
  {
     //codition1と2がfalseならばcondition3を実行
  }
```

else演算子のないif演算子が複数ある場合、そのあとのif文がtrueであろうがfalseであろうが、その演算子の条件がtrueならば独立して実行される。

```
if(Condition1 == true)    //condition1を実行
if(Condition2 == true)    //condition2を実行
```

関係演算子

条件の真偽は「〜よりも大きい」「〜よりも小さい」「〜に等しい」「〜に等しくない」といった比較を使って判断することもできる。関係演算子は以下のとおりである。

- == Equal To　もしx == yならば、条件はtrue
- \> Greater Than　もしx > yならば、条件はtrue
- < Less Than　もしx < yならば、条件はtrue
- \>= Greater Than or Equal To　もしx >= yならば、条件はtrue
- <= Less Than or Equal To　もしx <= yならば、条件はtrue
- != Not Equal To　もしx != yならば、条件はtrue

等値演算子（==）は代入演算子（=）とは異なるので注意しよう。代入演算子は値を変数に代入するときに使う。これに対して、等値演算子は条件の真偽を調べるときに使う。これは犯しやすいシンタック

スエラーなので、注意が必要だ。

2つの値を比較できるのは、同じデータ型のときのみである。したがって、ブール値は定数trueや定数falseと比較することができ、文字列型変数、整数型変数、浮動小数点型変数もまた適切な定数、あるいは同じデータ型の別の変数と比較することができる。

ブール演算子

関係演算子を組み合わせるにはブール演算子（AND[&&]やOR[||]）を使う。AND演算子はすべての条件がtrueかどうかを調べるためのものだ。すべての条件がtrueのとき初めて、その文はtrueになる。条件のなかの1つでもfalseであれば、その文全体はfalseになる。

```
if(BooleanVar1 == true && Indicator1 > Indicator2)
  {
    //注文の発注
  }
```

上のコードでは、BooleanVar1がtrueで、かつindicator1がIndicator2よりも大きいときのみこの文はtrueと判断され、ブレースのなかのブロックが実行される。これら2つの条件のうちいずれかがfalseであれば、文全体はfalseと判断され、ブレースのなかのブロックは実行されない。AND演算子を使って組み合わせる条件はいくつあっても構わないが、すべての条件がtrueでなければその文は実行されない。

一方、OR演算子は条件のうちの1つでもtrueのものがあるかどうかを調べるためのものだ。条件のうち1つでもtrueであれば、その文はtrueと判断される。文がfalseと判断されるのは、すべての条件がfalseのときのみである。

```
if(BooleanVar1 == true || Indicator1 > Indicator2)
```

　このコードでは、BooleanVar1がtrue、またはIndicator1がIndicator2よりも大きければ、文はtrueと判断され、どちらの条件もfalseならば、文はfalseと判断される。

　AND演算とOR演算を組み合わせればもっと複雑なトレード条件を作ることもできる。その場合、丸括弧を使って演算順序を明確にするようにしよう。

```
if((BooleanVar1 == true && Indicator1 > Indicator2) || BooleanVar1 == false)
```

　まず、文（BooleanVar1 == true && Indicator1 > Indicator2）がチェックされる。どちらの条件もtrueならば、文はtrueと判断され、OR演算子以降の条件のチェックに進む。

```
if(true || BooleanVar1 == false)
```

　条件の1つはすでにtrueなので、この文は自動的にtrueと判断される。しかし、文（BooleanVar1 == true && Indicator1 > Indicator2）がfalseと判断されたときにはどうなるのだろうか。

```
if(false || BooleanVar1 == false)
```

　この場合、条件BooleanVar1 == falseがtrueならば、文全体はtrueになる（つまり、booleanVar1がfalseに設定されていれば、条件はtrueになるということ）。そうでなければ、文はfalseになる。

　AND、OR、演算順序を制御する丸括弧を使って複雑なブール演算を行うこともできる。その場合、丸括弧の位置に注意しよう。丸括弧

を置く位置を間違えれば、文の評価は異なり、丸括弧を入れ忘れればデバッグが厄介になる。

インディケーターの有効・無効化

前節のAND演算やOR演算を使って、インディケーターを有効・無効化してみよう。EAで複数のインディケーターを使っている場合、インディケーターを有効化したり無効化したいときがある。その方法を説明しよう。まず、オン・オフスイッチとして用いるブール型外部変数を宣言する。ここではストキャスティックスを例に取って説明する。

```
extern bool UseStochastic = true;
```

インディケーターに2つの状態——オン状態とオフ状態——を定義する。オン状態はtrueに設定されたオン・オフの変数と注文を出すための条件からなる。オフ状態はfalseに設定されたオン・オフの変数のみからなる。

```
if((UseStochastic == true && Kline > Dline) || UseStochastic == false)
  {
    //買い注文
  }
```

文（UseStochastic == true && Kline > Dline）がオン状態を表す。外部変数UseStochasticがtrueに設定され、トレード条件であるKline > Dlineがtrueと判定されれば、このストキャスティックスの発注条件はtrueになる。

UseStochastic == falseはオフ状態を表す。外部変数UseStochasticがfalseに設定されていれば、UseStochastic == falseがtrueになり、

文（UseStochastic == true && Kline > Dline）はfalseになる。

オンとオフ状態はOR演算子によって結びつけられているため、文全体がtrueであるためにはいずれかの状態がtrueであればよい。したがって、①インディケーターがオン状態で注文を出すための条件が有効、②インディケーターがオフ状態――のいずれかであれば、文全体はtrueになり、残りの発注条件のチェックに進むことができる。

ここでストキャスティックスの発注条件として２番目の条件――移動平均線の交差――を追加してみよう。

```
if(((UseStochastic == true && Kline > Dline) || UseStochastic == false)
  && FastMA > SlowMA)
```

この例では、移動平均線の交差「FastMA > SlowMA」を発注条件に追加した。ストキャスティックスの最初の発注条件を丸括弧で囲んでいることに注意しよう。これは丸括弧のなかの文を最初に評価するためだ。

まず、最も内側の丸括弧のなかの文（UseStochastic == true && Kline > Dline）を評価する。UseStochasticパラメーターがtrueに設定され、Kline > Dlineがtrueと判定されれば、文の最初の部分はtrueになる。

```
if((true || UseStochastic == false) && FastMA > SlowMA)
```

条件UseStochastic == falseはfalseと判定される。しかし、オンとオフの状態はOR演算子で結びつけられており、条件の１つはすでにtrueであることが分かっているので、ストキャスティックスの発注条件全体はtrueになる。

```
if((true || false) && FastMA > SlowMA)
if(true && FastMA > SlowMA)
```

　次にFastMA > SlowMAを評価する。この条件がtrueと判定されれば、発注条件全体はtrueになり、注文が出される。FastMA > SlowMAがfalseならば、文はfalseと判定され、注文は出されない。

　ところで、ストキャスティックスの発注条件がfalseの場合はどうなるのだろうか。例えば、もしUseStochasticがtrueに設定され、Kline > Dlineがfalseならば、文全体はfalseになる。

```
if((false || UseStochastic == false) && FastMA > SlowMA)
if((false || false) && FastMA > SlowMA)
if(false && FastMA > SlowMA)
```

　この場合、FastMA > SlowMAがtrueであろうとfalseであろうと、発注条件全体はfalseになる。

　ここでUseStochasticがfalseに設定されているとしよう。この場合、文（useStochastic == true && Kline > Dline）はfalseになる。

```
if((false || UseStochastic == false) && FastMA > SlowMA)
```

　文UseStochastic == falseがtrueなので、ストキャスティックスの発注条件はtrueになる。

```
if((false || true) && FastMA > SlowMA)
if(true && FastMA > SlowMA)
```

　つまり、FastMA > SlowMAもtrueと判定されれば、注文が出され

るということになる。この場合、インディケーターはオフ状態であることが分かっているので、ストキャスティックスの発注条件は考える必要はない。

いろいろな足のインディケーターの値の比較

　最新の足、つまり直近の足のインディケーターの値とその前の足のインディケーターの値との比較が必要になることもある。例えば、移動平均線が上昇しているのか下降しているのかを知りたい場合、最新の足のインディケーターの値と1つ前の足のインディケーターの値を比較すればよい。

　どの足のインディケーターの値を求めるのかを指定するには、インディケーター関数のShiftパラメーターを使う。Shiftパラメーターはインディケーター関数では常に一番最後に位置するパラメーターだ。最新の足のインディケーターの値を求めたい場合、シフト値は0、その1つ前の足のインディケーターの値を求めたい場合はシフト値を1に指定する。次の移動平均関数は最新の足の移動平均の値とその1つ前の足の移動平均の値を返してくる。

```
double MA = iMA(NULL,0,MAPeriod,0,MAmethod,MAPrice,0);
double LastMA = iMA(NULL,0,MAPeriod,0,MAmethod,MAPrice,1);
```

　このコードでは、MAは最新の足のインディケーターの値を格納するための変数で、LastMAは1つ前の足のインディケーターの値を格納するための変数である。Shiftパラメーターは最新の足の場合は0、1つ前の足の場合は1になることに注意しよう。

　移動平均線が上昇しているのか下降しているのかを調べるためのコードは以下のとおりである。

```
if(MA > LastMA)
  {
    //MAは上昇している
  }
else if(MA < LastMA)
  {
    //MAは下降している
  }
```

　最新の足のインディケーターの値（MA）が1つ前の足のインディケーターの値（LastMA）よりも大きければ、インディケーターは上昇していると判断することができる。逆の場合はインディケーターは下降しているということになる。

　前の足のインディケーターの値と最新の足のインディケーターの値を比較することで、インディケーターが最近の一定水準（例えば、オシレーターの買われ過ぎ水準や売られ過ぎ水準、別のインディケーターラインなど）を上回ったのか下回ったのかを判断することができる。

　例えば、ストキャスティックスが30を上回ったり、70を下回ったりすれば売買シグナルを出すトレーディングシステムがあったとすると、これを調べるためのコードは以下のようになる。

```
double Stoch = iStochastic(NULL,0,KPeriod,DPeriod,Slowing,MAMethod,Price,0,0);
double LastStoch = iStochastic(NULL,0,KPeriod,DPeriod,Slowing,MAMethod,Price,0,1);

if(Stoch > 30 && LastStoch < 30)
  {
    //買い注文の発注
  }

if(Stoch < 70 && LastStoch > 70)
  {
    //売り注文の発注
  }
```

　Stochは最新の足のインディケーターの値を表し、LastStochは1つ前の足のインディケーターの値を表す。Stochが30よりも大きく、LastStochが30よりも小さければ、インディケーターは最新の足の形

成途中で売られ過ぎ水準を上抜けたことが分かる。比較演算子を逆にすれば、インディケーターが一定水準（例えば、買われ過ぎ水準の70）を下抜けたかどうかを調べることができる。

移動平均線を使った別の例を見てみよう。これは、FastMAとSlowMAが最新の足の形成途中で交差したときにのみ注文を出すというものだ。

```
double FastMA = iMA(NULL,0,FastMAPeriod,0,0,0,0);
double SlowMA = iMA(NULL,0,SlowMAPeriod,0,0,0,0);

double LastFastMA = iMA(NULL,0,FastMAPeriod,0,0,0,1);
double LastSlowMA = iMA(NULL,0,SlowMAPeriod,0,0,0,1);

if(FastMA > SlowMA && LastFastMA <= LastSlowMA
    && BuyMarketCount(Symbol(),MagicNumber) == 0)
    {
      //買い注文の発注
    }
if(FastMA < SlowMA && LastFastMA >= LastSlowMA
    && SellMarketCount(Symbol(),MagicNumber) == 0)
    {
      //売り注文の発注
    }
```

この例では、2つのインディケーターの値を比較している。LastFastMAとLastSlowMAは最新の足の1つ前の足の移動平均の値を返してくる。LastFastMAの値がLastSlowMAの値よりも小さく（または、等しい）、FastMAの値が現在のSlowMAの値よりも大きければ、最新の足の形成途中で速い移動平均線が遅い移動平均線を上に交差したことが分かる。

2つの移動平均線が交差した直後にだけ注文を出すので、これは信頼のおける売買シグナルになる。インディケーターの値を算出する期間（足の数）を長くしたいのであれば、関数LastFastMAとLastSlowMAのPeriodの値を変えればよい。

買い注文と売り注文の条件にLastFastMAとLastSlowMAの比較を

加えることで、BuyTicketとSellTicketのチェックは不要になる。なぜなら、保存された注文番号であるチケット番号をチェックするよりも、この方法のほうが確実だからだ。また、インディケーターが交差したあと注文がうまく出されるかどうかを心配する必要もない。変更された部分の詳細については**付録C**に収録されたこのEAのコードを参照してもらいたい。

第7章

日時
Working with Time and Date

日付時刻型変数

　MQL4では、日付時刻型変数は1970年1月1日から経過した秒数で表される。例えば、2009年6月15日の午前0時は1245024000となる。日時を表すこの形式の利点は、過去と未来の時間の比較および数学的操作が簡単に行えることだ。

　例えば、2つの日時のどちらが先でどちらがあとかを調べたいのであれば、簡単な比較演算子を使って調べることができる。一例として、StartDate（2009年6月15日の14:00）とEndDate（2009年6月16日の5:00）の前後関係を調べてみよう。

```
if(StartDate < EndDate)  //結果はtrue
if(StartDate > EndDate)  //結果はfalse
```

　この形式のもうひとつの利点は、日時の足し算と引き算が簡単に行えることだ。それぞれの日時を表す秒数を足したり引いたりすればよい。例えば、先ほどのStartDateに24時間を足したい場合、1日の秒数を足せばよい。

```
datetime AddDay = StartDate + 86400;
```

日付時刻型変数に対する数学的操作がたくさん必要になることが予想される場合、時間の単位を整数の定数で宣言しておくとよい。

```
#define SEC_H1 3600    //1時間の秒数
#define SEC_D1 86400   //1日の秒数
```

　この形式には欠点もある。日時が秒数で表されるので直観的に分かりづらい点だ。例えば、1245024000という数字を見て、これが2009年6月15日の午前0時を意味するものだとはすぐには分からない。この欠点を補うために、変換関数を使って日時をひと目で分かる形式と秒数で表す形式との間で自由に変換できるようにする。

日付時刻定数

　日付時刻定数は日時をyyyy.mm.dd hh:mmという文字列の形式で表したものだ。例えば、2009年6月15日の午前0時をこの形式で表すと、2009.06.15 00:00になる。日付時刻定数を表す形式はこれ以外にもある。詳しくはMQLリファレンスの「基本」（Basics）の「データ型」（Date Types）の項の「日付時刻定数」（Datetime constants）を参照してもらいたい。簡単に変換できる唯一の形式ということで、本書では日時を表すのにこの文字列形式を用いる。
　日付時刻型変数を文字列の定数に変換するには、関数TimeToStr()を使う。この関数のシンタックスは以下のとおりだ。

```
string TimeToStr(datetime Time, int Output = TIME_DATE|TIME_MINUTES);
```

●**Time**　1970年1月1日から経過した秒数で表した日付時刻型変数。
●**Output**　日付時刻定数を日付だけ、時間と分、時間と分と秒といった具合に、日時のさまざまな組み合わせで表すためのパラメータ

ー（任意）。有効な入力値は以下のとおりだ。
- **TIME_DATE**　日付で表す　2009.06.15
- **TIME_MINUTES**　時間と分で表す　05:30
- **TIME_SECONDS**　時間と分と秒で表す　05:30:45

　文字列の定数を初期設定のyyyy.mm.dd hh:mm形式で出力するには、Outputパラメーターは省略する。日付だけ、あるいは時間と分（または秒）だけで出力したいのであれば、それに応じて適切なパラメーターを指定する。次の例では、StartTimeは2009.06.15 05:30:45であるものとする。

```
TimeToStr(StartTime,TIME_DATE)                  //"2009.06.15"を返す
TimeToStr(StartTime,TIME_SECONDS)               //"05:30:45"を返す
TimeToStr(StartTime,TIME_MINUTES)               //"05:30"を返す
TimeToStr(StartTime,TIME_DATE|TIME_SECONDS)     //"2009.06.15 05:30:45"を返す
TimeToStr(StartTime)                            //"2009.06.15 05:30"を返す
```

　日付時刻定数を文字列をつなぎ合わせて作成し、それを関数StrToTime()を使って日付時刻型変数に変換することもできる。シンタックスは上のTimeToStr()と同じだが、Outputパラメーターはない。文字列の定数を正しく変換するためには、yyyy.mm.dd hh:mm形式になっていなければならないことに注意しよう。
　整数を使って日付時刻定数を作成し、それを文字列形式に変換し、その文字列を日付時刻型変数に変換する例を見てみよう。まず、時間と日付を設定するための外部変数を宣言する。

```
extern int UseMonth = 6;
extern int UseDay = 15;
extern int UseHour = 5;
extern int UseMinute = 30;
```

　次に、関数StringConcatenate()を使って文字列の定数を作成し、そ

れをStrToTime()を使って日付時刻形式に変換する。

```
string DateConstant = StringConcatenate(Year(),".",UseMonth,".",UseDay," ",
   UseHour,":",UseMinute);              //DateConstantは"2009.6.15 05:39"
datetime StartTime = StrToTime(DateConstant);    //StartTimeは"1245043800"
```

　関数StringConcatenate()のなかでは現在の年を返すのに外部変数の代わりに関数Year()を使っていることに注意しよう。現在の時間の値を入力するには関数Month()や関数Day()などを使えばよい。これについては次節で説明する。

日付時刻関数

　現在の時間を返す関数は2つある。関数TimeCurrent()と関数TimeLocal()だ。関数TimeCurrent()は現在のサーバー時間を返し、関数TimeLocal()はあなたのコンピューターの時間（ローカル時間）を返す。どちらでも好きなほうを使って構わない。これらのうちのどちらかを選択するためにはブール型の外部変数を作成すればよい。

```
extern bool UseLocalTime = true;
```

　CurrentTimeという名前の変数に現在のローカル時間とサーバー時間のいずれかを代入するためのコードは以下のとおりだ。

```
if(UseLocalTime == true) datetime CurrentTime = TimeLocal();    //ローカル時間
else CurrentTime = TimeCurrent();                                //サーバー時間
```

　時間や日にちなど、現在の時間の一部だけを取得したい場合もあるかもしれない。現在の時間の値を取得するために便利に使える関数は以下のとおりだ。ただし、これらの関数はすべて、ローカル時間では

なくサーバー時間を使うことに注意しよう。戻り値は日時を表す整数だ。

- Year()　現在の4桁の西暦を返す（例えば、2009）。
- Month()　その年の現在の月を1から12までの整数で返す。
- Day()　その月の現在の日にちを1から31までの整数で返す。
- DayOfWeek()　現在の曜日を表す整数を返す（例えば、日曜日は0、月曜日は1、金曜日は5）。
- Hour()　現在の時間（24時間表示）を0から23までの整数で返す（例えば、午前3時は3、午後3時は15）。
- Minute()　現在の分を0から59までの整数で返す。

これらの値は、別の関数を使って日付時刻型変数から取得することもできる。それらの関数はパラメーターとして日付時刻型変数のみを指定する以外は、上記の関数と同じだ。例えば、TimeLocal()から時間の値を取得したい場合、関数TimeLocal()の出力を次の関数のパラメーターとして使えばよい。

- TimeYear()　指定した日時の年を4桁の西暦で返す。
- TimeMonth()　指定した日時の月を1から12までの整数で返す。
- TimeDay()　指定した日時の日を1から31までの整数で返す。
- TimeDayOfWeek()　指定した日時の曜日を表す整数を返す（例えば、日曜日は0、月曜日は1、金曜日は5）。
- TimeHour()　指定した日時の時間（24時間表示）を0から23までの整数で返す。
- TimeMinute()　指定した日時の分を0から59までの整数で返す。

これらの関数を使った例を見てみよう。ただし、TimeLocal()は

2009.06.15 05:30であるものとする。

```
datetime CurrentTime = TimeLocal();

int GetMonth = TimeMonth(CurrentTime);            //6を返す
int GetHour = TimeHour(CurrentTime);              //5を返す
int GetWeekday = TimeDayOfWeek(CurrentTime);      //月曜日なので1を返す
```

簡単なタイマーの作成

　MQL（Meta Qutes Language）では日時を使ってタイマーを作成することができる。トレーダーによっては、トレーディングを1日のうちで市場が最もアクティブな時間帯（ロンドンやニューヨークの時間帯）だけに限定したり、材料が出たり、非農業部門雇用者数が発表されたりして、市場ボラティリティーが高まる時間帯でのトレーディングは避けたいと考える人がいる。

　そんなときに便利なのがタイマーだ。タイマーを作成するには、開始時間と終了時間を指定する必要がある。時間のパラメーターを入力するには整数型の外部変数を使う。まず、日付時刻定数の文字列を作成し、それを日付時刻型変数に変換する。次に、開始時間と終了時間を現在の時間と比較し、現在の時間が開始時間よりも遅く、終了時間よりも早ければトレーディングを行うことを許可する。

　用いる外部変数は以下のとおりだ。変数はタイマーのオン・オフ操作を行うとともに、現在の時間（サーバー時間またはローカル時間）を選択するように設定する。開始時間と終了時間はともに月、日、時間、分で表すように設定する。

```
extern bool UseTimer = true;
extern bool UseLocalTime = false;

extern int StartMonth = 6;
extern int StartDay = 15;
extern int StartHour = 7;
extern int StartMinute = 0;

extern int EndMonth = 6;
extern int EndDay = 15;
extern int EndHour = 2;
extern int EndMinute = 30;
```

トレーディングを許可するかどうかを調べるためのコードは以下のとおりだ。変数TradeAllowedは新規トレードを行うかどうかを決定するためのものだ。UseTimerがfalseに設定されていれば、TradeAllowedは自動的にtrueに設定される。そうでないときには、開始時間と終了時間を現在の時間と比較して、トレーディングを許可するかどうかを決定する。

```
if(UseTimer == true)
   {
   //開始時間の変換
   string StartConstant = StringConcatenate(Year(),".",StartMonth,".",StartDay," ",
     StartHour,":",StartMinute);

   datetime StartTime = StrToTime(StartConstant);

   if(StartMonth == 12 && StartDay == 31 && EndMonth == 1) int EndYear = Year() + 1;
   else EndYear = Year();

   //終了時間の変換
   string EndConstant = StringConcatenate(EndYear,".",EndMonth,".",EndDay," ",
     EndHour,":",EndMinute);

   datetime EndTime = StrToTime(EndConstant);

   //ローカル時間かサーバー時間かを選ぶ
   if(UseLocalTime == true) datetime CurrentTime = TimeLocal();
   else CurrentTime = TimeCurrent();

   //トレード条件をチェックする
   if(StartTime <= CurrentTime && EndTime > CurrentTime)
      {
         bool TradeAllowed = true;
      }
   else TradeAllowed = false;
   }
else TradeAllowed = true;
```

まず開始時間を日付時刻型変数StartTimeに変換する。if(StartMonth == 12 && StartDay == 31 && EndMonth == 1)で開始日がその年の最終日であるかどうかと、終了日が翌年の初日のあとであるかどうかを調べる。もしそうなら、最終年は自動的に1だけ増える。そうでない場合は、現在の年としてEndYearを使う。

次に、終了時間を日付時刻型変数EndTimeに変換し、使いたいCurrentTime（サーバー時間かローカル時間か）を選択する。最後のifブロックでは現在の時間が開始時間と終了時間の間にあるかどうかを調べる。もしそうなら、TradeAllowedはtrueに設定される。

次に、トレードの実行を制御するブロックを加える必要がある。最も簡単なのは、注文を出すルーチンをifブロックのなかに入れることだ。

```
//トレードブロックの開始
if(TradeAllowed == true)
  {
   //買い注文
   if(FastMA > SlowMA && BuyTicket == 0 && BuyOrderCount(Symbol(),MagicNumber) == 0)
     {
      //簡単にするために買い注文のブロックは省略
     }
   //売り注文
   if(FastMA < SlowMA && SellTicket == 0 && SellOrderCount(Symbol(),MagicNumber) == 0)
     {
      //簡単にするために売り注文のブロックは省略
     }
  } //トレードブロックの終了
```

タイマーを作成する方法はほかにもたくさんある。例えば、月や日の代わりに曜日を使ってもよいし、トレード時間を現在の日を基準に設定してもよい。自分のニーズに合ったタイマーを自作してみよう。

新しい足の始値でトレードを実行する

EA（自動売買システム）は初期設定ではティックごとに、つまり

リアルタイムで実行される。しかし場合によっては、トレード条件を足単位でチェックしたほうがよいこともある。最新の足が完成するのを待つことで、そのトレード条件が整い、シグナルが有効であることを確認することができるからだ。これに対して、トレードをリアルタイムで実行すれば、ダマシのシグナルに引っかかる可能性が高くなる。

また、足単位でトレードを実行することで、Strategy Testerの結果はより正確なものになる。メタトレーダーのStrategy Testerには限界があるため、テストモデルとして「Every tick」を使えば、バックテストの結果は正確さを欠いたものになる。なぜならStrategy Testerでは、ティックデータとしてM1データを使うことが多いからだ。つまり、Strategy Testerで生成されるトレードはリアルタイムのトレードとは必ずしも一致しないということである。

しかし、足の完成時にトレードを仕掛け、テストモデルとして「Open prices only」を使えば、リアルタイムのトレードをより正確に反映したバックテスト結果を得ることができる。足単位でトレードする場合の欠点は、ティック単位と比べてトレードの執行が遅れる点だ。特に、その足が形成されている途中で価格が大きく変動する場合はそうである。このように、反応の良さと正確さの間には必然的にトレードオフ問題が存在する。

トレード条件を足単位でチェックするためには、最新の足のタイムスタンプを取得する必要がある。このタイムスタンプはグローバル変数に格納する。EAが実行されるたびに、このタイムスタンプと現在のタイムスタンプとを比較する。最新の足のタイムスタンプが変化すれば、それは新しい足が形成され始めたことを意味するため、そのときにトレード条件をチェックする。

1つ前の足の値を返すためには、インディケーター関数、価格関数、価格配列のシフトパラメーターを変更する必要がある。インディケーター関数や価格配列が最新の足をチェックするように設定されている

のであれば、1つ前の足をチェックするには足のインデックスを1だけシフトする。インディケーターや価格配列ではシフトパラメーターは1ずつ増えるように設定しておく。

具体的には、前の足の終値を調べるとともに、新しい足の始値でトレード条件をチェックする。足単位での実行では、現在すでに形成されている足はチェックしない。

新しい足が形成され始めたかどうかをチェックするためのコードは以下のとおりだ。まず、この機能のオン・オフ操作を行うためのCheckOncePerBarという名前の外部変数を宣言する。次に、最新の足のタイムスタンプを格納する日付時刻型のグローバル変数としてCurrentTimeStampを宣言する。

関数init()では、最新の足のタイムスタンプをCurrentTimeStampに格納する。これによって、次の足が現れるまでトレード条件のチェックを遅らせることができる。

```
//外部変数
extern bool CheckOncePerBar = true;

//グローバル変数
datetime CurrentTimeStamp;

//関数Init
int init()
  {
      CurrentTimeStamp = Time[0];
  }
```

タイマーの直後に、関数start()の最初に記述するコードは次のとおりだ。整数型変数BarShiftはインディケーター関数と価格関数のシフト値を最新の足か、1つ前の足のいずれに設定するかを選択する。また、ブール型変数NewBarはトレード条件をチェックするかどうかを選択する。

```
if(CheckOncePerBar == true)
  {
    int BarShift = 1;
    if(CurrentTimeStamp != Time[0])
      {
        CurrentTimeStamp = Time[0];
        bool NewBar = true;
      }
    else NewBar = false;
  }
else
  {
    NewBar = true;
    BarShift = 0;
  }
```

　CheckOncePerBarがtrueに設定されている場合、まず最初にBarShiftを1に設定する。これによって、インディケーター関数と価格関数や価格配列のShiftパラメーターはすべて1つ前の足に設定される。

　次に、変数CurrentTimeStampの値と、最新の足のタイムスタンプであるTime[0]を比較する。2つの値が一致しなければ、Time[0]の値をCurrentTimeStampに代入し、NewBarをtrueに設定する。このすぐあとにトレード条件はチェックされる。

　このあとCurrentTimeStampとTime[0]は一致するが、これによってNewBarはfalseに設定される。トレード条件は新しい足単位でチェックされる。新しい足が現れたら、Time[0]はCurrentTimeStampとは違う値になるため、NewBarは再びtrueに設定される。

　CheckOncePerBarがFalseに設定されている場合、NewBarは自動的にtrueに設定され、BarShiftは0に設定される。これによってトレード条件のチェックは以前のようにティックごとのチェックに戻される。

　最新の足を参照するインディケーター関数、価格関数、価格配列のShiftパラメーターには、必ず変数BarShiftを設定する。これの例を見

てみよう。

```
double FastMA = iMA(NULL,0,FastMAPeriod,0,0,0,BarShift);
if(Close[BarShift] > Open[BarShift])
double UseLow = iLow(NULL,0,BarShift);
```

　これらの例は以前にも出てきた。これは最新の足をチェックする代わりに、完成したばかりの足、つまり1つ前の足をチェックするためのコードだ。最後に完成した足の1つ前の足を参照したいときには、現在のシフトパラメーターにBarShiftを足せばよい。

```
double LastFastMA = iMA(NULL,0,FastMAPeriod,0,0,0,BarShift+1);
```

　EAを足単位で実行する予定がないときは、このコードを加える必要はない。しかし、インディケーターを使ったトレーディングシステムでは、足単位で実行したほうがトレード結果やバックテストの結果はより正確なものになる。
　トレードの実行を制御するためには、注文を出すルーチンを実行する前にNewBarの値をチェックする必要がある。このためには、タイマーのところで使ったifブロックを使えばよい。

```
//トレードブロックの開始
if(TradeAllowed == true && NewBar == true)
   {
      //買い注文
      if(FastMA > SlowMA && BuyTicket == 0 && BuyOrderCount(Symbol(),MagicNumber) == 0)
         {
            //簡単にするため買い注文のブロックは省略
         }
      //売り注文
      if(FastMA < SlowMA && SellTicket == 0 && SellOrderCount(Symbol(),MagicNumber) == 0)
         {
            //簡単にするため売り注文のブロックは省略
         }
```

} //トレードブロックの終了

第8章

ちょっとしたコツとアドバイス

Tips and Tricks

本章では、EA（自動売買システム）を作成するときに役立つそのほかの機能を紹介しよう。

エスケープ文字

引用符やバックスラッシュ（日本語環境では半角の円マークのこと）を文字列定数に加えたい場合、バックスラッシュ（¥）を使ってそれらの文字をエスケープする（特殊動作を無効にする）必要がある。例えば、二重引用符を挿入したい場合は「¥"」と記述し、単一引用符の場合は「¥'」、バックスラッシュの場合は「¥¥」と記述する。

```
string EscQuotes = "This string has¥"escaped double quotes¥"";
//出力は、This string has "escaped double quotes"
string EscQuote = "This string has¥ 'escaped single quotes¥'";
//出力は、This string has 'escaped single quotes'
string EscSlash = "This string has an escaped backslash¥¥ ";
//出力は、This string has an escaped backslash ¥
```

文字列が複数行にわたる場合、エスケープ文字「¥n」を使って改行する。

```
string NewLine = "This string has\n a newline";
//出力は、This string has
            a newline
```

チャートにコメントを表示する（チャートコメント）

関数Comment()を使えば、チャートの左上にコメント（テキスト形式）を表示することができる。状態やインディケーターの設定など、自分が便利だと思う情報を表示することができる。

チャートコメントを表示するひとつの方法は、いくつかの文字列型変数を宣言し、それらを改行文字を使ってつなぎ合わせて表示するというものだ。１つの文字列で設定を表示し、別の文字列でメッセージや注文状態を表示する、といった具合だ。つなぎ合わせた文字列は関数Comment()に引き渡される。チャートコメントを更新するためには関数Comment()は関数start()の最後に置く。

```
string SettingsComment = "FastMAPeriod: "+FastMAPeriod+" SlowMAPeriod: "+SlowMAPeriod;
string StatusComment = "Buy order placed";
Comment(SettingsComment+"\n"+StatusComment);
```

文字列SettingsCommentと文字列StatusCommentの宣言と値の設定は関数start()のなかで行う。そして、関数start()の最後に関数Comment()を呼び出し、チャートにコメントを表示する。ここでは、コメントを改行文字（\n）を使って２行に分けて表示している（図8.1参照）。

チェック関数

EAを使ってトレーディングを始める前に有効化しなければならない設定がいくつかある。これらの設定はExpert Propertiesダイアロ

図8.1　改行文字を使って表示したチャートコメント

```
GBPUSD,M5   1.56379  1.56394  1.56371  1.56389
FastMA Period: 10  SlowMA Period: 20
Buy order placed
```

図8.2　EAのPropertiesダイアログのCommonタブ

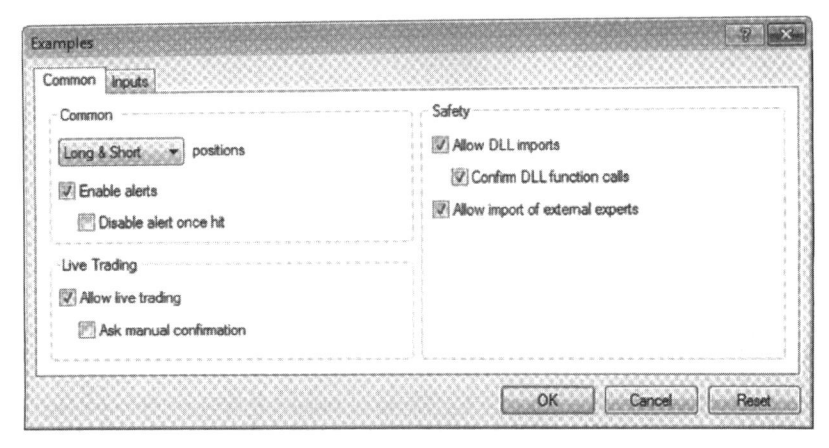

グのCommonタブで行う（**図8.2**参照）。

　まず、トレーディングを始める前にAllow live tradingを有効にする必要がある。これが有効になっていなければ、チャートの右上のEAの名前の横にしかめっ面が現れて警告してくる。これが有効になっているかどうかを調べるには、関数IsTradeAllowed()を使う。この関数がfalseを返してきたら、Allow live tradingは有効になっていな

いことが分かる。

　この設定を有効化しなければならないことをユーザーに知らせるためのメッセージを表示したいときには、次のように記述する。

```
if(IsTradeAllowed() == false) Alert("Enable the setting \'Allow live trading\' in the
    Expert Properties!");
```

　あなたのEAが .ex4の拡張子を持つ外部ライブラリーを使っている場合、Allow import of external expertsという設定をExpert Propertiesのなかで有効化しなければならない。この設定が有効になっているかどうかは、関数IsLibrariesAllowed()を使って調べることができる。

```
if(IsLibrariesAllowed() == false) Alert("Enable the setting\ 'Allow import of external
    experts\' in the Expert Properties!");
```

　DLLについても同様だ。この場合は関数IsDllsAllowed()を使う。

```
if(IsDllsAllowed() == false) Alert("Enable the setting\ 'Allow DLL imports\' in the
    Expert Properties!");
```

　ターミナルチェック関数についてはMQLリファレンスの「検査」（Checkup）を参照してもらいたい。

自作EAの使用制限

　自分で作成した利益の出るEAをほかのトレーダーに売ったり、買いたいという人に試用のデモ版を提供することが将来的にあるかもしれない。自分の作成したEAを勝手に配布されたり、無断で使われたりしないようにするためには、自分のEAを許可した買い手にだけ使用させるための口座制限を組み込んでおく必要がある。特定のブロー

カーにのみ使用を許可したい場合も同様だ。

EAの使用をデモ口座に限定するためには、関数IsDemo()を使って現在使用されている口座がデモ口座かどうかを調べる。現在使用されている口座がデモ口座でない場合、警告を表示し、EAの実行を中止させる。

```
if(IsDemo() == false)
  {
    Alert("This EA only for use on a demo account!");
    return(0);
  }
```

口座名、口座番号、ブローカーを調べるには、それぞれ関数AccountName()、関数AccountNumber()、関数AccountBroker()を使えばよい。EAを保護するのによく使われる簡単な方法は、口座番号によって使用を制限するというものだ。

```
int CustomerAccount = 123456;

if(AccountNumber() != CustomerAccount)
  {
    Alert("Account number does not match!");
    return(0);
  }
```

関数AccountName()や関数AccountBroker()も使い方は同じだ。関数AccountBroker()の場合、まず関数Print()文を使ってブローカーから正しい戻り値を取得する必要がある。この値はエキスパートログに出力される。

自作EAを売りたい場合に注意すべきことは、MQLファイルは簡単にデコンパイルできてしまうという点だ。自分のEAをハッカーに解読できないようにする方法はいろいろある。例えば、関数を外部ライブラリやDLLに置くのもひとつの手だ。しかし、本気のハッカー

からEAを守る方法はほとんどないのが実情だ。

関数MessageBox()

　本書ではこれまで、エラーメッセージを表示するのに組み込み関数のAlert()を使ってきたが、警告画面をカスタマイズしたり、ユーザーに入力を要求したいときにはどうすればよいのだろうか。そんなときに便利なのが関数MessageBox()だ。この関数を使えば、ウィンドウズのAPI関数を使って独自のポップアップダイアログを作成することができる（**図8.3**参照）。
　関数MessageBox()を使うには、まず#includeを使ってメタトレーダーに搭載されたWinUser32.mqhファイルを取り込む必要がある。このファイルはウィンドウズのuser32.dllファイルから関数をインポートし、関数MessageBox()に必要な定数を定義するためのものだ。関数MessageBox()のシンタックスは以下のとおりである。

```
int MessageBox(string Text, string Title, int Flags);
```

　関数MessageBox()では、ポップアップダイアログに現れるText（メッセージ内容）とタイトルバーに現れるTitleを定義する必要がある。また、ポップアップダイアログに表示されるボタンやアイコンをFlagsで指定する必要もある。フラッグを指定しない場合、初期設定としてOKボタンが表示される。フラッグはパイプ文字(|)で区切る。
　Yes・Noボタンと疑問符のアイコンを使ったメッセージボックスのコード例は以下のとおりだ。

図8.3　関数MessageBox()を使って作成したポップアップダイアログ

```
//プリプロセッサー命令
#include <WinUser32.mqh>


//関数start()
int YesNoBox = MessageBox("Place a Trade?","Trade Confirmation",
   MB_YESNO|MB_ICONQUESTION);

if(YesNoBox == IDYES)
   {
      //注文の発注
   }
```

　フラグMB_YESNOはメッセージボックスでYes/Noボタンを使うことを指定するためのもので、フラグMB_ICONQUESTIONはダイアログボックスに疑問符を入れるためのものだ。整数型変数YesNoBoxには、どのボタンが押されたかを示す関数MessageBox()の戻り値が格納される。

　Yesボタンが押された場合、YesNoBoxの値はIDYESで、この場合には注文が出される。一方、Noボタンが押された場合、リターンフラグはIDNOになる。このように、関数MessageBox()の戻り値を入力値に使って取るべき行動（注文の発注など）を決めることができる。

　メッセージボックスで用いるフラグの例は以下のとおりだ。す

べてのフラッグを知りたい人は、MQLリファレンスの「標準的な定数」(Standard Constants)の「メッセージボックス」(MessageBox)の項を参照してもらいたい。

ボタンフラッグ

これらのフラッグはメッセージボックスに表示するボタンを指定するためのものだ。

- ●MB_OKCANCEL　OK、Cancelボタン
- ●MB_YESNO　Yes、Noボタン
- ●MB_YESNOCANCEL　Yes、No、Cancelボタン

アイコンフラッグ

これらのフラッグはメッセージボックスのテキストの横に表示するアイコンを指定するためのものだ。

- ●MB_ICONSTOP　STOPアイコン
- ●MB_ICONQUESTION　疑問符アイコン
- ●MB_ICONEXCLAMATION　感嘆符アイコン
- ●MB_ICONINFORMATION　情報アイコン

リターンフラッグ

これらのフラッグは関数MessageBox()の戻り値(どのボタンが押されたか)を示すものだ。

- **IDOK**　OKボタンが押された
- **IDCANCEL**　Cancelボタンが押された
- **IDYES**　Yesボタンが押された
- **IDNO**　Noボタンが押された

メールによる警告

　出された注文や潜在的なトレードセットアップなどをメールで伝えてくるように設定しておくこともできる。関数SendMail()は、「ツール」から「オプション」を選択してE‐メールタブの画面で設定したメールアドレスに、選択した題目と本文をメールで送ってくるように設定するための関数だ。

　E‐メールタブでまず指定しなければならないのは、ポート番号の付いたSMTPメールサーバー（例えば、mail.yourdomain.com:25）と、ユーザー名とパスワード（必要に応じて）である。これについては自分のISP（インターネットサービスプロバイダー）やホスティングプロバイダーに問い合わせてもらいたい。

　From欄にはどんなメールアドレスを入れてもよい。To欄はメッセージ送付先のメールアドレスを入れる。メッセージが送付できるように、一番上のEnableチェックボックスをチェックするのを忘れないようにしよう。

　関数SendMail()はパラメーターを2つ持つ。1つは、メールのタイトルで、もう1つはメールの本体だ。メールの本体では、改行、エスケープされた文字、変数、定数を使うことができる。

　関数SendMail()の使用例は以下のとおりだ。

図8.4 ToolsのOptionsウィンドウでのメール設定

```
string EmailSubject = "Buy order placed";
string EmailBody = "Buy order "+Ticket+" placed on "+Symbol()+" at "+Ask;
//出力例――"Buy order 12584 placed on EURUSD at 1.4544"

SendMail(EmailSubject,EmailBody);
```

エラー発生後に注文を出し直す

　本書では、注文を出す前に注文のパラメーターが正しいかどうかを必ずチェックして、間違った設定や価格によってエラーメッセージが出ないように心掛けてきた。しかし、細心の注意を払っても、リクオート（注文を出したときの条件が注文を処理するときには合致せず、注文が約定しないこと）が発生したり、ほかのトレードを実行中、あるいはサーバーの問題などによって、エラーが発生することもある。こうしたエラーは必ずしも防ぐことができるわけではないが、エラー

が発生したときでも注文を出し直すことができる。

　エラー発生後に注文を出し直すには、whileループのなかに関数OrderSend()を入れておく。関数OrderSend()がチケット番号を返してこなければ、注文を出し直す。

```
int Ticket = 0;
while(Ticket <= 0)
  {
    Ticket = OrderSend(Symbol(),OP_BUY,LotSize,OpenPrice,UseSlippage,
      BuyStopLoss,BuyTakeProfit);
  }
```

　まず、チケット番号のための変数（この場合はTicket）を宣言する。Ticketが0以下になるまで、whileループで関数OrderSend()が繰り返し実行される。しかし、このループには問題点がひとつある。コードに間違いがあったり、トレーディングエラーが修正されていなければ、無限ループに陥ってしまい、EAがハングアップしてしまうのだ。無限ループ問題を避けるために、トレードのやり直しの最大回数を設定しておく。

```
int Retries = 0;
int MaxRetries = 5;

int Ticket = 0;
while(Ticket <= 0)
  {
    Ticket = OrderSend(Symbol(),OP_BUY,LotSize,OpenPrice,UseSlippage,BuyStopLoss,
      BuyTakeProfit);
    if(Retries <= MaxRetries) Retries++;
    else break;
  }
```

　まず、やり直し回数を数えるカウンターとして用いる変数（Retries）と、最大回数を設定するための変数（MaxRetries）を宣言する。やり直し回数がMaxretriesを超えないかぎり変数Retriesは1つずつ増え、ループが繰り返される。やり直し回数がMaxretriesに達したら、

break演算子によってループは終了する。このあと必要に応じてユーザーにエラー状態を警告することもできる。

やり直しループを特定のエラー状態と関連づけたいのであれば、エラーコードをチェックして、一致すればtrueを返すようにする。この関数には、トレードのやり直しが行われる状態を示すエラーコードがいくつか含まれている。

```
bool ErrorCheck(int ErrorCode)
  {
    switch(ErrorCode)
      {
        case 128:        //トレードが時間切れ
        return(true);

        case 136:        //約定できる価格を提示できない
        return(true);
      case 138:        //注文された条件では約定できない
      return(true);

        case 146:        //ほかのトレードを実行中
        return(true);

        default:
        return(false);
      }
  }
```

この関数ではswitch演算子が使われている。各caseのなかからswitch演算子に割り当てられた式（ここではErrorCode）に一致するものを探し、一致するcaseが見つかったら、そのcaseのあとに書かれた文を実行する。どのcaseも一致しなければ、defaultのあとの文が実行される。

一致するcaseが見つかったら、switchブロックから抜けなければならない。そのためにはbreak演算子またはreturn演算子を入れ忘れないようにしなければならない。この例では、return演算子を使って呼び出す関数にtrueまたはfalseを返す。しかし、switch演算子は整数を結果とする文を評価するときにしか使えないため、用途には制限があ

る。

関数ErrorCheck()を使って条件に合ったときだけ注文を出し直す方法を見てみよう。

```
int Retries= 0;
int MaxRetries = 5;

int Ticket= 0;
while(Ticket <= 0)
  {
    Ticket = OrderSend(Symbol(),OP_BUY,LotSize,OpenPrice,UseSlippage,BuyStopLoss,
      BuyTakeProfit);

    if(Ticket == -1) int ErrCode = GetLastError();
    if(Retries <= MaxRetries && ErrorCheck(ErrCode) == true) Retries++;
    else break;
  }
```

Ticketが－1を返してきたらエラーが発生したことを意味するため、関数GetLastError()を使ってエラーコードを取得する。取得したエラーコードを上の関数ErrorCheck()に引き渡す。エラーコードがエラーチェック関数のなかのいずれかのエラーに一致すれば、関数ErrorCheck()はtrueを返し、関数OrderSend()は5回まで注文を出し直す。

オーダーコメントを識別子として使う

特定のEAから出された注文を識別するための識別子として、これまでは「マジック番号」を使ってきた。あなたのEAが一度に複数の注文を出すEAだとしよう。でもあなたは複数の注文を別々に扱いたい。そのような場合は、オーダーコメントをそれぞれの注文を識別するための識別子として使えばよい。

例えば、あなたのEAが2つの種類の注文を出すEAだとする。あなたはそれぞれの注文を別々に変更したり、ポジションを決済したいと思っている。その場合、関数OrderSend()を2つ使って、それぞれ

の注文に異なるオーダーコメントを付与する。そして第5章で出てきたループを使って注文を選択するとき、関数OrderComment()を、変更したい注文や決済したいポジションの選択条件の1つとして指定する。

```
string OrderComment1 = "First order";
string OrderComment2 = "Second order";
//注文の発注
int Ticket1 = OrderSend(Symbol(),OP_BUY,LotSize,OpenPrice,UseSlippage,BuyStopLoss,
  BuyTakeProfit,OrderComment1,MagicNumber,0,Green);

int Ticket2 = OrderSend(Symbol(),OP_BUY,LotSize,OpenPrice,UseSlippage,BuyStopLoss,
  BuyTakeProfit,OrderComment2,MagicNumber,0,Green);
//注文やポジションの変更
for(int Counter = 0; Counter <= OrdersTotal()-1; Counter++)
  {
    OrderSelect(Counter,SELECT_BY_POS);

    if(OrderMagicNumber() == MagicNumber && OrderSymbol() == Symbol()
      && OrderComment() == OrderComment1)
      {
        //最初の注文やポジションを変更
      }

    else if(OrderMagicNumber() == MagicNumber && OrderSymbol() == Symbol()
      && OrderComment() == OrderComment2)
      {
        //2番目の注文やポジションを変更
      }
  }
```

まずオーダーコメントとして用いる文字列型変数を2つ宣言する。そして、関数OrderSend()を2つ使って、それぞれに異なるオーダーコメントで2つの注文を出す。そのあとの注文の変更ループでは、変更したい注文の選択条件として関数OrderComment()を使う。

このようにOrderComment()を使えば、それぞれの注文を別々に変更したり、ポジションを決済したり、異なるトレイリングストップを設定したり、といった具合に、あなたのトレーディングシステムが要求することは何でも行うことができる。

証拠金を調べる

　メタトレーダーには、注文を出す前に現在の余剰証拠金やストップアウトレベルを調べるための関数が組み込まれている。ストップアウトレベルとは、業者が決める水準で、余剰証拠金（比率または金額で）がある水準以下になったら注文を出せなくなることを言う。ただし、証拠金が不足しているときに注文を出そうとするとエラーが出るため、注文を出す前に余剰証拠金やストップアウトレベルを調べることは実際には必要ではない。

　もっと良いのは、自分でストップアウトレベルを決め、現在の資産がその水準を下回ったらトレーディングを停止することだ。そのためには、まず外部変数MinimumEquityを宣言する。これは、注文を出すのに必要となる必要最低口座資産である。

　次に、現在の口座資産をMinimumEquityと比較する。現在の口座資産が必要最低口座資産を下回ったら、注文を出すことができず、警告メッセージが現れてその状態を知らせてくれるようにする。例えば、現在の口座資産が１万ドルだとする。その資産が20％減少したら注文は出せないようにしたい。必要最低口座資産を調べるためのコードは以下のとおりだ。

```
//外部変数
extern int MinimumEquity = 8000;

//注文の発注
if(AccountEquity() > MinimumEquity)
   {
      //注文を出す
   }
else if(AccountEquity() <= MinimumEquity)
   {
      Alert("Current equity is less than minimum equity! Order not placed.");
   }
```

外部変数MinimumEquityはファイルの最初に宣言する。そのあとの部分は注文を出すための関数の前後に記述する。関数AccountEquity()で示される現在の口座資産がMinimumEquityよりも大きいとき、注文を出すことができる。そうでなければ、注文を出すことはできず、警告メッセージが表示される。

スプレッドを調べる

スプレッドが通常よりも拡大したときには注文を出すのを避けたいものだ。そのためには、最大許容スプレッドを設定しておき、トレーディングを行う前に現在のスプレッドを調べるようにするとよい。まず外部変数MaximumSpreadを宣言し、関数MarketInfo()を使って現在のスプレッドを調べる。

次のコードは、前節で出てきた最低必要証拠金を調べるためのコードに似ている。前節のコードにスプレッドを調べるためのコードを追加して、両方をまとめてチェックできるようにしてみよう。

```
//外部変数
extern int MaximumSpread = 5;
extern int MinimumEquity = 8000;

if(AccountEquity() > MinimumEquity && MarketInfo(Symbol(),MODE_SPREAD) < MaximumSpread)
  {
      //注文を出す
  }
else
  {
     if(AccountEquity() <= MinimumEquity) Alert("Current equity is less than minimum
        equity! Order not placed.");

     if(MarketInfo(Symbol(),MODE_SPREAD) > MaximumSpread) Alert("Current spread is
        greater than maximum spread! Order not placed.");
  }
```

最低必要口座資産とスプレッドのチェックは注文を出す前に行うことに注意しよう。これらの条件の1つがfalseであれば、elseブロック

に飛んでどちらの条件がfalseなのかを調べ、警告メッセージを表示させる（表示する警告メッセージの数は、どちらの条件がtrueであるかによって違ってくる）。

複数の注文を出す

それぞれに異なる損切り水準、利食い水準、ロット数で一度に複数の注文を出したい場合がある。これには方法がいくつかある。そのひとつは、それぞれの注文ごとに関数OrderSend()を使うというものだ。ただしこの場合、毎回同じ数の注文を出すものとする。

もうひとつの方法は、forループを使うというものだ。forループを使うことによって、一度に出す注文の数を変えることができる。損切り価格と利食い価格を前もって配列に格納しておき、forループで配列の要素を1つずつ巡回する。

まず3つの損切り水準と利食い水準を格納する外部変数を定義する。注文の数が3つを上回る場合、4つ目の注文からは損切りと利食いは置かれない。さらに、注文数を調整するための外部変数も定義する。

```
extern int StopLoss1 = 20;
extern int StopLoss2 = 40;
extern int StopLoss3 = 60;
extern int TakeProfit1 = 40;
extern int TakeProfit2 = 80;
extern int TakeProfit3 = 120;

extern int MaxOrders = 3;
```

次に、配列を宣言し、損切り価格と利食い価格を計算して、得られた値を配列に格納する。

```
double BuyTakeProfit[3];
double BuyStopLoss[3];

BuyTakeProfit[0] = CalcBuyTakeProfit(Symbol(),TakeProfit1,Ask);
BuyTakeProfit[1] = CalcBuyTakeProfit(Symbol(),TakeProfit2,Ask);
BuyTakeProfit[2] = CalcBuyTakeProfit(Symbol(),TakeProfit3,Ask);

BuyStopLoss[0] = CalcBuyStopLoss(Symbol(),StopLoss1,Ask);
BuyStopLoss[1] = CalcBuyStopLoss(Symbol(),StopLoss2,Ask);
BuyStopLoss[2] = CalcBuyStopLoss(Symbol(),StopLoss3,Ask);
```

　まず最初に、損切り価格と利食い価格を格納するための配列BuyTakeProfitとBuyStopLossを宣言する。配列を宣言するときには配列の要素数を指定しなければならない。配列のインデックスはゼロから始まる。したがって、要素数が3の配列を宣言した場合、最初のインデックスは0で、最大のインデックスは2になる。

　次に、第4章で定義した関数CalcBuyStopLoss()と関数CalcBuyTakeProfit()を使って損切り価格と利食い価格を計算する。得られた値を適切な配列要素に割り当てる。配列の最初のインデックスは0で、3番目のインデックスは2になることに注意しよう。

　注文を出すためのforループは以下のとおりだ。

```
for(int Count = 0; Count <= MaxOrders - 1; Count++)
  {
     int OrdInt = Count + 1;

     OrderSend(Symbol(),OP_BUY,LotSize,Ask,UseSlippage,BuyStopLoss[Count],
        BuyTakeProfit[Count],"Buy Order "+OrdInt,MagicNumber,0,Green);
  }
```

　変数Countは、最初の配列要素に対応させるために0から始まる。ループする回数（出す注文の数）はMaxOrdersから1を引いた値になる。ループを1回繰り返すたびに、損切りと利食いの配列のインデックス番号は1ずつ増える。

　変数OrdIntを使ってオーダーコメントのなかの注文番号を1ずつ

増やす。最初のオーダーコメントは「Buy Order 1」、次のオーダーコメントは「Buy Order 2」といった具合に、オーダーコメントのなかの注文番号は増えていく。関数OrderSend()は変数Countで関連する配列要素を選択しながら、適切な損切り価格や利食い価格を設定して注文を出す。

　複数の注文を扱う方法はほかにもいろいろあるが、おそらくこれが最も効率的な方法だろう。この方法の最大の欠点は、損切り価格や利食い価格を計算できる注文の数が制限される点だ。ただし、利食い価格や損切り価格を調整すれば、無数の注文を出すことはできる。

```
extern int StopLossStart = 20;
extern int StopLossIncr = 20;

extern int TakeProfitStart = 40;
extern int TakeProfitIncr = 40;

extern int MaxOrders = 5;
```

　上の例では、最初の注文の損切りは20ピップスだ。損切りは注文ごとに20ピップスずつ増えていく。利食いについても同様だが、最初の利食いは40ピップスで、注文ごとに40ピップスずつ増えていく点が異なる。損切りや利食いは配列を使わずにforループで計算することもできる。

```
for(int Count = 0; Count <= MaxOrders - 1; Count++)
  {
    int OrdInt = Count + 1;

    int UseStopLoss =  StopLossStart + (StopLossIncr * Count);
    int UseTakeProfit =  TakeProfitStart + (TakeProfitIncr * Count);

    double BuyStopLoss = CalcBuyStopLoss(Symbol(),UseStopLoss,Ask);
    double BuyTakeProfit = CalcBuyTakeProfit(Symbol(),UseTakeProfit,Ask);

    OrderSend(Symbol(),OP_BUY,LotSize,Ask,UseSlippage,BuyStopLoss,
      BuyTakeProfit,"Buy Order "+OrdInt,MagicNumber,0,Green);
  }
```

上のコードでは、利食い価格や損切り価格（単位はピップス）を算出するには、変数StopLossIncrや変数TakeProfitIncrにCountを掛けて、得られた値をStopLossStartやTakeProfitStartに足し合わせる。StopLossStartとTakeProfitStartは最初の注文の損切り価格と利食い価格だ。

　次に、第4章で定義した関数を使って注文の損切り価格と利食い価格を計算し、最後に関数OrderSend()を使って注文を出す。MaxOrdersで指定した注文数のすべての注文が出し終わるまで、ループは続く。この方法では、変数MaxOrdersを使って注文の数を希望する数に指定できるため、どの注文にも損切りと利食いを設定することができる。

グローバル変数

　本書では、グローバルスコープを持つ変数のことを「グローバル変数」と呼んできた。メタトレーダーではクライアントターミナルから変数を設定するための関数が組み込まれている。つまり、これらの変数はその名前が分かっていれば、現在実行されているどのEAでも使えるということである。

　これらの変数は本来は「ターミナル変数」と呼んだほうが適切かもしれないが、MQLマニュアルではこれらを「グローバル変数」と呼んでいる。こうした変数を操作するには、MQLリファレンスの「グローバル変数」（Global variables）にあるグローバル変数を操作するための関数を使う。現在クライアントターミナルでどういったグローバル変数が設定されているかを知りたい場合は、メニューバーのツールから[Global Variables]を選ぶか、キーボードのF3を押すことで見ることができる。

　これらの変数の用途のひとつは、クライアントターミナルにグロー

バル変数や静的変数を保存するのに用い、何らかの理由でEAがシャットダウンしたとき、どこでシャットダウンしたのかを調べることができるようにするというものだ。どのEAでも必要というわけではないが、複雑なEAになると、EAがシャットダウンしたらEAの実行を中断し、そのときのEAの状態を保存しておく必要がある。

　こうしたことをやらずに済ませるには、こういった複雑なEAは作成しないことである。しかし、どうしても複雑なEAを作成する必要がある場合は、グローバル変数を操作するための関数を使って現在の状態をクライアントターミナルに保存するようにすれば、EAが思いがけずにシャットダウンしても心配の必要はない。この方法はそれほど簡単ではないが、こういった不測の事態に対処する最良の方法ではないかと思う。

　グローバル変数（ターミナル変数）を宣言するには、関数GlobalVariableSet()を使う。最初のパラメーターはグローバル変数の名前を指定する文字列で、2番目の変数はそれに代入する変数のデータ型（この場合は浮動小数点型）を示している。

```
GlobalVariableSet(GlobalVariableName,DoubleValue);
```

　自分の定義する変数の名前には独自性を持たせたい。そのためには、グローバル変数に接頭語を付けるとよい。グローバルスコープの変数を宣言し、現在表示させているチャートのシンボル、時間枠、EAの名前、マジック番号を使って関数init()のなかでその値（接頭語）を設定する。

```
//グローバル変数
string GlobalVariablePrefix;

int init()
  {
    GlobalVariablePrefix = Symbol()+Period()+"_"+"ProfitBuster"+"_"+MagicNumber+"_";
  }
```

ここではグローバル変数には、チャートのシンボルとその時間枠、およびそのEAの識別子と外部変数MagicNumberを組み合わせた接頭語を付ける。そして関数GlobalVariableSet()を使ってグローバル変数を設定するとき、上で定義した接頭語と実際の変数名を使う。

```
GlobalVariableSet(GlobalVariablePrefix+Counter,Counter);
```

例えば、「ProfitBuster」というEA名で、マジック番号が11、変数名としてCounterを使ってEURUSDを時間枠M15でトレードしているとすると、グローバル変数の名前はEURUSD15_ProfitBuster_11_Counterになる。グローバル変数の名前を付けるときには、どういった慣例に従っても構わないが、ここで示したような情報を含めることをぜひともお勧めする。

グローバル変数の値を取得するには、その変数名をパラメーターとする関数GlobalVariableGet()を使う。

```
Counter = GlobalVariableGet(GlobalVariablePrefix+Counter);
```

グローバル変数を削除するには、その変数名をパラメーターとする関数GlobalVariableDel()を使って削除する。自作のEAで設定したすべてのグローバル変数を削除するには、接頭語をパラメーターとする関数GlobalVariableDeleteAll()を使って削除する。

```
GlobalVariableDel(GlobalVariablePrefix+Counter);
GlobalVariableDeleteAll(GlobalVariablePrefix);
```

グローバル変数を操作する関数についてもっと詳しく知りたい人は、MQLリファレンスの「グローバル変数」(Global variables) を参照してもらいたい。

利益を調べる

あるポジションの現在の含み益や、決済済みのポジションの総利益を調べたいときがあると思うが、利益を調べるには２つの方法がある。口座通貨での利益を知りたいときには、関数OrderProfit()を使う。そのためには、まず関数OrderSelect()を使って対象となるポジションを選択する必要がある。

```
OrderSelect(Ticket,SELECT_BY_TICKET);
double GetProfit = OrderProfit(Ticket);
```

関数OrderProfit()の戻り値は、選択したポジションの口座履歴にある総利益や総損失に一致していなければならない。

利益や損失の値をピップスで取得するには、仕掛け価格と決済価格との差を計算する必要がある。その前にまず関数OrderSelect()を使って、対象となるポジションを選択し、仕掛け価格と決済価格を取得する。

```
OrderSelect(Ticket,SELECT_BY_TICKET);

if(OrderType() == OP_BUY) double GetProfit = OrderClosePrice() - OrderOpenPrice();
else if(OrderType() == OP_SELL) GetProfit = OrderOpenPrice() - OrderClosePrice();

GetProfit /= PipPoint(Symbol());
```

買いポジションの利益を計算するには、仕掛け価格から決済価格を差し引けばよい。売りポジションの場合は、この逆になる。差を算出したら、関数PipPoint()を使って、得られた値をポイント数で割って利益や損失を整数に変換する。

例えば、買いポジションの仕掛け価格が1.4650で決済価格が1.4700だったとすると、関数OrderClosePrice()と関数OrderOpenPrice()の差を計算すると、その差は0.0050になる。この値を関数PipPoint()の値で割ると、結果は50になる。したがって、このポジションの利益は50

ピップスということになる。もし決済価格が1.4600であれば、このポジションでは損失が出たことになり、その損失額は50ピップスということになる。

マルチンゲール戦略

マルチンゲール戦略とはルーレットやブラックジャックでよく使われる賭けシステムのことで、損失が出たら次の賭け金を倍にするというものだ。これは、1回の勝ちで収支をトントンに戻そうという考え方に基づく理論だ。マルチンゲール戦略の欠点は、ドローダウンに耐えるためには巨額の資金が必要になる点だ。

例えば、最初のロット数が0.1ロットだとすると、4回続けて損失を出せば、ロット数は最初のロット数の16倍の1.6ロットになる。7回続けて損失を出せば、ロット数は最初のロット数の128倍の12.8ロットになる。したがって連敗が長引けば、口座がブレイクイーブンに戻る前に破産する。

こうした事実にもかかわらず、勝ちや負けのあとでロット数を増やすシステムを組み込みたい人もいるだろう。口座を破産させないでこれを行うことはできる。最も簡単な方法は、ロット数を増やす回数に上限を設けるというものだ。健全なシステムであれば、連敗が3回か4回を上回ることはないはずだ。ロット数を増やす回数を決めるときには、まずStrategy Testerウィンドウのレポートタブで、最大連敗数を調べてみるのがよい。

もうひとつの方法は、ロット数を増やすときの倍率をもっと小さくすることだ。古典的なマルチンゲール戦略では、1回負けるごとにロット数を2倍にするが、2倍をもっと小さな数値に置き換えるのだ。マルチンゲール戦略の変形として、反マルチンゲール戦略というものもある。これは、1回勝ったら次の賭金（ロット数）を増やすという

ものだ。

　連勝数や連敗数を計算し、その結果に応じてロット数を増やすルーチンを作成してみよう。マルチンゲール戦略が最もうまく機能するのは、一度に1つの注文を出すときだ。したがって、どのポジションも1つのトレードからなるものとする。

　このコードではユーザーはマルチンゲール戦略と反マルチンゲール戦略のどちらを使うかを選ぶことができる。また、ロット数を増やす最大回数を指定することもでき、ロット数を増やす倍率も調整可能だ。

　まず、連勝数または連敗数を計算する。そのためには、最も最近決済したポジションからヒストリープールを過去にさかのぼってループする必要がある。勝ちトレードや負けトレードが1回あるごとにカウンターの値を1ずつ増やす。連勝や連敗のパターンが一定であるかぎり、ループは続く。パターンが変わる（つまり、1回または複数回負けたあと勝つ、またはこの逆）と、ループから抜ける。

```
int WinCount;
int LossCount;

for(int Count = OrdersHistoryTotal()-1; Count >= 0 ; Count--)
  {
    OrderSelect(Count,SELECT_BY_POS,MODE_HISTORY);
    if(OrderSymbol() == Symbol() && OrderMagicNumber() == MagicNumber)
      {
        if(OrderProfit() > 0 && LossCount == 0) WinCount++;
        else if(OrderProfit() < 0 && WinCount == 0) LossCount++;
        else break;
      }
  }
```

　まず勝ち数と負け数を数えるカウンターのための変数を宣言する。forループのなかで、関数OrdersHistoryTotal()を使ってカウンターの開始位置を設定していることに注意しよう。関数OrdersHistoryTotal()はヒストリープールにある決算済みのポジションや未約定になった注文ややキャンセルとなった注文の数を返してく

る。変数Countに格納されている最も最近のポジションのインデックスは、関数OrdersHistoryTotal()が返してくる値から1を引いた値になり、これがカウンターの開始位置になる。

　forループのなかの2番目の式（ループをストップするための条件式）は省略した。式を省略してもセミコロン（;）を付け忘れないように注意しよう。ループが繰り返されるたびに変数Countの値は1ずつ減る。

　関数OrderSelect()の3番目のパラメーターにはMODE_HISTORYを使っているが、これはヒストリープールをループすることを示している。関数OrderSelect()は初期設定ではトレーディングプールを使うので、ヒストリープールを調べるためにはMODE_HISTORYを指定する必要がある。

　次に、現在選択されているポジションが現在表示させているチャートのシンボルとマジック番号に一致するかどうかを調べる。そして、関数OrderProfit()を使ってこのポジションの利益を調べる。戻り値が利益を示している（つまり、ゼロよりも大きいということ）場合、変数WinCountの値を1増やす。逆に損失の場合は、変数LossCountの値を1増やす。

　私たちがチェックしたいのは連勝または連敗なので、勝ちと負けが交互に発生する状況が発生したらループを終了する必要がある。そのためには、ポジションの利益を調べるときに変数WinCountまたはLossCountをチェックすればよい。例えば、2連敗（つまり、LossCount = 2）し、次が勝ちトレードの場合、if文はいずれもfalseになるので、break演算子に飛んで、ループは終了する。

　この方法の利点は、堅牢である点であり、EAが思いがけずにシャットダウンしても失敗することはない。EAはシャットダウンしても、その位置から復帰する。当然ながら、初めてEAを稼働させると、ロット数は以前の連勝数や連敗数を基に決められることになるが、利点

はこの欠点を補って余りあることが分かるはずだ。

　連勝数と連敗数はそれぞれ変数WinCountとLossCountに格納される。マルチンゲール戦略を使いたいときは、ロット数を増やす倍率をLossCountを使って決め、反マルチンゲール戦略の場合はWinCountを使う。

　マルチンゲール戦略と反マルチンゲール戦略のいずれを用いるかを決めるのに使う変数は、MartingaleTypeという名前の整数型外部変数だ。MartingaleTypeが0に設定されていれば、マルチンゲール戦略を使うことを意味し、1に設定されていれば反マルチンゲール戦略を使うことを意味する。倍率を格納するための外部変数（LotMultiplier）、ロット数を増やす最大回数を格納するための外部変数（MaxMartingale）、最初のロット数を格納するための外部変数（BaseLotSize）も宣言する。

```
//外部変数
extern int MartingaleType = 0;      //0：マルチンゲール戦略、1：反マルチンゲール戦略
extern int LotMultiplier = 2;
extern int MaxMartingale = 4;
extern double BaseLotSize = 0.1;

//ロット数の計算
if(MartingaleType == 0) int ConsecutiveCount = LossCount;
else if(MartingaleType = 1) ConsecutiveCount = WinCount;

if(ConsecutiveCount > MaxMartingale) ConsecutiveCount = MaxMartingale;

double LotSize = BaseLotSize * MathPow(LotMultiplier,ConsecutiveCount);
```

　ConsecutiveCountの値は、MartingaleTypeの設定によってWinCountまたはLossCountに設定する。これをMaxMartingaleの設定と比較する。連勝数や連敗数がMaxMartingaleよりも大きければ、MaxMartingaleに等しくなるように変更する（ロット数は初期設定のロット数に変更してもよい。その場合、連勝や連敗がそれぞれ負けや勝ちによって途切れるまでロット数はこの大きさに維持される）。

BaseLotSizeにLotMultiplierを掛けたものがロット数になり、これはConsecutiveCountによって指数関数的に増加する。関数MathPow()はべき乗を計算するための関数だ。この関数の最初のパラメーターは底で、2番目のパラメーターはべき指数になる。例えば、最初のロット数が0.1、ロット数の倍率が2、連敗数または連勝数を4回としたとき、ロット数の計算式は$0.1 \times 2^4 = 1.6$になる。

　LotMultiplierを調整して、マルチンゲール戦略と反マルチンゲール戦略の両方を使えば、指数関数的なロット数を使っていろいろな実験ができる。上記のコードを変更していろいろな変化形を試してみよう。例えば、ロット数を最大から最小に減らしたり、ConsecutiveCountの代わりに外部カウンターを使ってみるのもよいだろう。

EAのデバッグ

　ほかのプログラミング統合開発環境とは違って、メタトレーダーではブレイクポイントなど、デバッグに役立つ一般的なツールは使えない。EAのデバッグには、Print()文とログを使う。

　関数Print()については前に説明したとおりだ。おさらいしておくと、この関数にパラメーターとして文字列を渡すと、それがログに出力される。変数や関数の内容をログに出力することで、コードの実行結果を確認し、エラーが見つかれば修復する。

　Strategy Testerを使ってトレーディングシミュレーションを行い、その結果をログに出力することもできる。Strategy Testerのログは Strategy Testerウィンドウの操作履歴タブをクリックすると表示される。ただし、操作履歴タブで表示される情報量には制限があるので、実際のログを見ることをお勧めする。

　Strategy Testerのログは¥tester¥logsフォルダに保存されている。操作履歴ウィンドウ上で右クリックし、ポップアップメニューから「開

く」を選ぶ。すると、ウィンドウズエクスプローラが開いてログフォルダの内容が表示される。ファイル名はyyyymmdd.log形式で表される（yyyyは4桁の西暦、mmは2桁の月、ddは2桁の日）。ログはノートパッドなどのテキストエディタで見ることもできる。

では、ログを使ってプログラミングエラーを見つける方法を見ていくことにしよう。次のコードにはエラーが含まれているため、予想どおりには動かない。エラーの原因を突き止めるには、この関数の入力または出力を調べてみる必要がある。そこでPrint()文を使って、関連するすべての変数の内容をログに出力する。

テストモデルとして「Open prices only」を使ってEAをStrategy Testerで実行してみよう。EAの分析ができるだけの十分な数のトレードが行われるように、EAのテスト時間は十分に長く取るように注意しよう。チャートの価格を調べる必要がある場合は、Open chartボタンをクリックして、シミュレートしたトレードのチャートを開く。

次に、操作履歴タブをクリックして必要な情報をチェックする。ログの内容をすべて見たい場合や、操作履歴タブで表示されないトレードがある場合には、右クリックしてポップアップメニューから「開く」を選択すればログファイルを直接開くことができる。

このコードは、買い注文を出すたびに「無効なストップ値」エラー（エラーコード130）が現れる。つまり、損切りまたは利食いが間違っていることになる。どこが間違っているか分かるだろうか。

```
if(Close[0] > MA && BuyTicket == 0)
  {
    double OpenPrice = Ask;

    double BuyStopLoss = OpenPrice + (StopLoss * UsePoint);
    double BuyTakeProfit = OpenPrice + (TakeProfit * UsePoint);

    BuyTicket = OrderSend(Symbol(),OP_BUY,LotSize,OpenPrice,UseSlippage,
      BuyStopLoss,BuyTakeProfit,"Buy Order",MagicNumber,0,Green);

    SellTicket = 0;
  }
```

関数Print()を使って、関数OrderSend()に引き渡すパラメーターが正しいかどうかチェックしてみることにしよう。チェックするのは、仕掛け価格、損切り価格、利食い価格だ。

```
Print("Price:"+OpenPrice+" Stop:"+BuyStopLoss+" Profit:"+BuyTakeProfit);
```

Strategy TesterでEAを実行したときの出力結果は以下のとおりだ。損切りと利食いは50ピップスに設定されているものとする。

```
11:52:12 2009.11.02 02:00   Example EURUSD,H1: OrderSend error 130
11:52:12 2009.11.02 02:00   Example EURUSD,H1: Price:1.47340000 Stop:1.47840000
    Profit:1.47840000
```

買い注文の場合、損切り価格は仕掛け価格よりも安くなければならないが、ここでは高くなっている。しかも、損切り価格と利食い価格が同じだ。コードを見直してみると、買いポジションの損切り価格を計算する式で−符号を使うべきところに＋符号を使っていることが分かる。これを修正したものが以下のコードだ。

```
double BuyStopLoss = OpenPrice - (StopLoss * UsePoint);
```

注文の発注、ポジションの決済、注文の変更をしようとしたときにエラーが発生したら、エラーメッセージに書かれた内容に注意しながらコードを見直してみよう。プログラミングエラーによって発生する最もよくあるエラーメッセージは以下のとおりだ。

●Error 129: Invalid Price「無効な価格」　仕掛け価格が間違っている。成行注文の場合、取引種別に基づいて正しい買い気配値または売り気配値を関数に引き渡しているかどうかを確認する。待機注文の場合、取引種別に基づいて、仕掛け価格が現在価格よりも上か

下に位置しているかどうかを確認する。また、待機注文で指定した価格が現在価格に近すぎる（つまり、ストップレベルの内側にある）ことのないようにする。

- Error 130: Invalid Stops「無効なストップ値」　損切り価格や利食い価格が間違っている。損切り価格や利食い価格は買い注文（あるいはポジション）や売り注文（あるいはポジション）を基に、現在価格の上または下に位置しているかどうかを確認する。また、損切り価格や利食い価格は現在価格に近すぎる（つまり、ストップレベルの内側にある）ことのないようにする。
- Error 131: Invalid Trade Volume「無効なロット数」　ロット数が間違っている。ロット数はブローカーが規定する最小サイズを下回ったり最大サイズを上回らないようにし、正しいステップ値（ほとんどのブローカーのステップ値は0.1または0.01）に合わせるようにする。

MQLリファレンスの「標準的な定数」（Standard Constants）の「エラーコード」（Error Codes）の項を参照すれば、すべてのエラーメッセージの説明を見ることができる。もっと詳しい説明が必要な場合は、MQL4.comのフォーラムを参照してもらいたい。

断続的に現れるトレーディングエラーの解決法

深刻なバグのほとんどはバックテストで簡単に見つけることができるが、実際のトレーディングの最中に現れるバグもある。ロジックエラーは正しく注文が出されなかった場合に発生し、見つけるのに苦労する場合もある。デモトレーディングや実際のトレーディングで正しく出されなかった注文がある場合、問題を解決するにはできるだけ多くの情報を収集する必要がある。

そこで、トレードや状態の情報をリアルタイムでログに記録するためのコードを追加し、トラブルを解決するときにその記録を見ることができるようにしておこう。

```
//外部変数
extern bool Debug = true;
//関数start()の最後の辺りに置く
if(Debug == true) Print(StringConcatenate("Bid:",Bid," Ask:",Ask," MA:",MA,
  " BuyTicket:",BuyTicket," SellTicket:",SellTicket));
```

上のコードは価格情報とインディケーターの情報、および変数BuyTicketとSellTicketの内容をログに出力するためのものだ。トレードがどのように行われたのかや、なぜトレードが行われなかったのかを知りたい場合、ログを見れば関連するすべてのトレード条件をその場で知ることができる。また、ログへの記録は外部変数Debugを使って有効化・無効化することができる。

デバッグのPrint()文は、すべてのトレード関数を記述したあと、関数start()の終わり近くに置く必要がある。タイマーや新しい足単位で実行する機能を使っている場合は、デバッグのPrint()文はタイマーブロックのなかに置いて、必要なときのみに実行するようにする。タイマーブロックのなかに置かなければ、デバッグラインはティックごとにログに出力されるため、ログファイルは巨大化してしまう。

コンパイルエラーの修復

EAをコンパイルするとき、コンパイラーはシンタックスが正しいかどうか、カスタム関数や変数が正しく宣言されているかどうかをチェックする。何かが間違っていれば、コンパイラーは実行を中断し、ToolboxウィンドウのErrorsタブにコンパイルエラーが表示される。

長大なコンパイルエラーリストが表示された場合、必ず最初のエラ

一から修復していく。リストのなかの修復したいエラーをダブルクリックすると、そのエラーのある行に飛ぶので、エラーを修復して再度コンパイルする。単純なシンタックスエラーによって複数の関連性のないエラーが発生する場合があるが、関係があるのは最初のエラーのみである。

よくあるコンパイルエラーとその解決法は以下のとおりだ。

- Variable not defined（変数が定義されていません）　変数を宣言するときにデータ型を指定し忘れた場合に発生するエラー。グローバル変数や外部変数は、ファイルの最初に宣言しなければならない。ローカル変数の場合は、その変数が最初に使われる関数のなかで、データ型を指定して宣言しているかどうかをチェックする。これが原因でない場合は、変数名のタイプミス（スペルや大文字・小文字の別）がないかどうかをチェックする。
- Variable already defined（この変数はすでに定義されています）　同じ変数を2回宣言したときに発生するエラー。重複して宣言した変数の宣言からデータ型の指定を取り除く。
- Function is not defined（関数が宣言されていません）　対象となる関数がインクルードファイルやライブラリーファイルに含まれている場合、ファイルの最初に#include命令や#import命令が正しく記述されているかどうかをチェックする。これが原因でない場合は、関数名のタイプミス（スペルや大文字・小文字の別）がないかどうかをチェックし、その関数が現在のファイルまたは関連するインクルードファイルやライブラリーファイルのなかに置かれているかどうかもチェックする。
- Illegal assignment used（＝の使い方が間違っています）　「＝」の使い方が間違っているときに発生するエラー。変数への代入は「＝」、比較演算子は「＝＝」を使わなければならない。使い方が間

違っていないかどうかをチェックする。
- ●Assignment expected（代入演算子の使い方が間違っています）
これは「等値」演算子に関連したエラーであることが多い。変数への代入を記述するのに「==」を使っていないかどうかチェックする。
- ●Unbalanced right parenthesis（（が抜けています）　if文でネスト構造を使ったときによく発生するエラー。最初のエラーが発生した行を調べ、適切な位置に「（」を挿入する。
- ●Unbalanced left parenthesis（）が抜けています）　これは見つけるのが難しいエラーだ。エラー発生場所はプログラムの最後になっているが、プログラムの途中のどこかに「）」が足りない部分があるのでプログラム全体を見直す必要がある。エラーを見つけるのに、コメントアウトが必要な場合もある。
- ●Wrong parameters count（関数のパラメーター数が間違っています）　関数のパラメーターの数が少なすぎたり、多すぎたときに発生するエラー。MQLリファレンスで関数のシンタックスを確認して、パラメーターを修正する。
- ●Semicolon expected（セミコロン[;]が抜けています）　行の最後に ; を入れ忘れたときに発生するエラー。指定された行の前の行の最後に ; を入れ忘れているはずなので、そこに ; を入れる。; を入れ忘れると、上記のエラーも発生することがあるので、; は入れ忘れのないようにくれぐれも注意する。

第9章
カスタムインディケーターとスクリプト
Custom Indicators and Scripts

　カスタムインディケーターとスクリプトを語らずして本書を終わるわけにはいかない。この最終章では、本書の締めくくりとしてカスタムインディケーターとスクリプトについて解説したいと思う。メタトレーダーの組み込みインディケーターはあまり数が多くない。しかし、幸いなことにMQL（Meta Quotes Language）ではプログラマーが独自のインディケーターを作成することができる。メタトレーダー4には含まれていないがよく使われるインディケーターを使いたい場合、だれかがすでに作成している可能性が高いので探してみよう。

　本章では、カスタムインディケーターを作成するうえでの基本について見ていく。インディケーターは複雑な数式を使っているものが多いため、経験豊富なプログラマーの領域ではあるが、インディケーターは必ずしも複雑なものである必要はない。私たちが本章で作成するカスタムインディケーターはわずか数行からなる簡単なインディケーターだ。

バッファー

　バッファーとはインディケーターの値や計算値を格納する配列のことを言う。1つのインディケーターは最大で8つのバッファーを持つ

ことができる。配列と同じように、バッファーも0から7までのインデックスを用いる。EA（自動売買システム）のなかで関数iCustom()を使ってカスタムインディケーターを呼び出すとき、その関数の最後から2番目のパラメーターがインディケーターバッファーに相当する。

　インディケーターの各ラインに用いる適切なバッファーを調べるには、ソースコード（入手可能な場合）をチェックするのが普通だ。ソースコードのなかでバッファー名としてその内容が分かるような分かりやすい変数名が使われていれば、適切なバッファーは簡単に見つかるはずだ。本章では、インディケーターバッファーの正しい命名法についても説明する。

カスタムインディケーターの作成

　メタトレーダーに組み込まれたラインを計算するための2つのインディケーターを使ってカスタムインディケーターを作成してみよう。作成するのは、改良版ボリンジャーバンドだ。ボリンジャーバンドは3つのラインからなる（センターライン［単純移動平均線］と、センターラインから上と下の方向に標準偏差の数倍だけずれた上のバンドと下のバンド）。

　改良版ボリンジャーバンドの作成に用いるメタトレーダーの組み込みインディケーターは、移動平均線インディケーターと標準偏差インディケーターだ。ただし、ボリンジャーバンドのラインを計算するのに用いるのは、単純移動平均ではなく、指数移動平均である。

　まず、ウィザードを使ってインディケーターファイルを作成する。[File]メニューから[New]を選択するか、ツールバーを使ってウィザードを開くと、コードのテンプレートがすでに準備されているので、インディケーターの名前と、必要に応じてパラメーターを入力する。最後のページでは同じ色の3つのインディケーターラインを加えた。こ

れらを入力したものが以下のコードだ。関数start()は省略した。

```
//+------------------------------------------------------------+
//|                                            EMA Bollinger.mq4 |
//|                                                Andrew Young |
//|                                   http://www.easyexpertforex.com |
//+------------------------------------------------------------+
#property copyright "Andrew Young"
#property link      "http://www.easyexpertforex.com"

#property indicator_chart_window
#property indicator_buffers 3
#property indicator_color1 DeepSkyBlue
#property indicator_color2 DeepSkyBlue
#property indicator_color3 DeepSkyBlue
//---- バッファー
double ExtMapBuffer1[];
double ExtMapBuffer2[];
double ExtMapBuffer3[];
//+------------------------------------------------------------+
//| カスタムインディケーターの初期化関数                         |
//+------------------------------------------------------------+
int init()
  {
//---- インディケーター
   SetIndexStyle(0,DRAW_LINE);
   SetIndexBuffer(0,ExtMapBuffer1);
   SetIndexStyle(1,DRAW_LINE);
   SetIndexBuffer(1,ExtMapBuffer2);
   SetIndexStyle(2,DRAW_LINE);
   SetIndexBuffer(2,ExtMapBuffer3);
//----
   return(0);
  }
```

太字で書かれた部分に注目しよう。#propertyは改良版インディケーターのバッファーのパラメーターを宣言するためのものだ。indicator_chart_windowプロパティでインディケーターをメーンチャートウィンドウに表示するように設定する。作成しているインディケーターがオシレーター系の場合はサブウィンドウに表示するため、indicator_separate_windowと記述する。

indicator_buffersプロパティはインディケーターに用いるバッファーの数を設定するためのものだ。このケースの場合、3つのバッフ

ァーを使う。またindicator_colorプロパティで3つのラインの色を
DeepSkyBlueに設定する。

次にバッファー配列を宣言する。ここではExtMapBuffer1〜
ExtMapBuffer3という名前の3つのバッファーを宣言している。バッ
ファーの名前はこのあとひと目で内容が分かるような記述式に変更す
る。

関数init()のなかでインディケーターバッファーの特性(プロパティ)
を設定する。関数SetIndexBuffer()はバッファーとインデックス番号
を一対一で対応づける。バッファーのインデックスは、任意のインデ
ィケーターラインの特性を設定するときと、関数iCustom()を使って
インディケーターラインを呼び出すときに参照する。関数iCustom()
の最初のパラメーターは0から7までの整数で、2番目のパラメータ
ーはバッファー配列の名前だ。

描画プロパティ

関数SetIndexStyle()は描かれるラインの種類と、そのラインの特性
を設定する。3つある関数SetIndexStyle()は各インディケーターライ
ンに対応している。この関数のシンタックスは以下のとおりだ。

```
void SetIndexStyle(int BufferIndex, int LineType, int LineStyle = EMPTY,
    int LineWidth = EMPTY, color LineColor = CLR_NONE)
```

●**BufferIndex** バッファーのインデックス（0から7までの整数
で指定する）。
●**LineType** 描かれるラインの形状を設定する。1本のラ
インを描くときにはDRAW_LINE、棒グラフを描くときは
DRAW_HISTOGRAM（例えば、OsMAインディケーターや
Awesome Oscillatorインディケーターなど）、記号を描くときには

DRAW_ARROW、ラインを描かないときにはDRAW_NONEと指定する。
- **LineStyle** 描かれるラインの種類を設定する（任意）。主にラインの形状がDRAW_LINEのときに設定されるパラメーター。初期設定では実線が描かれる(STYLE_SOLID)。破線(STYLE_DASH)や点線（STYLE_DOT）を描くこともできる。
- **LineWidth** 線幅をピクセルで指定するためのパラメーター（任意）。初期設定は1。
- **LineColor** ラインの色を指定するためのパラメーター（任意）。ウィザードを使っているのであれば色は#propertyで設定することができるが、この関数のなかでも設定することができる。

　LineTypeとしてDRAW_ARROWを指定した場合、関数SetArrow()を使えば記号のフォントをWingdingsフォントに指定することができる。この関数の最初のパラメーターはバッファーのインデックスで、2番目のパラメーターが描く記号を表す整数値だ。記号については、MQLリファレンスの「標準的な定数」（Standard Constants）の「矢印コード」（Arrow Codes）の項を参照してもらいたい。

　インディケーターに説明を加えたい場合、ツールチップやデータウィンドウに表示することができる。そのためには関数SetIndexLabel()を使う。この関数の最初のパラメーターはバッファーのインデックスで、2番目のパラメーターがテキストによる説明文だ。今作成中のインディケーターでは、このあとインディケーターに説明を加える。

　作成中のインディケーターが別のウィンドウに描かれるタイプ（例えば、オシレーター系インディケーター）で、買われ過ぎ水準や売られ過ぎ水準を示すラインを追加（例えば、ストキャスティックスやRSI［相対力指数］）したい場合、あるいはゼロを示すライン（例えば、CCI［コモディティ・チャネル・インデックス］）を追加した

い場合、関数SetLevelStyle()と関数SetLevelValue()を使えばよい。詳しくは、MQLリファレンスの「カスタム指標」(Custom Indicators)を参照してもらいたい。

インディケーターウィンドウの左上にインディケーター名を省略形で表示したい場合、関数IndicatorShortName()を使って設定する。この関数のパラメーターはインディケーターウィンドウの左上と、データウィンドウに表示される省略形インディケーター名を表すテキスト文字列のみである。

記述式のバッファー名を使う

以下に示すのは更新したインディケーターのコードだ。このコードでは、バッファー名を実際の機能が分かるように記述式に変更した。変更した箇所は、関数SetIndexBuffer()の2番目のパラメーターだ。さらに、関数SetIndexLabel()を追加して、データウィンドウに各ラインごとに表示する記述式の名前を指定した。

```
//---- バッファー
double EMA[];
double UpperBand[];
double LowerBand[];
//+------------------------------------------------------------+
//| カスタムインディケーターの初期化関数                        |
//+------------------------------------------------------------+
int init()
  {
//---- インディケーター
   SetIndexStyle(0,DRAW_LINE);
   SetIndexBuffer(0,EMA);
   SetIndexLabel(0,"EMA");

   SetIndexStyle(1,DRAW_LINE);
   SetIndexBuffer(1,UpperBand);
   SetIndexLabel(1,"UpperBand");
```

```
    SetIndexStyle(2,DRAW_LINE);
    SetIndexBuffer(2,LowerBand);
    SetIndexLabel(2,"LowerBand");
//----
    return(0);
  }
```

バッファー配列の名前も最初の名前（ExtMapBuffer）から、より分かりやすい記述式に変更した。EMA[]はセンターライン用のバッファー、UpperBand[]とLowerBand[]はそれぞれ上のバンドと下のバンド用のバッファーだ。

また、関数SetIndexBuffer()を使ってバッファー配列とインデックスを一対一で対応づけている。EMAのインデックスは０、UpperBandのインデックスは１、LowerBandのインデックスは２だ。関数SetIndexBuffer()の２番目のパラメーターである配列識別子名のあとの[]は省略されていることに注意しよう。

関数SetIndexLabel()で各インディケーターバッファーの記述式の名前を設定する。このケースでは、ライン名は識別子名と同じである。これらの名前はツールチップとデータウィンドウに表示される。こうした形式で記述しておけば、例えばこのインディケーターを別のプログラマーがEAのなかで使いたいと思った場合、インディケーターの各ラインにどのインディケーターバッファのインデックスを使えばよいかは一目瞭然だ。

インディケーターの関数start()

ウィザードで表示されるインディケーターのテンプレートコードでは、関数start()のなかに式が１つだけ記述されている。

```
int counted_bars = IndicatorCounted();
```

この関数IndicatorCounted()はインディケーターの値がすでに計算された足の数を返してくる。EAを初めて起動したとき、この値は0に設定されている。インディケーターの値は新しい足が形成されるたびに算出される。インディケーターの値がすでに計算された足の数を調べるのには関数IndicatorCounter()を使う。インディケーターの値がすでに計算された足の数が分かれば、あといくつの足を計算する必要があるのかが分かる。

　私たちのインディケーターでは、インディケーターの値の計算にはforループを使う。forループの出発点はインディケーターの値がまだ計算されていない最初の足で、終点は最新の足である。関数IndicatorCounter()の値を事前に定義した変数Barsの値（現在表示させているチャート上の足の数）と比較する。これによって出発点をどの足にするかが決まる。forループのコードは以下のとおりだ。

```
int counted_bars = IndicatorCounted();
if(counted_bars > 0) counted_bars--;
int CalculateBars = Bars - counted_bars;
for(int Count = CalculateBars; Count >= 0; Count--)
  {
    //インディケーターの計算
  }
```

　最初のif文は新しい足の数を計算するときにcounted_barsの値を1だけ減らす。私たちは必ず前の足を少なくとも2つ計算する。これは最後のティックが計算されない足がある場合があるからだ。次に、事前に定義した変数Barsからcounted_barsを差し引いてインディケーターの値を算出するための足の数を決定する。得られた値は変数CalculateBarsに格納する。

　forループでは、値が1ずつ増える変数CountはCalculateBarsの値に設定され、Countが0よりも小さくなったらループから抜ける。変

数Countはループが繰り返されるたびごとに1ずつ減る。これによってチャート上の足は左から右の順に計算される。

改良版ボリンジャーバンドを計算するためのコードは以下のとおりだ。外部変数BandsPeriodはファイルの最初に宣言する。forループは先ほど作成したものを使っている。

```
//外部パラメーター
extern int BandsPeriod = 20;

//関数start()
for(int Count = CalculateBars; Count >= 0; Count--)
  {
    EMA[Count] = iMA(NULL,0,BandsPeriod,0,MODE_EMA,0,Count);

    double StdDev = iStdDev(NULL,0,BandsPeriod,0,MODE_EMA,0,Count);

    UpperBand[Count] = EMA[Count] + StdDev;
    LowerBand[Count] = EMA[Count] - StdDev;
  }
```

それでは内容を見ていくことにしよう。まず、関数iMA()を使って組み込みインディケーターである移動平均インディケーターを呼び出し、戻り値をEMA[Count]に代入する。配列のインデックスと移動平均インディケーターのShiftパラメーターの値には、いずれも現在のCountの値を使っていることに注意しよう。

次に、関数iStdDev()を使って標準偏差インディケーターを呼び出す。上のバンドを計算するには、移動平均に標準偏差を足す。得られた値はバッファー配列UpperBand[]に格納される。また、LowerBand[]を計算するには、移動平均から標準偏差を差し引く。

設定可能なものをすべて設定してインディケーターをさらに拡張してみよう。前方シフト値、移動平均の計算方法、適用価格、標準偏差を調整するためのパラメーターを加えると次のようになる。

225

```
//外部パラメーター
extern int BandsPeriod = 20;
extern int BandsShift = 0;
extern int BandsMethod = 1;
extern int BandsPrice = 0;
extern int Deviations = 1;

//関数start()
for(int Count = CalculateBars; Count >= 0; Count--)
  {
    EMA[Count] = iMA(NULL,0,BandsPeriod,BandsShift,BandsMethod,BandsPrice,Count);

    double StdDev = iStdDev(NULL,0,BandsPeriod,BandsShift,BandsMethod,BandsPrice,Count);

    UpperBand[Count] = EMA[Count] + (StdDev * Deviations);
    LowerBand[Count] = EMA[Count] - (StdDev * Deviations);
  }
```

関数iMA()と関数iStdDev()の残りのパラメーターを調整するための外部変数を加えた。また、標準偏差の数を調整するパラメーターも加えた。標準偏差の数を計算するのは簡単で、StdDevとDeviationsを掛け合わせればよい。これであらゆることが調整可能な改良版ボリンジャーバンドの完成だ。このインディケーターはメタトレーダーに組み込まれたインディケーターよりも柔軟性がある。コードは**付録E**を参照してもらいたい。

組み込みインディケーターをただ計算し直すよりも、カスタムインディケーターのほうが分析の幅は広がる。数学的知識がどれくらいあるかにもよるが、メタトレーダーに組み込まれていないインディケーターを作成することもできるし、独自のインディケーターを作成することもできる。カスタムインディケーターではオブジェクトの描画や操作も思いのままだ。カスタムインディケーターの作成方法についてもっと詳しく知りたい人は、MQLリファレンスの「カスタム指標」（Custom Indicators）、「オブジェクト関数」（Object functions）、「数学と三角関数」（Math & Trig）を参照してもらいたい。

スクリプト

スクリプトは初めてチャートに貼付されるときに一度だけ実行されるMQLプログラムだ。スクリプトは、チャート上のすべてのポジションを決済したり、待機注文を出すといった一連のトレード操作を自動化するのに使うことができる。period_converterスクリプトなどのメタトレーダーに最初から搭載されたスクリプトのなかには、ユーザーが決めた時間枠でチャートを描き直すことができるものもある。

スクリプトのソースファイルに必ず含まなければならないものは、show_confirmまたはshow_inputsのいずれかの#property命令だ。show_confirmプロパティはユーザーにスクリプトの動作の確認を促し、show_inputsはスクリプトのプロパティ画面を表示する。

```
#property show_confirm    //確認画面を表示
#property show_inputs     //プロパティ画面を表示
```

スクリプトに調整しなければならないパラメーターが含まれている場合は、show_inputsを使い、それ以外の場合はshow_confirmを使う。

EAやインディケーターと同様、スクリプトでも関数init()、関数deinit()、関数start()を使う。いずれの関数も一度だけ実行されることに注意しよう。関数init()と関数start()はスクリプトが起動したときに実行され、関数deinit()はスクリプトを削除するときに実行される。1つのチャートに一度に貼付できるスクリプトは1つだけであることにも注意しよう。

メタトレーダーにはサンプルスクリプトがいくつか搭載されている。保存先は\experts\scriptsディレクトリだ。必要に応じて参照してもらいたい。

付録A

簡単なEA

第2章に出てきた簡単なEA（自動売買システム）のコード。

```
#property copyright "Andrew Young"

//外部変数
extern double LotSize = 0.1;
extern double StopLoss = 50;
extern double TakeProfit = 100;

extern int Slippage = 5;
extern int MagicNumber = 123;

extern int FastMAPeriod = 10;
extern int SlowMAPeriod = 20;


//グローバル変数
int BuyTicket;
int SellTicket;
double UsePoint;
int UseSlippage;


//関数Init
int init()
  {
     UsePoint = PipPoint(Symbol());
     UseSlippage = GetSlippage(Symbol(),Slippage);
  }


//関数Start
int start()
  {

     //移動平均線
     double FastMA = iMA(NULL,0,FastMAPeriod,0,0,0,0);
     double SlowMA = iMA(NULL,0,SlowMAPeriod,0,0,0,0);
```

```
//買い注文
if(FastMA > SlowMA && BuyTicket == 0)
  {
    OrderSelect(SellTicket,SELECT_BY_TICKET);

    //決済注文
    if(OrderCloseTime() == 0 && SellTicket > 0)
      {
        double CloseLots = OrderLots();
        double ClosePrice = Ask;

        bool Closed = OrderClose(SellTicket,CloseLots,ClosePrice,UseSlippage,Red);
      }

    double OpenPrice = Ask;

    //損切り価格と利食い価格の計算
    if(StopLoss > 0) double BuyStopLoss = OpenPrice - (StopLoss * UsePoint);
    if(TakeProfit > 0) double BuyTakeProfit = OpenPrice + (TakeProfit * UsePoint);

    //買い注文の発注
    BuyTicket = OrderSend(Symbol(),OP_BUY,LotSize,OpenPrice,UseSlippage,
      BuyStopLoss,BuyTakeProfit,"Buy Order",MagicNumber,0,Green);

    SellTicket = 0;
  }


//売り注文
if(FastMA < SlowMA && SellTicket == 0)
  {
    OrderSelect(BuyTicket,SELECT_BY_TICKET);

    if(OrderCloseTime() == 0 && BuyTicket > 0)
      {
        CloseLots = OrderLots();
        ClosePrice = Bid;

        Closed = OrderClose(BuyTicket,CloseLots,ClosePrice,UseSlippage,Red);
      }

    OpenPrice = Bid;

    if(StopLoss > 0) double SellStopLoss = OpenPrice + (StopLoss * UsePoint);
    if(TakeProfit > 0) double SellTakeProfit = OpenPrice - (TakeProfit * UsePoint);

    SellTicket = OrderSend(Symbol(),OP_SELL,LotSize,OpenPrice,UseSlippage,
      SellStopLoss,SellTakeProfit,"Sell Order",MagicNumber,0,Red);

    BuyTicket = 0;
  }
```

```
        return(0);
    }

//関数PipPoint
double PipPoint(string Currency)
    {
        int CalcDigits = MarketInfo(Currency,MODE_DIGITS);
        if(CalcDigits == 2 || CalcDigits == 3) double CalcPoint = 0.01;
        else if(CalcDigits == 4 || CalcDigits == 5) CalcPoint = 0.0001;
        return(CalcPoint);
    }

//関数GetSlippage
int GetSlippage(string Currency, int SlippagePips)
    {
        int CalcDigits = MarketInfo(Currency,MODE_DIGITS);
        if(CalcDigits == 2 || CalcDigits == 4) double CalcSlippage = SlippagePips;
        else if(CalcDigits == 3 || CalcDigits == 5) CalcSlippage = SlippagePips * 10;
        return(CalcSlippage);
    }
```

待機注文を出すための簡単なEA

逆指値注文を出すための簡単なEAのコード。

```
#property copyright "Andrew Young"

//外部変数
extern double LotSize = 0.1;
extern double StopLoss = 50;
extern double TakeProfit = 100;
extern int PendingPips = 10;

extern int Slippage = 5;
extern int MagicNumber = 123;

extern int FastMAPeriod = 10;
extern int SlowMAPeriod = 20;


//グローバル変数
int BuyTicket;
int SellTicket;
double UsePoint;
int UseSlippage;
```

```
//関数Init
int init()
  {
    UsePoint = PipPoint(Symbol());
    UseSlippage = GetSlippage(Symbol(),Slippage);
  }


//関数Start
int start()
  {
    //移動平均線
    double FastMA = iMA(NULL,0,FastMAPeriod,0,0,0,0);
    double SlowMA = iMA(NULL,0,SlowMAPeriod,0,0,0,0);

    //買い注文
    if(FastMA > SlowMA && BuyTicket == 0)
      {
        OrderSelect(SellTicket,SELECT_BY_TICKET);
        //決済注文
        if(OrderCloseTime() == 0 && SellTicket > 0 && OrderType() == OP_SELL)
          {
            double CloseLots = OrderLots();
            double ClosePrice = Ask;

            bool Closed = OrderClose(SellTicket,CloseLots,ClosePrice,UseSlippage,Red);
          }
        //注文のキャンセル
        else if(OrderCloseTime() == 0 && SellTicket > 0 && OrderType() == OP_SELLSTOP)
          {
            bool Deleted = OrderDelete(SellTicket,Red);
          }

        double PendingPrice = High[0] + (PendingPips * UsePoint);

        //損切り価格と利食い価格の計算
        if(StopLoss > 0) double BuyStopLoss = PendingPrice - (StopLoss * UsePoint);
        if(TakeProfit > 0) double BuyTakeProfit = PendingPrice +
          (TakeProfit * UsePoint);

        //買い注文の発注
        BuyTicket = OrderSend(Symbol(),OP_BUYSTOP,LotSize,PendingPrice,UseSlippage,
          BuyStopLoss,BuyTakeProfit,"Buy Stop Order",MagicNumber,0,Green);

        SellTicket = 0;
      }
```

//売り注文
```
if(FastMA < SlowMA && SellTicket == 0)
   {
      OrderSelect(BuyTicket,SELECT_BY_TICKET);

      if(OrderCloseTime() == 0 && BuyTicket > 0 && OrderType() == OP_BUY)
         {
            CloseLots = OrderLots();
            ClosePrice = Bid;

            Closed = OrderClose(BuyTicket,CloseLots,ClosePrice,UseSlippage,Red);
         }

      else if(OrderCloseTime() == 0 && SellTicket > 0 && OrderType() == OP_BUYSTOP)
         {
            Deleted = OrderDelete(SellTicket,Red);
         }

      PendingPrice = Low[0] - (PendingPips * UsePoint);

      if(StopLoss > 0) double SellStopLoss = PendingPrice + (StopLoss * UsePoint);
      if(TakeProfit > 0) double SellTakeProfit = PendingPrice -
          (TakeProfit * UsePoint);

      SellTicket = OrderSend(Symbol(),OP_SELLSTOP,LotSize,PendingPrice,UseSlippage,
          SellStopLoss,SellTakeProfit,"Sell Stop Order",MagicNumber,0,Red);

      BuyTicket = 0;
   }

   return(0);
}
```

//関数PipPoint
```
double PipPoint(string Currency)
   {
      int CalcDigits = MarketInfo(Currency,MODE_DIGITS);
      if(CalcDigits == 2 || CalcDigits == 3) double CalcPoint = 0.01;
      else if(CalcDigits == 4 || CalcDigits == 5) CalcPoint = 0.0001;
      return(CalcPoint);
   }
```

//関数GetSlippage
```
int GetSlippage(string Currency, int SlippagePips)
   {
      int CalcDigits = MarketInfo(Currency,MODE_DIGITS);
      if(CalcDigits == 2 || CalcDigits == 4) double CalcSlippage = SlippagePips;
      else if(CalcDigits == 3 || CalcDigits == 5) CalcSlippage = SlippagePips * 10;
      return(CalcSlippage);
   }
```

付録B

高度なEA

第3章に出てきた高度な機能を備えたEA（自動売買システム）のコード。

```
#property copyright "Andrew Young"
#include <stdlib.mqh>


//外部変数
extern bool DynamicLotSize = true;
extern double EquityPercent = 2;
extern double FixedLotSize = 0.1;
extern double StopLoss = 50;
extern double TakeProfit = 100;
extern int Slippage = 5;
extern int MagicNumber = 123;
extern int FastMAPeriod = 10;
extern int SlowMAPeriod = 20;


//グローバル変数
int BuyTicket;
int SellTicket;

double UsePoint;
int UseSlippage;

int ErrorCode;


//関数Init
int init()
   {
      UsePoint = PipPoint(Symbol());
      UseSlippage = GetSlippage(Symbol(),Slippage);
   }


//関数Start
int start()
   {

      //移動平均線
```

```
      double FastMA = iMA(NULL,0,FastMAPeriod,0,0,0,1);
      double SlowMA = iMA(NULL,0,SlowMAPeriod,0,0,0,1);
//ロット数の計算
if(DynamicLotSize == true)
   {
      double RiskAmount = AccountEquity() * (EquityPercent / 100);
      double TickValue = MarketInfo(Symbol(),MODE_TICKVALUE);
      if(Point == 0.001 || Point == 0.00001) TickValue *= 10;
      double CalcLots = (RiskAmount / StopLoss) / TickValue;
      double LotSize = CalcLots;
   }
else LotSize = FixedLotSize;


//ロット数の検証
if(LotSize < MarketInfo(Symbol(),MODE_MINLOT))
   {
      LotSize = MarketInfo(Symbol(),MODE_MINLOT);
   }
else if(LotSize > MarketInfo(Symbol(),MODE_MAXLOT))
   {
      LotSize = MarketInfo(Symbol(),MODE_MAXLOT);
   }

if(MarketInfo(Symbol(),MODE_LOTSTEP) == 0.1)
   {
      LotSize = NormalizeDouble(LotSize,1);
   }
else LotSize = NormalizeDouble(LotSize,2);


//買い注文
if(FastMA > SlowMA && BuyTicket == 0)
   {
      //決済注文
      OrderSelect(SellTicket,SELECT_BY_TICKET);

      if(OrderCloseTime() == 0 && SellTicket > 0)
        {
           double CloseLots = OrderLots();

           while(IsTradeContextBusy()) Sleep(10);

           RefreshRates();
           double ClosePrice = Ask;

           bool Closed = OrderClose(SellTicket,CloseLots,ClosePrice,UseSlippage,Red);

           //エラー処理
           if(Closed == false)
             {
                ErrorCode = GetLastError();
                string ErrDesc = ErrorDescription(ErrorCode);
```

```
            string ErrAlert = StringConcatenate("Close Sell Order - Error ",
                ErrorCode,": ",ErrDesc);
            Alert(ErrAlert);

            string ErrLog = StringConcatenate("Ask: ",Ask," Lots: ",LotSize,
                " Ticket: ",SellTicket);
            Print(ErrLog);
         }

    }
//買い注文の発注
while(IsTradeContextBusy()) Sleep(10);
RefreshRates();

BuyTicket = OrderSend(Symbol(),OP_BUY,LotSize,Ask,UseSlippage,0,0,
    "Buy Order",MagicNumber,0,Green);

//エラー処理
if(BuyTicket == -1)
    {
        ErrorCode = GetLastError();
        ErrDesc = ErrorDescription(ErrorCode);

        ErrAlert = StringConcatenate("Open Buy Order - Error ",ErrorCode,
            ": ",ErrDesc);
        Alert(ErrAlert);

        ErrLog = StringConcatenate("Ask: ",Ask," Lots: ",LotSize);
        Print(ErrLog);
    }
//注文の変更
else
    {
        OrderSelect(BuyTicket,SELECT_BY_TICKET);
        double OpenPrice = OrderOpenPrice();

        //ストップレベルの計算
        double StopLevel = MarketInfo(Symbol(),MODE_STOPLEVEL) * Point;

        RefreshRates();
        double UpperStopLevel = Ask + StopLevel;
        double LowerStopLevel = Bid - StopLevel;

        double MinStop = 5 * UsePoint;

        //損切り価格と利食い価格の計算
        if(StopLoss > 0) double BuyStopLoss = OpenPrice - (StopLoss * UsePoint);

        if(TakeProfit > 0) double BuyTakeProfit = OpenPrice +
            (TakeProfit * UsePoint);
```

```
            //損切り価格と利食い価格の検証
            if(BuyStopLoss > 0 && BuyStopLoss > LowerStopLevel)
               {
                  BuyStopLoss = LowerStopLevel - MinStop;
               }

            if(BuyTakeProfit > 0 && BuyTakeProfit < UpperStopLevel)
               {
                  BuyTakeProfit = UpperStopLevel + MinStop;
               }

            //注文の変更
            if(IsTradeContextBusy()) Sleep(10);

            if(BuyStopLoss > 0 || BuyTakeProfit > 0)
               {
                  bool TicketMod = OrderModify(BuyTicket,OpenPrice,BuyStopLoss,
                     BuyTakeProfit,0);

                  //エラー処理
                  if(TicketMod == false)
                     {
                        ErrorCode = GetLastError();
                        ErrDesc = ErrorDescription(ErrorCode);

                        ErrAlert = StringConcatenate("Modify Buy Order - Error ",ErrorCode,
                           ": ",ErrDesc);
                        Alert(ErrAlert);

                        ErrLog = StringConcatenate("Ask: ",Ask," Bid: ",Bid," Ticket: ",
                           BuyTicket," Stop: ",BuyStopLoss," Profit: ",BuyTakeProfit);
                        Print(ErrLog);
                     }
               }
         }

      SellTicket = 0;
   }


//売り注文
if(FastMA < SlowMA && SellTicket == 0)
   {
      OrderSelect(BuyTicket,SELECT_BY_TICKET);

      if(OrderCloseTime() == 0 && BuyTicket > 0)
         {
            CloseLots = OrderLots();

            while(IsTradeContextBusy()) Sleep(10);

            RefreshRates();
```

```
        ClosePrice = Bid;

        Closed = OrderClose(BuyTicket,CloseLots,ClosePrice,UseSlippage,Red);

        //エラー処理
        if(Closed == false)
           {
              ErrorCode = GetLastError();
              ErrDesc = ErrorDescription(ErrorCode);

              ErrAlert = StringConcatenate("Close Buy Order - Error ",ErrorCode,
                 ": ",ErrDesc);
              Alert(ErrAlert);

              ErrLog = StringConcatenate("Bid: ",Bid," Lots: ",LotSize," Ticket: ",
                 BuyTicket);
              Print(ErrLog);
           }
     }

while(IsTradeContextBusy()) Sleep(10);
RefreshRates();

SellTicket = OrderSend(Symbol(),OP_SELL,LotSize,Bid,UseSlippage,0,0,
   "Sell Order",MagicNumber,0,Red);

//エラー処理
if(SellTicket == -1)
   {
      ErrorCode = GetLastError();
      ErrDesc = ErrorDescription(ErrorCode);

      ErrAlert = StringConcatenate("Open Sell Order - Error ",ErrorCode,
         ": ",ErrDesc);
      Alert(ErrAlert);

      ErrLog = StringConcatenate("Bid: ",Bid," Lots: ",LotSize);
      Print(ErrLog);
   }
else
   {
      OrderSelect(SellTicket,SELECT_BY_TICKET);
      OpenPrice = OrderOpenPrice();

      StopLevel = MarketInfo(Symbol(),MODE_STOPLEVEL) * Point;

      RefreshRates();
      UpperStopLevel = Ask + StopLevel;
      LowerStopLevel = Bid - StopLevel;

      MinStop = 5 * UsePoint;
      if(StopLoss > 0) double SellStopLoss = OpenPrice + (StopLoss * UsePoint);
```

```
                if(TakeProfit > 0) double SellTakeProfit = OpenPrice -
                    (TakeProfit * UsePoint);

                if(SellStopLoss > 0 && SellStopLoss < UpperStopLevel)
                  {
                    SellStopLoss = UpperStopLevel + MinStop;
                  }
                if(SellTakeProfit  > 0 && SellTakeProfit > LowerStopLevel)
                  {
                    SellTakeProfit = LowerStopLevel - MinStop;
                  }

                if(IsTradeContextBusy()) Sleep(10);

                if(SellStopLoss > 0 || SellTakeProfit > 0)
                  {
                    TicketMod = OrderModify(SellTicket,OpenPrice,SellStopLoss,
                       SellTakeProfit,0);

                    //エラー処理
                    if(TicketMod == false)
                      {
                        ErrorCode = GetLastError();
                        ErrDesc = ErrorDescription(ErrorCode);

                        ErrAlert = StringConcatenate("Modify Sell Order - Error ",
                            ErrorCode,": ",ErrDesc);
                        Alert(ErrAlert);

                        ErrLog = StringConcatenate("Ask: ",Ask," Bid: ",Bid," Ticket: ",
                            SellTicket," Stop: ",SellStopLoss," Profit: ",SellTakeProfit);
                        Print(ErrLog);
                      }
                  }
              }

        BuyTicket = 0;
      }
    return(0);
  }

//関数PipPoint
double PipPoint(string Currency)
  {
    int CalcDigits = MarketInfo(Currency,MODE_DIGITS);
    if(CalcDigits == 2 || CalcDigits == 3) double CalcPoint = 0.01;
    else if(CalcDigits == 4 || CalcDigits == 5) CalcPoint = 0.0001;
    return(CalcPoint);
  }

//関数GetSlippage
int GetSlippage(string Currency, int SlippagePips)
  {
    int CalcDigits = MarketInfo(Currency,MODE_DIGITS);
    if(CalcDigits == 2 || CalcDigits == 4) double CalcSlippage = SlippagePips;
    else if(CalcDigits == 3 || CalcDigits == 5) CalcSlippage = SlippagePips * 10;
    return(CalcSlippage);
  }
```

待機注文を出すための高度なEA

逆指値注文を出すための高度なEAのコード。

```
#include <stdlib.mqh>

//外部変数
extern int PendingPips = 20;
extern double LotSize = 0.1;
extern double StopLoss = 50;
extern double TakeProfit = 100;
extern int Slippage = 5;
extern int MagicNumber = 123;
extern int FastMAPeriod = 10;
extern int SlowMAPeriod = 20;


//グローバル変数
int BuyTicket;
int SellTicket;
double UsePoint;
int UseSlippage;
int ErrorCode;


//関数Init
int init()
   {
      UsePoint = PipPoint(Symbol());
      UseSlippage = GetSlippage(Symbol(),Slippage);
   }


//関数Start
int start()
   {

      //移動平均線
      double FastMA = iMA(NULL,0,FastMAPeriod,0,0,0,0);
      double SlowMA = iMA(NULL,0,SlowMAPeriod,0,0,0,0);
```

```mql4
//買い注文
if(FastMA > SlowMA && BuyTicket == 0)
  {
    //決済注文
    OrderSelect(SellTicket,SELECT_BY_TICKET);

    if(OrderCloseTime() == 0 && SellTicket > 0 && OrderType() == OP_SELL)
      {
        double CloseLots = OrderLots();

        while(IsTradeContextBusy()) Sleep(10);
        RefreshRates();
        double ClosePrice = Ask;

        bool Closed = OrderClose(SellTicket,CloseLots,ClosePrice,UseSlippage,Red);

        //エラー処理
        if(Closed == false)
          {
            ErrorCode = GetLastError();
            string ErrDesc = ErrorDescription(ErrorCode);

            string ErrAlert = StringConcatenate("Close Sell Order - Error ",
              ErrorCode,": ",ErrDesc);
            Alert(ErrAlert);

            string ErrLog = StringConcatenate("Ask: ",Ask," Lots: ",LotSize,
              " Ticket: ",SellTicket);
            Print(ErrLog);
          }
      }

    //注文のキャンセル
    else if(OrderCloseTime() == 0 && SellTicket > 0 && OrderType() == OP_SELLSTOP)
      {
        bool Deleted = OrderDelete(SellTicket,Red);
        if(Deleted == true) SellTicket = 0;

        //エラー処理
        if(Deleted == false)
          {
            ErrorCode = GetLastError();
            ErrDesc = ErrorDescription(ErrorCode);

            ErrAlert = StringConcatenate("Delete Sell Stop Order - Error ",
              ErrorCode,": ",ErrDesc);
            Alert(ErrAlert);

            ErrLog = StringConcatenate("Ask: ",Ask," Ticket: ",SellTicket);
            Print(ErrLog);
          }
      }
```

```
//ストップレベルの計算
double StopLevel = MarketInfo(Symbol(),MODE_STOPLEVEL) * Point;
RefreshRates();
double UpperStopLevel = Ask + StopLevel;
double MinStop = 5 * UsePoint;

//待機注文価格の計算
double PendingPrice = High[0] + (PendingPips * UsePoint);
if(PendingPrice < UpperStopLevel) PendingPrice = UpperStopLevel + MinStop;

//損切り価格と利食い価格の計算
if(StopLoss > 0) double BuyStopLoss = PendingPrice - (StopLoss * UsePoint);
if(TakeProfit > 0) double BuyTakeProfit = PendingPrice +
   (TakeProfit * UsePoint);

//損切り価格と利食い価格の検証
UpperStopLevel = PendingPrice + StopLevel;
double LowerStopLevel = PendingPrice - StopLevel;

if(BuyStopLoss > 0 && BuyStopLoss > LowerStopLevel)
  {
     BuyStopLoss = LowerStopLevel - MinStop;
  }

if(BuyTakeProfit > 0 && BuyTakeProfit < UpperStopLevel)
  {
     BuyTakeProfit = UpperStopLevel + MinStop;
  }

//待機注文の発注
if(IsTradeContextBusy()) Sleep(10);

BuyTicket = OrderSend(Symbol(),OP_BUYSTOP,LotSize,PendingPrice,UseSlippage,
   BuyStopLoss,BuyTakeProfit,"Buy Stop Order",MagicNumber,0,Green);

//エラー処理
if(BuyTicket == -1)
  {
     ErrorCode = GetLastError();
     ErrDesc = ErrorDescription(ErrorCode);

     ErrAlert = StringConcatenate("Open Buy Stop Order - Error ",ErrorCode,
        ": ",ErrDesc);
     Alert(ErrAlert);

     ErrLog = StringConcatenate("Ask: ",Ask," Lots: ",LotSize," Price: ",
        PendingPrice," Stop: ",BuyStopLoss," Profit: ",BuyTakeProfit);
     Print(ErrLog);
  }

  SellTicket = 0;
}
```

```
//売り注文
if(FastMA < SlowMA && SellTicket == 0)
  {
     OrderSelect(BuyTicket,SELECT_BY_TICKET);

     if(OrderCloseTime() == 0 && BuyTicket > 0 && OrderType() == OP_BUY)
        {
           CloseLots = OrderLots();

           while(IsTradeContextBusy()) Sleep(10);

           RefreshRates();
           ClosePrice = Bid;

           Closed = OrderClose(BuyTicket,CloseLots,ClosePrice,UseSlippage,Red);

           if(Closed == false)
             {
                ErrorCode = GetLastError();
                ErrDesc = ErrorDescription(ErrorCode);

                ErrAlert = StringConcatenate("Close Buy Order - Error ",ErrorCode,
                   ": ",ErrDesc);
                Alert(ErrAlert);

                ErrLog = StringConcatenate("Bid: ",Bid," Lots: ",LotSize," Ticket: ",
                   BuyTicket);
                Print(ErrLog);
             }
        }

     else if(OrderCloseTime() == 0 && BuyTicket > 0 && OrderType() == OP_BUYSTOP)
        {
           while(IsTradeContextBusy()) Sleep(10);
           Closed = OrderDelete(BuyTicket,Red);

           if(Deleted == false)
             {
                ErrorCode = GetLastError();
                ErrDesc = ErrorDescription(ErrorCode);

                ErrAlert = StringConcatenate("Delete Buy Stop Order - Error ",
                   ErrorCode,": ",ErrDesc);
                Alert(ErrAlert);

                ErrLog = StringConcatenate("Bid: ",Bid," Ticket: ",BuyTicket);
                Print(ErrLog);
             }
        }

     StopLevel = MarketInfo(Symbol(),MODE_STOPLEVEL) * Point;
     RefreshRates();
     LowerStopLevel = Bid - StopLevel;
```

```
        MinStop = 5 * UsePoint;

        PendingPrice = Low[0] - (PendingPips * UsePoint);
        if(PendingPrice > LowerStopLevel) PendingPrice = LowerStopLevel - MinStop;

        if(StopLoss > 0) double SellStopLoss = PendingPrice + (StopLoss * UsePoint);
        if(TakeProfit > 0) double SellTakeProfit = PendingPrice -
          (TakeProfit * UsePoint);

        UpperStopLevel = PendingPrice + StopLevel;
        LowerStopLevel = PendingPrice - StopLevel;

        if(SellStopLoss > 0 && SellStopLoss < UpperStopLevel)
          {
            SellStopLoss = UpperStopLevel + MinStop;
          }
        if(SellTakeProfit  > 0 && SellTakeProfit > LowerStopLevel)
          {
            SellTakeProfit = LowerStopLevel - MinStop;
          }

        if(IsTradeContextBusy()) Sleep(10);

        SellTicket = OrderSend(Symbol(),OP_SELLSTOP,LotSize,PendingPrice,UseSlippage,
          SellStopLoss,SellTakeProfit,"Sell Stop Order",MagicNumber,0,Red);

        if(SellTicket == -1)
          {
            ErrorCode = GetLastError();
            ErrDesc = ErrorDescription(ErrorCode);

            ErrAlert = StringConcatenate("Open Sell Stop Order - Error ",ErrorCode,
              ": ",ErrDesc);
            Alert(ErrAlert);

            ErrLog = StringConcatenate("Bid: ",Bid," Lots: ",LotSize," Price: ",
              PendingPrice," Stop: ",SellStopLoss," Profit: ",SellTakeProfit);
            Print(ErrLog);
          }

        BuyTicket = 0;
      }
    return(0);
  }
```

```
//関数PipPoint
double PipPoint(string Currency)
   {
      int CalcDigits = MarketInfo(Currency,MODE_DIGITS);
      if(CalcDigits == 2 || CalcDigits == 3) double CalcPoint = 0.01;
      else if(CalcDigits == 4 || CalcDigits == 5) CalcPoint = 0.0001;
      return(CalcPoint);
   }

//関数GetSlippage
int GetSlippage(string Currency, int SlippagePips)
   {
      int CalcDigits = MarketInfo(Currency,MODE_DIGITS);
      if(CalcDigits == 2 || CalcDigits == 4) double CalcSlippage = SlippagePips;
      else if(CalcDigits == 3 || CalcDigits == 5) CalcSlippage = SlippagePips * 10;
      return(CalcSlippage);
   }
```

付録C

関数を使ったEA

第4章で紹介した関数を使ったEA（自動売買システム）に、第5章で紹介した「すべてのポジションや待機注文を同時にを決済したりキャンセルする」ための関数とトレイリングストップ関数、および第7章で紹介した「足単位で実行する」機能を追加したコードは以下のとおりだ。

用いる関数はIncludeExample.mqhのなかで定義している。内容は**付録D**を参照してもらいたい。

```
//プロプロセッサー命令
#property copyright "Andrew Young"
#include <IncludeExample.mqh>

//外部変数
extern bool DynamicLotSize = true;
extern double EquityPercent = 2;
extern double FixedLotSize = 0.1;

extern double StopLoss = 50;
extern double TakeProfit = 100;

extern int TrailingStop = 50;
extern int MinimumProfit = 50;

extern int Slippage = 5;
extern int MagicNumber = 123;

extern int FastMAPeriod = 10;
extern int SlowMAPeriod = 20;

extern bool CheckOncePerBar = true;


//グローバル変数
int BuyTicket;
int SellTicket;
```

```
double UsePoint;
int UseSlippage;
datetime CurrentTimeStamp;

//関数Init
int init()
  {
     UsePoint = PipPoint(Symbol());
     UseSlippage = GetSlippage(Symbol(),Slippage);
  }


//関数Start
int start()
  {

     //足単位で実行
     if(CheckOncePerBar == true)
        {
           int BarShift = 1;
           if(CurrentTimeStamp != Time[0])
             {
                CurrentTimeStamp = Time[0];
                bool NewBar = true;
             }
           else NewBar = false;
        }
     else
        {
           NewBar = true;
           BarShift = 0;
        }


     //移動平均線
     double FastMA = iMA(NULL,0,FastMAPeriod,0,0,0,BarShift);
     double SlowMA = iMA(NULL,0,SlowMAPeriod,0,0,0,BarShift);

     double LastFastMA = iMA(NULL,0,FastMAPeriod,0,0,0,BarShift+1);
     double LastSlowMA = iMA(NULL,0,SlowMAPeriod,0,0,0,BarShift+1);


     //取引枚数の計算
     double LotSize = CalcLotSize(DynamicLotSize,EquityPercent,StopLoss,FixedLotSize);
     LotSize = VerifyLotSize(LotSize);


     //ここからトレーディングブロック
     if(NewBar == true)
        {

           //買い注文
           if(FastMA > SlowMA && LastFastMA <= LastSlowMA &&
             BuyMarketCount(Symbol(),MagicNumber) == 0)
             {
```

```
    //売りポジションの決済
    if(SellMarketCount(Symbol(),MagicNumber) > 0)
    {
        CloseAllSellOrders(Symbol(),MagicNumber,Slippage);
    }
    //買い注文の発注
    BuyTicket = OpenBuyOrder(Symbol(),LotSize,UseSlippage,MagicNumber);

    //注文の変更
    if(BuyTicket > 0 && (StopLoss > 0 || TakeProfit > 0))
    {
        OrderSelect(BuyTicket,SELECT_BY_TICKET);
        double OpenPrice = OrderOpenPrice();

        //損切り価格と利食い価格の計算と検証
        double BuyStopLoss = CalcBuyStopLoss(Symbol(),StopLoss,OpenPrice);
        if(BuyStopLoss > 0) BuyStopLoss = AdjustBelowStopLevel(Symbol(),
            BuyStopLoss,5);

        double BuyTakeProfit = CalcBuyTakeProfit(Symbol(),TakeProfit,
            OpenPrice);
        if(BuyTakeProfit > 0) BuyTakeProfit = AdjustAboveStopLevel(Symbol(),
            BuyTakeProfit,5);

        //損切りと利食いを加える
        AddStopProfit(BuyTicket,BuyStopLoss,BuyTakeProfit);
    }
}

//売り注文
if(FastMA < SlowMA && LastFastMA >= LastSlowMA
    && SellMarketCount(Symbol(),MagicNumber) == 0)
{
    if(BuyMarketCount(Symbol(),MagicNumber) > 0)
    {
        CloseAllBuyOrders(Symbol(),MagicNumber,Slippage);
    }

    SellTicket = OpenSellOrder(Symbol(),LotSize,UseSlippage,MagicNumber);

    if(SellTicket > 0 && (StopLoss > 0 || TakeProfit > 0))
    {
        OrderSelect(SellTicket,SELECT_BY_TICKET);
        OpenPrice = OrderOpenPrice();

        double SellStopLoss = CalcSellStopLoss(Symbol(),StopLoss,OpenPrice);
        if(SellStopLoss > 0) SellStopLoss = AdjustAboveStopLevel(Symbol(),
            SellStopLoss,5);

        double SellTakeProfit = CalcSellTakeProfit(Symbol(),TakeProfit,
            OpenPrice);
```

```
                if(SellTakeProfit > 0) SellTakeProfit = AdjustBelowStopLevel(Symbol(),
                    SellTakeProfit,5);

                AddStopProfit(SellTicket,SellStopLoss,SellTakeProfit);
            }
        }
    } //ここでトレーディングブロックが終了

//トレイリングストップの調整
    if(BuyMarketCount(Symbol(),MagicNumber) > 0 && TrailingStop > 0)
    {
        BuyTrailingStop(Symbol(),TrailingStop,MinimumProfit,MagicNumber);
    }

    if(SellMarketCount(Symbol(),MagicNumber) > 0 && TrailingStop > 0)
    {
        SellTrailingStop(Symbol(),TrailingStop,MinimumProfit,MagicNumber);
    }

    return(0);
}
```

関数を使ったEA──待機注文

関数を使った逆指値注文を出すためのEAのコード。

```
//プロプロセッサー命令
#property copyright "Andrew Young"
#include <IncludeExample.mqh>


//外部変数
extern bool DynamicLotSize = true;
extern double EquityPercent = 2;
extern double FixedLotSize = 0.1;

extern double StopLoss = 50;
extern double TakeProfit = 100;

extern int TrailingStop = 50;
extern int MinimumProfit = 50;

extern int PendingPips = 1;

extern int Slippage = 5;
extern int MagicNumber = 123;
```

```
extern int FastMAPeriod = 10;
extern int SlowMAPeriod = 20;

extern bool CheckOncePerBar = true;


//グローバル変数
int BuyTicket;
int SellTicket;

double UsePoint;
int UseSlippage;

datetime CurrentTimeStamp;


//関数Init
int init()
  {
    UsePoint = PipPoint(Symbol());
    UseSlippage = GetSlippage(Symbol(),Slippage);

    CurrentTimeStamp = Time[0];
  }


//関数Start
int start()
  {
     //足単位で実行
     if(CheckOncePerBar == true)
       {
          int BarShift = 1;
          if(CurrentTimeStamp != Time[0])
            {
               CurrentTimeStamp = Time[0];
               bool NewBar = true;
            }
          else NewBar = false;
       }
     else
       {
          NewBar = true;
          BarShift = 0;
       }


     //移動平均線
     double FastMA = iMA(NULL,0,FastMAPeriod,0,0,0,BarShift);
     double SlowMA = iMA(NULL,0,SlowMAPeriod,0,0,0,BarShift);
```

```
//ロット数の計算
double LotSize = CalcLotSize(DynamicLotSize,EquityPercent,StopLoss,FixedLotSize);
LotSize = VerifyLotSize(LotSize);


//ここからトレーディングブロック
if(NewBar == true)
  {

    //買い注文
    if(FastMA > SlowMA && BuyTicket == 0 && BuyMarketCount(Symbol(),MagicNumber)
       == 0 && BuyStopCount(Symbol(),MagicNumber) == 0)
      {
        //売りポジションの決済
        if(SellMarketCount(Symbol(),MagicNumber) > 0)
          {
             CloseAllSellOrders(Symbol(),MagicNumber,Slippage);
          }
        //売りの逆指値注文のキャンセル
        if(SellStopCount(Symbol(),MagicNumber) > 0)
          {
             CloseAllSellStopOrders(Symbol(),MagicNumber);
          }

        SellTicket = 0;

        double PendingPrice = High[BarShift] + (PendingPips * UsePoint);
        PendingPrice = AdjustAboveStopLevel(Symbol(),PendingPrice,5);

        double BuyStopLoss = CalcBuyStopLoss(Symbol(),StopLoss,PendingPrice);
        if(BuyStopLoss > 0) BuyStopLoss = AdjustBelowStopLevel(Symbol(),BuyStopLoss,
           5,PendingPrice);

        double BuyTakeProfit = CalcBuyTakeProfit(Symbol(),TakeProfit,PendingPrice);
        if(BuyTakeProfit > 0) BuyTakeProfit = AdjustAboveStopLevel(Symbol(),
           BuyTakeProfit,5,PendingPrice);

        BuyTicket = OpenBuyStopOrder(Symbol(),LotSize,PendingPrice,BuyStopLoss,
           BuyTakeProfit,UseSlippage,MagicNumber);
      }


    //売り注文
    if(FastMA < SlowMA && SellTicket == 0
       && SellMarketCount(Symbol(),MagicNumber) == 0
       && SellStopCount(Symbol(),MagicNumber) == 0)
      {
         if(BuyMarketCount(Symbol(),MagicNumber) > 0)
           {
              CloseAllBuyOrders(Symbol(),MagicNumber,Slippage);
           }
```

```
        if(BuyStopCount(Symbol(),MagicNumber) > 0)
        {
            CloseAllBuyStopOrders(Symbol(),MagicNumber);
        }

        BuyTicket = 0;

        PendingPrice = Low[BarShift] - (PendingPips * UsePoint);
        PendingPrice = AdjustBelowStopLevel(Symbol(),PendingPrice,5);

        double SellStopLoss = CalcSellStopLoss(Symbol(),StopLoss,PendingPrice);
        if(SellStopLoss > 0) SellStopLoss = AdjustAboveStopLevel(Symbol(),
            SellStopLoss,5,PendingPrice);

        double SellTakeProfit = CalcSellTakeProfit(Symbol(),TakeProfit,
            PendingPrice);
        if(SellTakeProfit > 0) AdjustBelowStopLevel(Symbol(),
            SellTakeProfit,5,PendingPrice);

        SellTicket = OpenSellStopOrder(Symbol(),LotSize,PendingPrice,SellStopLoss,
            SellTakeProfit,UseSlippage,MagicNumber);
    }
} //ここでトレーディングブロックが終了

//トレイリングストップの調整
if(BuyMarketCount(Symbol(),MagicNumber) > 0 && TrailingStop > 0)
{
    BuyTrailingStop(Symbol(),TrailingStop,MinimumProfit,MagicNumber);
}

if(SellMarketCount(Symbol(),MagicNumber) > 0 && TrailingStop > 0)
{
    SellTrailingStop(Symbol(),TrailingStop,MinimumProfit,MagicNumber);
}


return(0);
}
```

付録D

インクルードファイル

付録Cに収録されたEAで使われる関数を保存したインクルードファイル。

```
#property copyright "Andrew Young"
#include <stdlib.mqh>

double CalcLotSize(bool argDynamicLotSize, double argEquityPercent,double argStopLoss,
  double argFixedLotSize)
   {
      if(argDynamicLotSize == true && argStopLoss > 0)
         {
            double RiskAmount = AccountEquity() * (argEquityPercent / 100);
            double TickValue = MarketInfo(Symbol(),MODE_TICKVALUE);
            if(Point == 0.001 || Point == 0.00001) TickValue *= 10;
            double LotSize = (RiskAmount / argStopLoss) / TickValue;
         }
      else LotSize = argFixedLotSize;

      return(LotSize);
   }


double VerifyLotSize(double argLotSize)
   {
      if(argLotSize < MarketInfo(Symbol(),MODE_MINLOT))
         {
            argLotSize = MarketInfo(Symbol(),MODE_MINLOT);
         }
      else if(argLotSize > MarketInfo(Symbol(),MODE_MAXLOT))
         {
            argLotSize = MarketInfo(Symbol(),MODE_MAXLOT);
         }

      if(MarketInfo(Symbol(),MODE_LOTSTEP) == 0.1)
         {
            argLotSize = NormalizeDouble(argLotSize,1);
         }
      else argLotSize = NormalizeDouble(argLotSize,2);

      return(argLotSize);
   }
```

```
int OpenBuyOrder(string argSymbol, double argLotSize, double argSlippage,
  double argMagicNumber, string argComment = "Buy Order")
{
  while(IsTradeContextBusy()) Sleep(10);

  //買い注文の発注
  int Ticket = OrderSend(argSymbol,OP_BUY,argLotSize,MarketInfo(argSymbol,MODE_ASK),
    argSlippage,0,0,argComment,argMagicNumber,0,Green);

  //エラー処理
  if(Ticket == -1)
    {
      int ErrorCode = GetLastError();
      string ErrDesc = ErrorDescription(ErrorCode);

      string ErrAlert = StringConcatenate("Open Buy Order - Error ",ErrorCode,": ",
        ErrDesc);
      Alert(ErrAlert);

      string ErrLog = StringConcatenate("Bid: ",MarketInfo(argSymbol,MODE_BID),
        " Ask: ",MarketInfo(argSymbol,MODE_ASK)," Lots: ",argLotSize);
      Print(ErrLog);
    }
  return(Ticket);
}


int OpenSellOrder(string argSymbol, double argLotSize, double argSlippage,
  double argMagicNumber, string argComment = "Sell Order")
{
  while(IsTradeContextBusy()) Sleep(10);

  //売り注文の発注
  int Ticket = OrderSend(argSymbol,OP_SELL,argLotSize,MarketInfo(argSymbol,MODE_BID),
    argSlippage,0,0,argComment,argMagicNumber,0,Red);

  //エラー処理
  if(Ticket == -1)
    {
      int ErrorCode = GetLastError();
      string ErrDesc = ErrorDescription(ErrorCode);

      string ErrAlert = StringConcatenate("Open Sell Order - Error ",ErrorCode,
        ": ",ErrDesc);
      Alert(ErrAlert);

      string ErrLog = StringConcatenate("Bid: ",MarketInfo(argSymbol,MODE_BID),
        " Ask: ",MarketInfo(argSymbol,MODE_ASK)," Lots: ",argLotSize);
      Print(ErrLog);
    }
  return(Ticket);
}
```

```
int OpenBuyStopOrder(string argSymbol, double argLotSize, double argPendingPrice,
  double argStopLoss, double argTakeProfit, double argSlippage, double argMagicNumber,
  datetime argExpiration = 0, string argComment = "Buy Stop Order")
{
    while(IsTradeContextBusy()) Sleep(10);

    //買いの逆指値注文の発注
    int Ticket = OrderSend(argSymbol,OP_BUYSTOP,argLotSize,argPendingPrice,argSlippage,
       argStopLoss,argTakeProfit,argComment,argMagicNumber,argExpiration,Green);

    //エラー処理
    if(Ticket == -1)
      {
         int ErrorCode = GetLastError();
         string ErrDesc = ErrorDescription(ErrorCode);

         string ErrAlert = StringConcatenate("Open Buy Stop Order - Error ",ErrorCode,
            ": ",ErrDesc);
         Alert(ErrAlert);

         string ErrLog = StringConcatenate("Ask: ",MarketInfo(argSymbol,MODE_ASK),
            " Lots: ",argLotSize," Price: ",argPendingPrice," Stop: ",argStopLoss,
            " Profit: ",argTakeProfit," Expiration: ",TimeToStr(argExpiration));
         Print(ErrLog);
      }

    return(Ticket);
}


int OpenSellStopOrder(string argSymbol, double argLotSize, double argPendingPrice,
  double argStopLoss, double argTakeProfit, double argSlippage, double argMagicNumber,
  datetime argExpiration = 0, string argComment = "Sell Stop Order")
{
    while(IsTradeContextBusy()) Sleep(10);

    //売りの逆指値注文の発注
    int Ticket = OrderSend(argSymbol,OP_SELLSTOP,argLotSize,argPendingPrice,argSlippage,
       argStopLoss,argTakeProfit,argComment,argMagicNumber,argExpiration,Red);

    //エラー処理
    if(Ticket == -1)
      {
         int ErrorCode = GetLastError();
         string ErrDesc = ErrorDescription(ErrorCode);

         string ErrAlert = StringConcatenate("Open Sell Stop Order - Error ",ErrorCode,
            ": ",ErrDesc);
         Alert(ErrAlert);

         string ErrLog = StringConcatenate("Bid: ",MarketInfo(argSymbol,MODE_BID),
            " Lots: ",argLotSize," Price: ",argPendingPrice," Stop: ",argStopLoss,
            " Profit: ",argTakeProfit," Expiration: ",TimeToStr(argExpiration));
```

```
            Print(ErrLog);
         }

      return(Ticket);
   }


int OpenBuyLimitOrder(string argSymbol, double argLotSize, double argPendingPrice,
   double argStopLoss, double argTakeProfit, double argSlippage, double argMagicNumber,
   datetime argExpiration, string argComment = "Buy Limit Order")
   {
      while(IsTradeContextBusy()) Sleep(10);

      //買いの指値注文の発注
         int Ticket = OrderSend(argSymbol,OP_BUYLIMIT,argLotSize,argPendingPrice,argSlippage,
            argStopLoss,argTakeProfit,argComment,argMagicNumber,argExpiration,Green);

      //エラー処理
         if(Ticket == -1)
         {
            int ErrorCode = GetLastError();
            string ErrDesc = ErrorDescription(ErrorCode);

            string ErrAlert = StringConcatenate("Open Buy Limit Order - Error ",ErrorCode,
               ": ",ErrDesc);
            Alert(ErrAlert);

            string ErrLog = StringConcatenate("Bid: ",MarketInfo(argSymbol,MODE_BID),
               " Lots: ",argLotSize," Price: ",argPendingPrice," Stop: ",argStopLoss,
               " Profit: ",argTakeProfit," Expiration: ",TimeToStr(argExpiration));
            Print(ErrLog);
         }

      return(Ticket);
   }


int OpenSellLimitOrder(string argSymbol, double argLotSize, double argPendingPrice,
   double argStopLoss, double argTakeProfit, double argSlippage, double argMagicNumber,
   datetime argExpiration, string argComment = "Sell Limit Order")
   {
      while(IsTradeContextBusy()) Sleep(10);

      //売りの指値注文の発注
         int Ticket = OrderSend(argSymbol,OP_SELLLIMIT,argLotSize,argPendingPrice,argSlippage,
            argStopLoss,argTakeProfit,argComment,argMagicNumber,argExpiration,Red);

      //エラー処理
         if(Ticket == -1)
         {
            int ErrorCode = GetLastError();
            string ErrDesc = ErrorDescription(ErrorCode);
```

```
            string ErrAlert = StringConcatenate("Open Sell Stop Order - Error ",ErrorCode,
                ": ",ErrDesc);
            Alert(ErrAlert);

            string ErrLog = StringConcatenate("Ask: ",MarketInfo(argSymbol,MODE_ASK),
                " Lots: ",argLotSize," Price: ",argPendingPrice," Stop: ",argStopLoss,
                " Profit: ",argTakeProfit," Expiration: ",TimeToStr(argExpiration));
            Print(ErrLog);
        }
        return(Ticket);
}


double PipPoint(string Currency)
{
    int CalcDigits = MarketInfo(Currency,MODE_DIGITS);
    if(CalcDigits == 2 || CalcDigits == 3) double CalcPoint = 0.01;
    else if(CalcDigits == 4 || CalcDigits == 5) CalcPoint = 0.0001;
    return(CalcPoint);
}


int GetSlippage(string Currency, int SlippagePips)
{
    int CalcDigits = MarketInfo(Currency,MODE_DIGITS);
    if(CalcDigits == 2 || CalcDigits == 4) double CalcSlippage = SlippagePips;
    else if(CalcDigits == 3 || CalcDigits == 5) CalcSlippage = SlippagePips * 10;
    return(CalcSlippage);
}


bool CloseBuyOrder(string argSymbol, int argCloseTicket, double argSlippage)
{
    OrderSelect(argCloseTicket,SELECT_BY_TICKET);

    if(OrderCloseTime() == 0)
    {
        double CloseLots = OrderLots();

        while(IsTradeContextBusy()) Sleep(10);

        double ClosePrice = MarketInfo(argSymbol,MODE_BID);
        bool Closed = OrderClose(argCloseTicket,CloseLots,ClosePrice,argSlippage,Green);

        if(Closed == false)
        {
            int ErrorCode = GetLastError();
            string ErrDesc = ErrorDescription(ErrorCode);

            string ErrAlert = StringConcatenate("Close Buy Order - Error: ",ErrorCode,
                ": ",ErrDesc);
            Alert(ErrAlert);
```

```
            string ErrLog = StringConcatenate("Ticket: ",argCloseTicket," Bid: ",
              MarketInfo(argSymbol,MODE_BID));
            Print(ErrLog);
         }
      }

      return(Closed);
   }


  bool CloseSellOrder(string argSymbol, int argCloseTicket, double argSlippage)
   {
      OrderSelect(argCloseTicket,SELECT_BY_TICKET);

      if(OrderCloseTime() == 0)
         {
            double CloseLots = OrderLots();

            while(IsTradeContextBusy()) Sleep(10);

            double ClosePrice = MarketInfo(argSymbol,MODE_ASK);
            bool Closed = OrderClose(argCloseTicket,CloseLots,ClosePrice,argSlippage,Red);

            if(Closed == false)
               {
                  int ErrorCode = GetLastError();
                  string ErrDesc = ErrorDescription(ErrorCode);

                  string ErrAlert = StringConcatenate("Close Sell Order - Error: ",ErrorCode,
                     ": ",ErrDesc);
                  Alert(ErrAlert);

                  string ErrLog = StringConcatenate("Ticket: ",argCloseTicket,
                     " Ask: ",MarketInfo(argSymbol,MODE_ASK));
                  Print(ErrLog);
               }
         }
      return(Closed);
   }


  bool ClosePendingOrder(string argSymbol, int argCloseTicket)
   {
      OrderSelect(argCloseTicket,SELECT_BY_TICKET);

      if(OrderCloseTime() == 0)
         {
            while(IsTradeContextBusy()) Sleep(10);
            bool Deleted = OrderDelete(argCloseTicket,Red);

            if(Deleted == false)
               {
                  int ErrorCode = GetLastError();
```

```
            string ErrDesc = ErrorDescription(ErrorCode);

            string ErrAlert = StringConcatenate("Close Pending Order - Error: ",
               ErrorCode,": ",ErrDesc);
            Alert(ErrAlert);

            string ErrLog = StringConcatenate("Ticket: ",argCloseTicket," Bid: ",
               MarketInfo(argSymbol,MODE_BID)," Ask: ",MarketInfo(argSymbol,MODE_ASK));
            Print(ErrLog);
         }
      }
      return(Deleted);
   }


double CalcBuyStopLoss(string argSymbol, int argStopLoss, double argOpenPrice)
{
   if(argStopLoss == 0) return(0);

   double BuyStopLoss = argOpenPrice - (argStopLoss * PipPoint(argSymbol));
   return(BuyStopLoss);
}


double CalcSellStopLoss(string argSymbol, int argStopLoss, double argOpenPrice)
{
   if(argStopLoss == 0) return(0);

   double SellStopLoss = argOpenPrice + (argStopLoss * PipPoint(argSymbol));
   return(SellStopLoss);
}


double CalcBuyTakeProfit(string argSymbol, int argTakeProfit, double argOpenPrice)
{
   if(argTakeProfit == 0) return(0);

   double BuyTakeProfit = argOpenPrice + (argTakeProfit * PipPoint(argSymbol));
   return(BuyTakeProfit);
}


double CalcSellTakeProfit(string argSymbol, int argTakeProfit, double argOpenPrice)
{
   if(argTakeProfit == 0) return(0);

   double SellTakeProfit = argOpenPrice - (argTakeProfit * PipPoint(argSymbol));
   return(SellTakeProfit);
}
```

```
bool VerifyUpperStopLevel(string argSymbol, double argVerifyPrice,
  double argOpenPrice = 0)
  {
    double StopLevel = MarketInfo(argSymbol,MODE_STOPLEVEL) * Point;

    if(argOpenPrice == 0) double OpenPrice = MarketInfo(argSymbol,MODE_ASK);
    else OpenPrice = argOpenPrice;

    double UpperStopLevel = OpenPrice + StopLevel;

    if(argVerifyPrice > UpperStopLevel) bool StopVerify = true;
    else StopVerify = false;

    return(StopVerify);
  }

bool VerifyLowerStopLevel(string argSymbol, double argVerifyPrice,
  double argOpenPrice = 0)
  {
    double StopLevel = MarketInfo(argSymbol,MODE_STOPLEVEL) * Point;

    if(argOpenPrice == 0) double OpenPrice = MarketInfo(argSymbol,MODE_BID);
    else OpenPrice = argOpenPrice;

    double LowerStopLevel = OpenPrice - StopLevel;

    if(argVerifyPrice < LowerStopLevel) bool StopVerify = true;
    else StopVerify = false;

    return(StopVerify);
  }

double AdjustAboveStopLevel(string argSymbol, double argAdjustPrice, int argAddPips = 0,
  double argOpenPrice = 0)
  {
    double StopLevel = MarketInfo(argSymbol,MODE_STOPLEVEL) * Point;

    if(argOpenPrice == 0) double OpenPrice = MarketInfo(argSymbol,MODE_ASK);
    else OpenPrice = argOpenPrice;

    double UpperStopLevel = OpenPrice + StopLevel;

    if(argAdjustPrice <= UpperStopLevel) double AdjustedPrice = UpperStopLevel +
      (argAddPips * PipPoint(argSymbol));
    else AdjustedPrice = argAdjustPrice;

    return(AdjustedPrice);
  }
```

```
double AdjustBelowStopLevel(string argSymbol, double argAdjustPrice, int argAddPips = 0,
  double argOpenPrice = 0)
{
    double StopLevel = MarketInfo(argSymbol,MODE_STOPLEVEL) * Point;

    if(argOpenPrice == 0) double OpenPrice = MarketInfo(argSymbol,MODE_BID);
    else OpenPrice = argOpenPrice;

    double LowerStopLevel = OpenPrice - StopLevel;

    if(argAdjustPrice >= LowerStopLevel) double AdjustedPrice = LowerStopLevel -
        (argAddPips * PipPoint(argSymbol));
    else AdjustedPrice = argAdjustPrice;

    return(AdjustedPrice);
}


bool AddStopProfit(int argTicket, double argStopLoss, double argTakeProfit)
{
    OrderSelect(argTicket,SELECT_BY_TICKET);
    double OpenPrice = OrderOpenPrice();

    while(IsTradeContextBusy()) Sleep(10);

    //注文の変更
    bool TicketMod = OrderModify(argTicket,OrderOpenPrice(),argStopLoss,argTakeProfit,0);

    //エラー処理
    if(TicketMod == false)
      {
        int ErrorCode = GetLastError();
        string ErrDesc = ErrorDescription(ErrorCode);

        string ErrAlert = StringConcatenate("Add Stop/Profit - Error ",ErrorCode,
            ": ",ErrDesc);
        Alert(ErrAlert);

        string ErrLog = StringConcatenate("Bid: ",MarketInfo(OrderSymbol(),MODE_BID),
            " Ask: ",MarketInfo(OrderSymbol(),MODE_ASK)," Ticket: ",argTicket," Stop: ",
            argStopLoss," Profit: ",argTakeProfit);
        Print(ErrLog);
      }
    return(TicketMod);
}
```

```
int TotalOrderCount(string argSymbol, int argMagicNumber)
  {
     int OrderCount;
     for(int Counter = 0; Counter <= OrdersTotal()-1; Counter++)
       {
          OrderSelect(Counter,SELECT_BY_POS);
          if(OrderMagicNumber() == argMagicNumber && OrderSymbol() == argSymbol)
            {
               OrderCount++;
            }
       }
     return(OrderCount);
  }


int BuyMarketCount(string argSymbol, int argMagicNumber)
  {
     int OrderCount;
     for(int Counter = 0; Counter <= OrdersTotal()-1; Counter++)
       {
          OrderSelect(Counter,SELECT_BY_POS);
          if(OrderMagicNumber() == argMagicNumber && OrderSymbol() == argSymbol
             && OrderType() == OP_BUY)
            {
               OrderCount++;
            }
       }
     return(OrderCount);
  }


int SellMarketCount(string argSymbol, int argMagicNumber)
  {
     int OrderCount;
     for(int Counter = 0; Counter <= OrdersTotal()-1; Counter++)
       {
          OrderSelect(Counter,SELECT_BY_POS);
          if(OrderMagicNumber() == argMagicNumber && OrderSymbol() == argSymbol
             && OrderType() == OP_SELL)
            {
               OrderCount++;
            }
       }
     return(OrderCount);
  }
```

```
int BuyStopCount(string argSymbol, int argMagicNumber)
{
   int OrderCount;
   for(int Counter = 0; Counter <= OrdersTotal()-1; Counter++)
      {
        OrderSelect(Counter,SELECT_BY_POS);
        if(OrderMagicNumber() == argMagicNumber && OrderSymbol() == argSymbol
          && OrderType() == OP_BUYSTOP)
           {
              OrderCount++;
           }
      }
   return(OrderCount);
}


int SellStopCount(string argSymbol, int argMagicNumber)
{
   int OrderCount;
   for(int Counter = 0; Counter <= OrdersTotal()-1; Counter++)
      {
        OrderSelect(Counter,SELECT_BY_POS);
        if(OrderMagicNumber() == argMagicNumber && OrderSymbol() == argSymbol
          && OrderType() == OP_SELLSTOP)
           {
              OrderCount++;
           }
      }
   return(OrderCount);
}


int BuyLimitCount(string argSymbol, int argMagicNumber)
{
   int OrderCount;
   for(int Counter = 0; Counter <= OrdersTotal()-1; Counter++)
      {
        OrderSelect(Counter,SELECT_BY_POS);
        if(OrderMagicNumber() == argMagicNumber && OrderSymbol() == argSymbol
          && OrderType() == OP_BUYLIMIT)
           {
              OrderCount++;
           }
      }
   return(OrderCount);
}
```

```
int SellLimitCount(string argSymbol, int argMagicNumber)
  {
    int OrderCount;
    for(int Counter = 0; Counter <= OrdersTotal()-1; Counter++)
      {
        OrderSelect(Counter,SELECT_BY_POS);
        if(OrderMagicNumber() == argMagicNumber && OrderSymbol() == argSymbol
           && OrderType() == OP_SELLLIMIT)
          {
            OrderCount++;
          }
      }
    return(OrderCount);
  }


void CloseAllBuyOrders(string argSymbol, int argMagicNumber, int argSlippage)
  {
    for(int Counter = 0; Counter <= OrdersTotal()-1; Counter++)
      {
        OrderSelect(Counter,SELECT_BY_POS);

        if(OrderMagicNumber() == argMagicNumber && OrderSymbol() == argSymbol
           && OrderType() == OP_BUY)
          {
            //決済注文
            int CloseTicket = OrderTicket();
            double CloseLots = OrderLots();

            while(IsTradeContextBusy()) Sleep(10);
            double ClosePrice = MarketInfo(argSymbol,MODE_BID);

            bool Closed = OrderClose(CloseTicket,CloseLots,ClosePrice,argSlippage,Red);

            //エラー処理
            if(Closed == false)
              {
                int ErrorCode = GetLastError();
                string ErrDesc = ErrorDescription(ErrorCode);

                string ErrAlert = StringConcatenate("Close All Buy Orders - Error ",
                   ErrorCode,": ",ErrDesc);
                Alert(ErrAlert);

                string ErrLog = StringConcatenate("Bid: ",
                   MarketInfo(argSymbol,MODE_BID)," Ticket: ",CloseTicket," Price: ",
                   ClosePrice);
                Print(ErrLog);
              }
            else Counter--;
          }
      }
  }
```

```
void CloseAllSellOrders(string argSymbol, int argMagicNumber, int argSlippage)
{
    for(int Counter = 0; Counter <= OrdersTotal()-1; Counter++)
    {
        OrderSelect(Counter,SELECT_BY_POS);
        
        if(OrderMagicNumber() == argMagicNumber && OrderSymbol() == argSymbol
           && OrderType() == OP_SELL)
        {
            //決済注文
            int CloseTicket = OrderTicket();
            double CloseLots = OrderLots();
            
            while(IsTradeContextBusy()) Sleep(10);
            
            double ClosePrice = MarketInfo(argSymbol,MODE_ASK);
            
            bool Closed = OrderClose(CloseTicket,CloseLots,ClosePrice,argSlippage,Red);
            
            //エラー処理
            if(Closed == false)
            {
                int ErrorCode = GetLastError();
                string ErrDesc = ErrorDescription(ErrorCode);
                
                string ErrAlert = StringConcatenate("Close All Sell Orders - Error ",
                    ErrorCode,": ",ErrDesc);
                Alert(ErrAlert);
                
                string ErrLog = StringConcatenate("Ask: ",
                    MarketInfo(argSymbol,MODE_ASK)," Ticket: ",CloseTicket," Price: ",
                    ClosePrice);
                Print(ErrLog);
            }
            else Counter--;
        }
    }
}


void CloseAllBuyStopOrders(string argSymbol, int argMagicNumber)
{
    for(int Counter = 0; Counter <= OrdersTotal()-1; Counter++)
    {
        OrderSelect(Counter,SELECT_BY_POS);
        
        if(OrderMagicNumber() == argMagicNumber && OrderSymbol() == argSymbol
           && OrderType() == OP_BUYSTOP)
        {
            //注文のキャンセル
            int CloseTicket = OrderTicket();
```

```
            while(IsTradeContextBusy()) Sleep(10);
            bool Closed = OrderDelete(CloseTicket,Red);

            //エラー処理
            if(Closed == false)
               {
                  int ErrorCode = GetLastError();
                  string ErrDesc = ErrorDescription(ErrorCode);

                  string ErrAlert = StringConcatenate("Close All Buy Stop Orders - ",
                     "Error",ErrorCode,": ",ErrDesc);
                  Alert(ErrAlert);


                  string ErrLog = StringConcatenate("Bid: ",
                    MarketInfo(argSymbol,MODE_BID)," Ask: ",
                    MarketInfo(argSymbol,MODE_ASK)," Ticket: ",CloseTicket);
                  Print(ErrLog);
               }
            else Counter--;
         }
      }
   }


void CloseAllSellStopOrders(string argSymbol, int argMagicNumber)
   {
      for(int Counter = 0; Counter <= OrdersTotal()-1; Counter++)
         {
            OrderSelect(Counter,SELECT_BY_POS);

            if(OrderMagicNumber() == argMagicNumber && OrderSymbol() == argSymbol
               && OrderType() == OP_SELLSTOP)
               {
                  //注文のキャンセル
                  int CloseTicket = OrderTicket();

                  while(IsTradeContextBusy()) Sleep(10);

                  bool Closed = OrderDelete(CloseTicket,Red);

                  //エラー処理
                  if(Closed == false)
                     {
                        int ErrorCode = GetLastError();
                        string ErrDesc = ErrorDescription(ErrorCode);

                        string ErrAlert = StringConcatenate("Close All Sell Stop Orders - ",
                           "Error ",ErrorCode,": ",ErrDesc);
                        Alert(ErrAlert);
```

```
                string ErrLog = StringConcatenate("Bid: ",
                    MarketInfo(argSymbol,MODE_BID)," Ask: ",
                    MarketInfo(argSymbol,MODE_ASK)," Ticket: ",CloseTicket);
                Print(ErrLog);
            }
            else Counter--;
        }
      }
   }


void CloseAllBuyLimitOrders(string argSymbol, int argMagicNumber)
   {
      for(int Counter = 0; Counter <= OrdersTotal()-1; Counter++)
      {
         OrderSelect(Counter,SELECT_BY_POS);

         if(OrderMagicNumber() == argMagicNumber && OrderSymbol() == argSymbol
            && OrderType() == OP_BUYLIMIT)
         {
            //注文のキャンセル
            int CloseTicket = OrderTicket();

            while(IsTradeContextBusy()) Sleep(10);

            bool Closed = OrderDelete(CloseTicket,Red);

            //エラー処理
            if(Closed == false)
              {
                 int ErrorCode = GetLastError();
                 string ErrDesc = ErrorDescription(ErrorCode);

                 string ErrAlert = StringConcatenate("Close All Buy Limit Orders - ",
                    "Error ",ErrorCode,": ",ErrDesc);
                 Alert(ErrAlert);

                 string ErrLog = StringConcatenate("Bid: ",
                    MarketInfo(argSymbol,MODE_BID)," Ask: ",
                    MarketInfo(argSymbol,MODE_ASK)," Ticket: ",CloseTicket);
                 Print(ErrLog);
              }
            else Counter--;
         }
      }
   }
```

```
void CloseAllSellLimitOrders(string argSymbol, int argMagicNumber)
{
   for(int Counter = 0; Counter <= OrdersTotal()-1; Counter++)
   {
      OrderSelect(Counter,SELECT_BY_POS);

      if(OrderMagicNumber() == argMagicNumber && OrderSymbol() == argSymbol
         && OrderType() == OP_SELLLIMIT)
      {
         //注文のキャンセル
         int CloseTicket = OrderTicket();

         while(IsTradeContextBusy()) Sleep(10);

         bool Closed = OrderDelete(CloseTicket,Red);

         //エラー処理
         if(Closed == false)
         {
            int ErrorCode = GetLastError();
            string ErrDesc = ErrorDescription(ErrorCode);

            string ErrAlert = StringConcatenate("Close All Sell Limit Orders - ",
               "Error ",ErrorCode,": ",ErrDesc);
            Alert(ErrAlert);

            string ErrLog = StringConcatenate("Bid: ",
               MarketInfo(argSymbol,MODE_BID)," Ask: ",
               MarketInfo(argSymbol,MODE_ASK)," Ticket: ",CloseTicket);
            Print(ErrLog);
         }
         else Counter--;
      }
   }
}


void BuyTrailingStop(string argSymbol, int argTrailingStop, int argMinProfit,
   int argMagicNumber)
{
   for(int Counter = 0; Counter <= OrdersTotal()-1; Counter++)
   {
      OrderSelect(Counter,SELECT_BY_POS);

      //最大損切り価格と最小利食い価格の計算
      double MaxStopLoss = MarketInfo(argSymbol,MODE_BID) -
         (argTrailingStop * PipPoint(argSymbol));

      MaxStopLoss = NormalizeDouble(MaxStopLoss,
         MarketInfo(OrderSymbol(),MODE_DIGITS));

      double CurrentStop = NormalizeDouble(OrderStopLoss(),
         MarketInfo(OrderSymbol(),MODE_DIGITS));
```

```
            double PipsProfit = MarketInfo(argSymbol,MODE_BID) - OrderOpenPrice();
            double MinProfit = argMinProfit * PipPoint(argSymbol);

         //損切り価格の変更
            if(OrderMagicNumber() == argMagicNumber && OrderSymbol() == argSymbol
               && OrderType() == OP_BUY && CurrentStop < MaxStopLoss
               && PipsProfit >= MinProfit)
              {
                bool Trailed = OrderModify(OrderTicket(),OrderOpenPrice(),MaxStopLoss,
                   OrderTakeProfit(),0);

               //エラー処理
                if(Trailed == false)
                  {
                     int ErrorCode = GetLastError();
                     string ErrDesc = ErrorDescription(ErrorCode);

                     string ErrAlert = StringConcatenate("Buy Trailing Stop - Error ",
                        ",ErrorCode,": ",ErrDesc);
                     Alert(ErrAlert);

                     string ErrLog = StringConcatenate("Bid: ",
                        MarketInfo(argSymbol,MODE_BID)," Ticket: ",OrderTicket()," Stop: ",
                        OrderStopLoss()," Trail: ",MaxStopLoss);
                     Print(ErrLog);
                  }
              }
           }
       }
  }


void SellTrailingStop(string argSymbol, int argTrailingStop, int argMinProfit,
   int argMagicNumber)
  {
     for(int Counter = 0; Counter <= OrdersTotal()-1; Counter++)
       {
          OrderSelect(Counter,SELECT_BY_POS);

         //最大損切り価格と最小利食い価格の計算
           double MaxStopLoss = MarketInfo(argSymbol,MODE_ASK) +
              (argTrailingStop * PipPoint(argSymbol));

           MaxStopLoss = NormalizeDouble(MaxStopLoss,
              MarketInfo(OrderSymbol(),MODE_DIGITS));

           double CurrentStop = NormalizeDouble(OrderStopLoss(),
              MarketInfo(OrderSymbol(),MODE_DIGITS));

           double PipsProfit = OrderOpenPrice() - MarketInfo(argSymbol,MODE_ASK);
           double MinProfit = argMinProfit * PipPoint(argSymbol);
```

```
//損切り価格の変更
if(OrderMagicNumber() == argMagicNumber && OrderSymbol() == argSymbol
   && OrderType() == OP_SELL && (CurrentStop > MaxStopLoss || CurrentStop == 0)
   && PipsProfit >= MinProfit)
{
   bool Trailed = OrderModify(OrderTicket(),OrderOpenPrice(),MaxStopLoss,
     OrderTakeProfit(),0);

   //エラー処理
   if(Trailed == false)
     {
        int ErrorCode = GetLastError();
        string ErrDesc = ErrorDescription(ErrorCode);

        string ErrAlert = StringConcatenate("Sell Trailing Stop - Error ",
          ErrorCode,": ",ErrDesc);
        Alert(ErrAlert);

        string ErrLog = StringConcatenate("Ask: ",
          MarketInfo(argSymbol,MODE_ASK)," Ticket: ",OrderTicket()," Stop: ",
          OrderStopLoss()," Trail: ",MaxStopLoss);
        Print(ErrLog);
     }
}
}
```

付録 E

カスタムインディケーター

第 9 章に出てきたカスタムインディケーターのコード。

```
#property copyright "Andrew Young"

#property indicator_chart_window
#property indicator_buffers 3
#property indicator_color1 DeepSkyBlue
#property indicator_color2 DeepSkyBlue
#property indicator_color3 DeepSkyBlue


//外部変数
extern int BandsPeriod = 20;
extern int BandsShift = 0;
extern int BandsMethod = 1;
extern int BandsPrice = 0;
extern int Deviations = 1;


//バッファー
double EMA[];
double UpperBand[];
double LowerBand[];


//関数Init
int init()
  {
    SetIndexStyle(0,DRAW_LINE);
    SetIndexBuffer(0,EMA);
    SetIndexLabel(0,"EMA");

    SetIndexStyle(1,DRAW_LINE);
    SetIndexBuffer(1,UpperBand);
    SetIndexLabel(1,"UpperBand");

    SetIndexStyle(2,DRAW_LINE);
    SetIndexBuffer(2,LowerBand);
    SetIndexLabel(2,"LowerBand");

    return(0);
  }
```

```
//関数Start
int start()
  {
    int counted_bars = IndicatorCounted();

    int CalculateBars = Bars - counted_bars;

    for(int Count = CalculateBars; Count >= 0; Count--)
      {
        EMA[Count] = iMA(NULL,0,BandsPeriod,BandsShift,BandsMethod,BandsPrice,Count);

        double StdDev = iStdDev(NULL,0,BandsPeriod,BandsShift,BandsMethod,BandsPrice,
          Count);

        UpperBand[Count] = EMA[Count] + (StdDev * Deviations);
        LowerBand[Count] = EMA[Count] - (StdDev * Deviations);
      }

    return(0);
  }
```

索引

記号

!= Not Equal To　158
#define　30, 88, 92, 102, 188, 215
#import　31, 32, 116, 215
#include　30, 88, 92, 102, 188, 215
#property　30, 219, 221, 227
#property copyright　30, 64
#property library　115
#property link　30
.ex4　14, 31, 115, 186
.ex4ファイル　14
.mq4　14, 115, 149
.mq4ファイル　14, 149
.mqh　14, 15, 114
.mqt　14
< Less Than　158
<= Less Than or Equal To　158
== Equal To　158
> Greater Than　158
>= Greater Than or Equal To　158

A

AccountBroker()　187
AccountEquity()　81, 198
AccountName()　187
AccountNumber()　187
AddOrderProfit()　119
AdjustAboveStopLevel()　119
AdjustBelowStopLevel()　119
Alert()　79, 88, 90
API関数　188
Arrow　41, 70
Ask　42, 51, 77, 87, 95, 105

B

Bid　42, 51, 77, 87, 95, 105
BooleanVar1　159, 160
break演算子　194, 208
BufferIndex　220

BuyMarketCount()　138

C

case（演算子）　194
CalcBuyStopLoss()　119, 200
CalcBuyTakeProfit()　119, 200
CalcLotSize()　102, 103, 104, 118
CalcSellStopLoss()　119
CalcSellTakeProfit()　119
Close[]　142
CloseAllSellOrders()　138
CloseBuyOrder()　119
CloseSellOrder()　119, 138
Comment()　184

D

datetime　22, 170
Day()　172, 173
DayOfWeek()　173
default（演算子）　194
deinit()　33-34, 64, 114-115, 227
DLL　15, 31, 116, 186-187
double　21
DPeriod　147
DRAW_ARROW　221
DRAW_HISTOGRAM　220
DRAW_LINE　220, 221

E

EA（Expert Advisors）　7, 13, 28, 61, 116, 138, 186, 210
EAウィザード　14, 28, 30
ECN/STP　38, 69
else演算子　157-158
EMPTY_VALUE　154
Error 129　212
Error 130　213
Error 131　213
ErrorCheck()　195
ErrorDescription()　88-89, 92
Expert Properties画面　32
Expiration　41, 44, 70

F

for演算子 121-123, 126
Function is not defined 215

G

GetLastError() 88-89, 195
GetSlippage() 50, 64, 65, 95
GlobalVariableDel() 204
GlobalVariableDeleteAll() 204
GlobalVariableGet() 204
GlobalVariableSet() 203-204

H

H1 23, 155
H4 143, 155
High[] 142
Hour() 173

I

iClose() 142
iCustom() 149-150, 153-154, 218, 220
IDCANCEL 191
IDNO 189, 191
IDOK 191
IDYES 189, 191
if-else文 24, 47
if演算子 19, 64, 157-158
iHigh() 142
iHighest() 54
Illegal assignment used 215
iLow() 142
iLowest() 53, 54
iMA() 64, 225-226
IndicatorCounted() 224
IndicatorCounter() 224
IndicatorShortName() 222
init() 33-34, 49, 64, 102, 114-115, 118, 152, 178, 203, 220, 227
int 21
Invalid Price 212
Invalid Stops 91, 213

Invalid Trade Volume 90, 213
iOpen() 142
IsDemo() 187
IsDllsAllowed() 186
IsLibrariesAllowed() 186
iStdDev() 225-226
iStochastic() 148
IsTradeAllowed() 185
IsTradeContextBusy() 86, 95

K

KPeriod 147

L

Low[] 52, 142

M

M1 177
M5 155
M15 204
MagicNumber 41, 42, 204
MAMethod 145, 147
MAPeriod 144
MAPrice 145
MarketInfo() 47, 50, 57, 75-76, 82, 84, 87, 105, 108, 198
MAShift 145
MathPow() 210
MB_ICONEXCLAMATION 190
MB_ICONINFORMATION 190
MB_ICONQUESTIO 189-190
MB_ICONSTOP 190
MB_OKCANCEL 190
MB_YESNO 189-190
MB_YESNOCANCEL 190
MessageBox() 116, 188-190
MetaEditor (MQLエディター) 1
MetaTrader 1, 2
Minute() 173
Mode 147-149, 151-154
MODE_ASK 51, 105
MODE_BID 51, 105
MODE_DIGITS 47, 51

MODE_EMA 156
MODE_HIGH 51, 54
MODE_HISTORY 56, 208
MODE_LOW 51, 53
MODE_LWMA 156
MODE_POINT 51
MODE_SMA 151, 156
MODE_SMMA 156
MODE_SPREAD 51
MODE_STOPLEVEL 51, 75-76
MODE_STOPLEVEL 51, 75-76
MODE_TRADES 56
modeパラメーター 148-149, 153-154
Month() 172-173
MQL（Meta Quotes Language） 7, 13, 38, 144, 217
MQL4 9-11, 116, 169
MQL5 10, 11
MQL関数 53, 81, 89, 132, 155
MQL言語 11, 16, 20
MQLリファレンス 9, 14, 17, 23, 31, 50, 53, 56, 148, 170, 186, 190, 202, 204, 213
MyImportedFunction() 32

N

NormalizeDouble() 85, 132-133
NULL 26, 53, 143, 151
Number 26, 27

O

OP_BUY 23, 40, 42, 60, 127, 129
OP_BUYLIMIT 40, 44, 61
OP_BUYSTOP 40, 43, 61, 130
OP_SELL 40, 43, 60, 129
OP_SELLLIMIT 40, 61
OP_SELLSTOP 40, 61
Open[] 142
OpenBuyOrder() 25, 119
OrderClose() 58, 60-61, 65-66, 86, 88, 91, 96-97
OrderClosePrice() 57, 205
OrderCloseTime() 57, 59, 60
OrderComment() 57, 196
OrderDelete() 60-61, 66, 86, 97, 130

OrderExpiration() 71, 73
OrderLots() 57, 60
OrderMagicNumber() 57, 126
OrderModify() 69-74, 86, 88, 91, 96, 133
OrderOpenPrice() 57, 71-73, 119, 135, 137, 205
OrderOpenTime() 57
OrderProfit() 58, 119, 205, 208
OrderSelect() 55-59, 64, 70-72, 74, 96, 119, 121, 125-126, 129, 132, 205, 208
OrderSend() 40-41, 48-49, 65, 67, 69, 71-72, 84, 86, 88-89, 96-98, 104-105, 107, 193, 195, 196, 199, 201-202, 212
OrdersHistoryTotal() 207-208
OrderStopLoss() 57, 71, 74, 125, 137
OrderSymbol() 57, 126
OrderTakeProfit() 57, 71, 74
OrderTicket() 57, 73, 125, 129
OrderTotal() 123
OrderType() 57, 60, 66, 127
Output 170-171

P

Period 142, 166
PERIOD_D1 155
PERIOD_H1 23, 155
PERIOD_H4 143, 155
PERIOD_M1 155
PERIOD_M15 155
PERIOD_M30 155
PERIOD_M5 155
PipPoint() 23, 24, 48, 50, 64, 65, 76, 95, 110, 132, 136, 205
Point（変数） 46, 48, 76, 82
Price 40, 58, 70, 73
PRICE_CLOSE 151, 155
PRICE_HIGH 156
PRICE_LOW 156
PRICE_MEDIAN 156
PRICE_OPEN 156
PRICE_TYPICAL 156
PRICE_WEIGHTED 156
PriceField 147
Print() 19, 88, 90, 153-154, 187, 210-211, 212, 214

R

RefreshRates()　87, 95
return演算子　24, 25, 65, 79, 129, 194

S

SELECT_BY_POS　56, 125
SELECT_BY_TICKET　56, 57
SellMarketCount()　138
Semicolon expected　216
SendMail()　191
SetArrow()　221
SetIndexBuffer()　152, 220, 222-223
SetIndexLabel()　221-223
SetIndexStyle()　153, 220
SetLevelStyle()　222
SetLevelValue()　222
Shiftパラメーター　143, 145, 149, 153, 164, 179, 225
Slippage　41, 42, 48-49, 59
Slowing　147
start()　33-34, 64-65, 87, 92-93, 102-103, 114-115, 118, 138, 178, 184, 189, 214, 219, 223, 225, 226-227
stdlib.mqh　30-31, 88-89, 92
StopLoss　21, 25, 32, 41, 45-47, 65, 70, 72, 82, 102, 119
stoploss　21
Strategy Tester　29, 153, 154, 177, 206, 210, 211-212
string　21
StringConcatenate()　89-90, 171-172
StrToTime()　171-172
STYLE_DASH　221
STYLE_DOT　221
STYLE_SOLID　221
switch演算子　194
Symbol()　40, 42, 47, 50

T

TakeProfit　25, 41, 65, 70-72, 119
Ticket　56, 58, 70, 193, 195
TIME_DATE　171
TIME_MINUTES　171
TIME_SECONDS　171
TimeCurrent()　172
TimeDay()　173
TimeDayOfWeek()　173
Timeframe　144, 147, 149, 155
TimeHour()　173
TimeLocal()　172-173
TimeMinute()　173
TimeMonth()　173
TimeToStr()　107, 170-171
TimeYear()　173
TotalOrderCount()　126
Type　40

U

Unbalanced left parenthesis　216
Unbalanced right parenthesis　216

V

Variable already defined　215
Variable not defined　215
VerifyLotSize()　118
void型　25

W

while演算子　122
Wrong parameters count　216

Y

Year()　172, 173

あ

アイコンフラッグ　190
移動平均の計算方法　147, 156, 225
インクルードファイル　14-15, 28, 30-32, 88, 101-102, 114-116, 215, 255
インディケーター関数　8, 144-145, 148, 155, 164, 177-179
インデックス（添え字）　142, 178, 200
売り気配値（アスク）　33, 37-40, 42-46, 51,

58, 60, 65, 70, 74-77, 88, 98, 105, 108, 110-111, 113, 131, 141, 212
エスケープ文字　183
エディターウィンドウ　16-17
エラーコード　41, 72, 88-89, 91, 194-195, 211, 213
エラー処理　87-89, 91-92, 94, 96-99, 104-108, 114, 128, 130, 132-133, 135, 236-240, 242-243, 256-258, 263, 266-272
エラー発生後に注文を出し直す　192
オーダーコメントを識別子として使う　195
オーダープール　55-56, 123-126, 129, 132
オーダープールのループ処理　123
オシレーター系インディケーター　146, 221
オブジェクト関数　226

か

改行文字　184-185
買い気配値（ビッド）　33, 37-40, 43-45, 51-52, 58, 60, 65, 70, 74-77, 88, 98, 105, 108, 110, 131-132, 135, 137, 141, 212
価格関数　155, 177-179
カスタムインディケーター　13, 144, 149-151, 154, 217-219, 222, 226, 273
カスタム関数　20, 34, 65, 101, 214
カラー型（color）　22
関係演算子　158-159
関数　9, 11, 16, 19, 20, 23-34, 47-56, 65, 70-71, 79, 85-87, 91, 96,-97, 99, 101-119, 125-131, 134, 136-138, 141, 144, 152-153, 172-173, 187-188, 194, 197-198, 202-204, 210, 212, 215-216, 218, 220-222
関数化　23, 101, 136
関数のパラメーター　49, 90, 101-102, 111, 126, 173, 216, 222
関数ライブラリー　15, 115
逆指値注文　13, 38-40, 43-45, 57, 61, 65-67, 77, 80, 89, 96, 106-107, 130, 231, 241, 250, 252, 257-258
逆指値注文を出すための関数　107, 198
キャンセル　39, 55-56, 58, 61, 66-67, 97, 109, 124-131, 207, 232, 242, 247, 252, 267-270
グローバル変数　28, 33, 35, 41, 49, 62, 64, 88-89, 92, 114, 117, 177, 178, 202-204, 215, 229, 231, 235, 241, 247, 251
決済　13, 37, 55-61, 64-66, 87, 96-97, 104, 107-108, 119, 121, 124-131, 136-138, 141, 195-196, 206, 212, 227, 230, 232, 236, 242, 247, 249, 252, 266, 267
コードライブラリー　9
コメント　20, 39, 41-43, 57, 105, 107, 184, 195-196, 200-201, 216
コンパイルエラー　16, 18, 21, 214, 215

さ

サーバー時間　44, 172-176
最小取引ロット数　84
最大取引ロット数　84
指値注文　13, 38-40, 44-45, 57, 77, 80, 107
指値注文を出すための関数　107, 198
サンプルコード　9, 11, 30, 65
仕掛け価格　38-46, 51-52, 55, 65, 72-73, 78, 96, 109-111, 119, 131, 136-137, 205, 212
時間枠　23, 53, 83, 142-144, 151, 155, 203-204, 227
時間枠を示す定数　155
識別子　20-22, 24, 31-32, 40-41, 57, 153, 195, 204, 223
シフト値　142, 143, 145, 164, 178, 225
証拠金を調べる　197-198
シンタックス（文法）　9, 1, 17, 19, 28, 30, 32, 40, 50, 55, 58, 70, 89, 114, 142, 144, 147, 149, 158, 170-171, 188, 214-216, 220
数学と三角件数　226
スクリプト　13-15, 28, 30, 217, 227
ステートメント　19
（ロットの）ステップ値　85, 213
ストップレベル　51, 74-79, 91, 94, 96-98, 110-113, 213, 237, 243
ストップアウトレベル　197
ストラテジーテスター　29, 90
スプレッド　37, 51, 74-76, 78, 98, 198
スリッページ　38, 41-42, 48-49, 59, 61, 64, 73, 78, 105, 108
制御演算子　19

整数型（init） 21-22
静的変数 27-28, 41, 64, 203
セミコロン（；） 19, 32, 122, 208, 216
損切り価格と利食い価格を計算するための関数 109

た

待機注文 13, 38-41, 43, 52, 55-56, 58, 60-61, 65-67, 69, 70, 73-78, 80, 84, 91, 97-98, 106-107, 109-113, 123-131, 212-213, 227, 231, 241, 243, 247, 250
待機注文の有効期限（任意） 40-41, 107
待機注文をキャンセルするための関数 109
待機注文を出すための関数 106, 198
チェック関数 184, 186, 195
チケット番号 26, 41, 55-59, 61-62, 64-65, 70-74, 104, 106, 108, 125, 129, 133, 138, 167, 193
チャートにコメントを表示する（チャートコメント） 184
注文種別 38-39, 57, 107
注文の取引種別を表す定数 61
注文の変更 13, 55, 69-70, 74, 87, 91, 93-996, 113-114, 196, 212, 237, 238, 249, 263
ツールボックスウィンドウ 16-18
定数 23, 25, 27, 31, 42, 50-51, 53-54, 56, 59, 61, 89, 90, 127, 143, 145, 148, 150, 155-156, 159, 170-171, 188, 191, 213
データ型 21, 22, 24-25, 129, 149-150, 159, 170, 203, 215
データウィンドウ 151-152, 154, 221-223
デバック 16
テンプレート 14-15, 28-30, 218, 223
ティック値 82
特殊関数 33
取引種別 44, 61, 97, 107, 128-130, 133, 212
トレイリングストップ 8, 121, 131-134, 136, 139, 196, 247, 250, 253
トレイリングストップ関数 139, 247
トレーディングプール 55-58, 208
トレード関数 8, 86, 214
トレンド系インディケーター 144

な

ナビゲーターウィンドウ 14, 16-18, 29, 149
成行注文 23, 25, 37-40, 42-43, 45-46, 57-60, 66, 69, 73, 78, 93, 95-97, 104, 106, 108, 110, 127-130, 132-134, 136, 212
成行注文を出すための関数 25, 104, 198

は

売買する通貨ペア 39-40
配列 9, 52-54, 142, 145, 152-153, 177-179, 199-201, 217-218, 220, 223, 225
配列関数 9
バッファー 151-154, 217-225, 273
ヒストリープール 55-57, 207-28
日付時刻型（datetime） 22
日付時刻型変数 22, 107, 169-170, 173-174, 176
日付時刻関数 172
日付時刻定数 170-171, 174
ブール演算子 159
ブール型（boolean） 22, 60, 83, 123, 161, 172, 178
複合演算子 19
複数の注文を出す 195
浮動小数点型（double） 21-22, 24, 32, 159, 203
プリプロセッサー命令 23, 30, 35, 64, 89, 115, 189
ブレイクイーブンでの仕切り 136
ブレース（{ }） 19-20, 24, 122, 127, 157, 159
プログラミング言語 7, 9, 21, 23
変換関数 9, 170
ポジションを決済するための関数 14, 107-108, 130
ボタンフラッグ 190

ま

マジック番号 39, 57, 126, 129, 133, 195, 203-204, 208
マネーマネジメント 8, 39, 61, 83

マルチンゲール　206-207, 209-210
無効な価格　79, 212
無効なストップ値　91, 211, 213
無効なロット数　90, 213
メタエディター（MQLエディター）　9,
　　13-18, 28, 89
メタトレーダー4（または、メタトレー
　　ダー）　7-11, 13-16, 30, 37-38, 53, 69,
　　85, 133, 143, 149, 151, 177, 188, 197,
　　202, 210, 217-218, 226-227
メタトレーダー5　10-11
文字列型（string）　21

ゆ

ユーザー関数　14

ら

ライブラリー　14, 28, 31-32, 101, 115-116,
　　186-187, 215
ライブラリーファイル（.ex4）　31-32, 215
利食い価格　25, 32, 39, 41, 43-45, 52, 54-55,
　　57, 63, 65, 67, 69-80, 84, 91, 95-98,
　　104, 106, 109-114, 119, 141, 199-202,
　　212-213, 230, 232, 237-238, 243, 249,
　　270-271
リターンフラッグ　189
ループ（繰り返し処理）　57, 121-123,
　　125-126, 128129, 131, 193-194, 196, 200,
　　202, 207-208, 224-225
ループ演算子　19, 121, 143
ローカル変数　27-28, 103, 215
ローカル時間　172, 174-176
ログ　16, 79, 87-88, 90-91, 107-108, 133,
　　143, 154, 187, 210-211, 214
ロット数　25, 32, 39-40, 57-61, 65, 80-85,
　　88, 91-93, 98, 101-105, 117-118, 199,
　　206-210, 213, 236, 252

■著者紹介
アンドリュー・R・ヤング（Andrew R. Young）
トレーディングシステムのプログラマー。メタトレーダー創成期からのカリスマで、その後、MQLプログラミングのオンラインサービスを提供するイージー・エクスパート・フォレックス（Easy Expert Forex）を創設し、起業家としても活躍。現在、米テネシー州ナッシュビル在住。

■監修者紹介
長尾慎太郎（ながお・しんたろう）
東京大学工学部原子力工学科卒。日米の銀行、投資顧問会社、ヘッジファンドなどを経て、現在は大手運用会社勤務。訳書に『魔術師リンダ・ラリーの短期売買入門』『タートルズの秘密』『新マーケットの魔術師』『マーケットの魔術師【株式編】』（いずれもパンローリング、共訳）、監修に『バーンスタインのデイトレード入門』『マーケットのテクニカル秘録』『高勝率トレード学のススメ』『フルタイムトレーダー完全マニュアル』『新版　魔術師たちの心理学』『トレーディングエッジ入門』『スイングトレードの法則』『ロジカルトレーダー』『タープ博士のトレード学校　ポジションサイジング入門』『アルゴリズムトレーディング入門』『クオンツトレーディング入門』『イベントトレーディング入門』『スイングトレード大学』『オニールの成長株発掘法【第4版】』『コナーズの短期売買実践』『トレードの教典』『システムトレード　基本と原則』『脳とトレード』『ザFX』『一芸を極めた裁量トレーダーの売買譜』『ワン・グッド・トレード』『裁量トレーダーの心得 初心者編』など、多数。

■訳者紹介
山下恵美子（やました・えみこ）
電気通信大学・電子工学科卒。エレクトロニクス専門商社で社内翻訳スタッフとして勤務したあと、現在はフリーランスで特許翻訳、ノンフィクションを中心に翻訳活動を展開中。主な訳書に『EXCELとVBAで学ぶ先端ファイナンスの世界』『リスクバジェッティングのためのVaR』『ロケット工学投資法』『投資家のためのマネーマネジメント』『高勝率トレード学のススメ』『勝利の売買システム』『フルタイムトレーダー完全マニュアル』『新版　魔術師たちの心理学』『資産価値測定総論1、2、3』『テイラーの場帳トレーダー入門』『ラルフ・ビンスの資金管理大全』『テクニカル分析の迷信』『タープ博士のトレード学校　ポジションサイジング入門』『アルゴリズムトレーディング入門』『クオンツトレーディング入門』『スイングトレード大学』『コナーズの短期売買実践』『ワン・グッド・トレード』（以上、パンローリング）、『FORBEGINNERSシリーズ90　数学』（現代書館）、『ゲーム開発のための数学・物理学入門』（ソフトバンク・パブリッシング）がある。

2012年4月4日　初版第1刷発行

ウィザードブックシリーズ ⑲

FXメタトレーダー4 MQLプログラミング
――堅牢なEA構築のための総合ガイド

著　者	アンドリュー・R・ヤング
監修者	長尾慎太郎
訳　者	山下恵美子
発行者	後藤康徳
発行所	パンローリング株式会社
	〒160-0023　東京都新宿区西新宿7-9-18-6F
	TEL 03-5386-7391　FAX 03-5386-7393
	http://www.panrolling.com/
	E-mail　info@panrolling.com
編　集	エフ・ジー・アイ（Factory of Gnomic Three Monkeys Investment）合資会社
装　丁	パンローリング装丁室
組　版	パンローリング制作室
印刷・製本	株式会社シナノ

ISBN978-4-7759-7158-1

落丁・乱丁本はお取り替えします。
また、本書の全部、または一部を複写・複製・転訳載、および磁気・光記録媒体に
入力することなどは、著作権法上の例外を除き禁じられています。

本文　©Emiko Yamashita／図表　© PanRolling　2012 Printed in Japan

関連書

FXトレーディング
著者：キャシー・リーエン
定価 本体 3,800円+税　ISBN:9784775970843

外為市場特有の「おいしい」最強の戦略が満載！ テクニカルが一番よく効くFX市場！ 今、もっともホットなFX市場を征服には……
本書は、初心者にもベテランにも参考になる内容が盛られている。すべてのトレーダー――とりわけデイトレーダー――が知っておくべき主要市場や各通貨に関する基本知識や特徴、さらには実際の取引戦略の基礎として使える実践的な情報が含まれている。

iCustomで変幻自在のメタトレーダー
著者：ウエストビレッジインベストメント株式会社
定価 本体 2,800 円+税　ISBN:9784775991077

自分のロジックの通りにメタトレーダーが動いてくれる。自分自身はパソコンの前にいなくても自動で売買してくれる。そんなことを夢見てEA（自動売買システム）作りに励んでみたものの、難解なプログラム文に阻まれて挫折した人に読んでほしいのが本書です。本書は、メタトレーダー4を使って、「誰にでも簡単に、無理なくEA（自動売買システム）を作成してもらう」ことを狙いにしています。

実践FXトレーディング
著者：イゴール・トシュチャコフ
定価 本体 3,800円+ 税
ISBN:9784775970898

余計な公式や机上の数式を排除し、実証済みのメソッドとテクニックを駆使し、発想と戦術の両面から読者の取引手法を大幅に強化するFXトレード決定版！

FXメタトレーダー入門
著者：豊嶋久道
定価 本体 2,800円+ 税
ISBN:9784775990636

無料なのにリアルタイムのテクニカル分析からデモ売買、指標作成、売買検証、自動売買、口座管理までできる！　高性能FXソフトを徹底紹介！

FXメタトレーダー 実践プログラミング
著者：豊嶋久道
定価 本体 2,800 円+ 税　ISBN:9784775990902

本書は『FXメタトレーダー入門』の続編として、前作では詳しく触れることができなかったメタトレーダーの強力なプログラミング機能をできるだけ多く紹介。

FXの小鬼たち
著者：キャシー・リーエン、ボリス・シュロスバーグ
定価 本体 2,800円+ 税
ISBN:9784775971154

並外れたトレーダーになった12人の普通の人たちとのインタビューで、「普通のあなた」ができるウォール街のプロたちを打ち負かす方法が今、明らかになる！

関連書&DVD

DVD メタトレーダー4 徹底活用入門
講師：鈴木隆一
定価 本体各 3,800円＋税　ISBN:9784775962817

【カスタマイズも自由自在！　無料で使える高機能リアルタイムチャートソフト】
無料なのにリアルタイムのテクニカル分析からデモ売買、指標作成、売買検証、自動売買、口座管理までできる！　うわさの高性能オールインワンFXソフトを、今度はDVDで分かりやすく徹底紹介!!

DVD ニンジャトレーダー入門 実践編
講師：兼平勝啓
定価 本体 2,800円＋税　ISBN:9784775962831

米欧で人気の多機能売買ソフト「ニンジャトレーダー」を、DVDで徹底解説!!
投資家にとって成功する秘訣があるのであるとすれば、その秘訣の一つとして、自らに合ったマーケット及び銘柄を見つけることがあげられると考えております。
このDVDにてさらにNinjaTraderについて習熟して、海外マーケットへの足がかりにしていただければと幸いです。

DVD トレンドフォロー戦略とブッカーバンドの逆張り手法
講師：ロブ・ブッカー
定価 本体 4,800円＋税　ISBN:9784775963081

本DVDでは、この戦略のトレードにおけるエントリーとエグジットのルールを詳細に説明し、バックテストの方法、手法を開発したときに使用したデータ、実際のトレード実績もお見せします。

DVD 常勝トレーダーへの道 相場の型とサイクル
講師：杉田勝
定価 本体 3,800円＋税　ISBN:9784775962978

すべての事象は、ある一定の法則に従ったサイクルで支配されている。杉田サイクル理論の考え方の基本と実践を易しく解説。

ニンジャトレーダー入門
著者：兼平勝啓
定価 本体 2,800円＋税
ISBN:9784775990810

本書の目的は、英語の壁をできるだけ取り除き、ニンジャトレーダーの魅力を紹介することにある。基本動作にさえ慣れてしまえば、英単語は単なる記号でしかない。

DVD チャートギャラリーで今日から動く日本株売買システム
講師：往住啓一
定価 本体 10,000円＋税　ISBN:9784775962527

マウスと数字だけで簡単に売買システム作成　プログラミングの知識は必要なし
個別株4000銘柄で30年間通用するシンプルな短期売買ルールとは！？

関連DVD

DVD 松田哲のFX相場で勝つトレンドの見方セミナー
講師：松田哲

定価 本体各 2,800円+税　ISBN：9784775962473

「FXで稼ぐ人はなぜ「1勝9敗」でも勝つのか？」「FXの教科書」他多数の著書を持ち、20年以上、世界の相場で戦ってきた松田哲が、自身プロデュースによるセミナーを実施した。このセミナーでは、初の試みに『松田哲と一緒に、チャートにラインを引いてみよう』というコンセプトを採用。実際の為替相場の値動きを見ながら、今後の対応策を提示している。

DVD FX短期トレードテクニックの極意
講師：鈴木隆一

定価 本体 3,800円+税　ISBN：9784775962770

本DVDでは、市場の先を読むのではなく、テクニカル分析により勝てるパターンを決め、短期トレードで小さな利益を数多く積み上げるための、普遍的に欠かせない特徴を分かりやすく解説する。
本DVDはFXを試行錯誤している初心者の方だけではなく、中上級者も導入できる素晴らしいヒントが散見できるだろう。

DVD 知識ゼロから始めるメタトレーダー4でプログラミングする30分デイトレシステム
講師：西村貴郁
定価 本体 2,800円+税　ISBN：9784775963333

初めて触れたとしても構造からバックテスト、自動売買まで非常に分かりやすく快適に学習ができます。また例題として構築する売買ロジックも興味が持てるパフォーマンスをご紹介します。メタトレーダーを最高の友する機会となれば幸いです。

DVD トレンドフォロー戦略とブッカーバンドの逆張り手法
講師：ロブ・ブッカー
定価 本体 4,800円+税　ISBN：9784775963081

本DVDでは、この戦略のトレードにおけるエントリーとエグジットのルールを詳細に説明し、バックテストの方法、手法を開発したときに使用したデータ、実際のトレード実績もお見せします。

DVD 8億円稼いだ池辺流FXトレードのススメ
講師：池辺雪子
定価 本体 5,800円+税
ISBN：9784775963043

本DVDを視聴することによって、池辺氏がいかにしてFXで8億円以上稼ぐことができたのかのプロセスの導入部分を知るコトが出来るだろう。

DVD 三沢流デイトレード実践取引講座　前・後編
講師：三沢誠　定価 本体 前：2,800円+税　後 3,800円+税
ISBN：前：9784775962886　後：9784775962893

安値・高値狙い戦略を駆使して手堅く稼ぐ!!
大手外銀で長年にわたってトップディーラーとして活躍した三沢誠氏が、その経験やノウハウ、知識の集大成をDVD化しました！

心の鍛錬はトレード成功への大きなカギ！

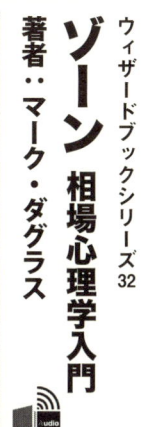

ウィザードブックシリーズ32
ゾーン　相場心理学入門
著者：マーク・ダグラス
定価 本体2,800円＋税　ISBN：9784939103575

【己を知れば百戦危うからず】
恐怖心ゼロ、悩みゼロで、結果は気にせず、淡々と直感的に行動し、反応し、ただその瞬間に「するだけ」の境地、つまり「ゾーン」に達した者こそが勝つ投資家になる！　さて、その方法とは？　世界中のトレード業界で一大センセーションを巻き起こした相場心理の名作が究極の相場心理を伝授する！

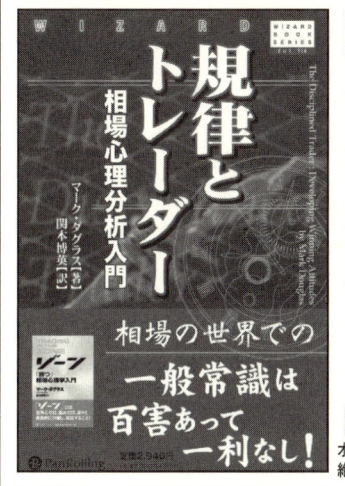

ウィザードブックシリーズ114
規律とトレーダー　相場心理分析入門
著者：マーク・ダグラス
定価 本体2,800円＋税　ISBN：9784775970805

【トレーダーとしての成功に不可欠】
「仏作って魂入れず」――どんなに努力して素晴らしい売買戦略をつくり上げても、心のあり方が「なっていなければ」成功は難しいだろう。つまり、心の世界をコントロールできるトレーダーこそ、相場の世界で勝者となれるのだ！　『ゾーン』愛読者の熱心なリクエストにお応えして急遽刊行！

ウィザードブックシリーズ107
トレーダーの心理学
トレーディングコーチが伝授する達人への道
著者：アリ・キエフ
定価 本体2,800円＋税　ISBN：9784775970737

高名な心理学者でもあるアリ・キエフ博士がトップトレーダーの心理的な法則と戦略を検証。トレーダーが自らの潜在能力を引き出し、目標を達成させるアプローチを紹介する。

ウィザードブックシリーズ124
NLPトレーディング
投資心理を鍛える究極トレーニング
著者：エイドリアン・ラリス・トグライ
定価 本体3,200円＋税　ISBN：9784775970904

NLPは「神経言語プログラミング」の略。この最先端の心理学を利用して勝者の思考術をモデル化し、トレーダーとして成功を極めるために必要な「自己管理能力」を高めようというのが本書の趣旨である。

ウィザードブックシリーズ126
トレーダーの精神分析
自分を理解し、自分だけのエッジを見つけた者だけが成功できる
著者：ブレット・N・スティーンバーガー
定価 本体2,800円＋税　ISBN：9784775970911

トレードとはパフォーマンスを競うスポーツのようなものである。トレーダーは自分の強み（エッジ）を見つけ、生かさなければならない。そのために求められるのが「強靭な精神力」なのだ。

相場で負けたときに読む本　～真理編～
著者：山口祐介
定価 本体1,500円＋税　ISBN：9784775990469

なぜ勝者は「負けても」勝っているのか？　なぜ敗者は「勝っても」負けているのか？　10年以上勝ち続けてきた現役トレーダーが相場の"真理"を詩的に表現。

※投資心理といえば『投資苑』も必見!!

マーケットの魔術師シリーズ

ウィザードブックシリーズ 19
マーケットの魔術師
著者：ジャック・D・シュワッガー

定価 本体 2,800 円＋税　ISBN:9784939103407

【いつ読んでも発見がある】
トレーダー・投資家は、そのとき、その成長過程で、さまざまな悩みや問題意識を抱えているもの。本書はその答えの糸口を「常に」提示してくれる「トレーダーのバイブル」だ。「本書を読まずして、投資をすることなかれ」とは世界的トレーダーたちが口をそろえて言う「投資業界の常識」だ！

ウィザードブックシリーズ 13
新マーケットの魔術師
著者：ジャック・D・シュワッガー

定価 本体 2,800 円＋税　ISBN:9784939103346

【世にこれほどすごいヤツらがいるのか!!】
株式、先物、為替、オプション、それぞれの市場で勝ち続けている魔術師たちが、成功の秘訣を語る。またトレード・投資の本質である「心理」をはじめ、勝者の条件について鋭い分析がなされている。関心のあるトレーダー・投資家から読み始めてかまわない。自分のスタイルづくりに役立ててほしい。

ウィザードブックシリーズ 14
マーケットの魔術師 株式編《増補版》
著者：ジャック・D・シュワッガー
定価 本体 2,800 円＋税　ISBN:9784775970232

投資家待望のシリーズ第三弾、フォローアップインタビューを加えて新登場!!　90年代の米株の上げ相場でとてつもないリターンをたたき出した新世代の「魔術師＝ウィザード」たち。彼らは、その後の下落局面でも、その称号にふさわしい成果を残しているのだろうか？

◎アート・コリンズ著 マーケットの魔術師シリーズ

ウィザードブックシリーズ 90
マーケットの魔術師 システムトレーダー編
著者：アート・コリンズ
定価 本体 2,800 円＋税　ISBN:9784775970522

システムトレードで市場に勝っている職人たちが明かす機械的売買のすべて。相場分析から発見した優位性を最大限に発揮するため、どのようなシステムを構築しているのだろうか？ 14人の傑出したトレーダーたちから、システムトレードに対する正しい姿勢を学ぼう！

ウィザードブックシリーズ 111
マーケットの魔術師 大損失編
著者：アート・コリンズ
定価 本体 2,800 円＋税　ISBN:9784775970775

スーパートレーダーたちはいかにして危機を脱したか？　局地的な損失はトレーダーならだれでも経験する不可避なもの。また人間のすることである以上、ミスはつきものだ。35人のスーパートレーダーたちは、窮地に立ったときどのように取り組み、対処したのだろうか？

売買プログラムで広がるシステムトレードの可能性

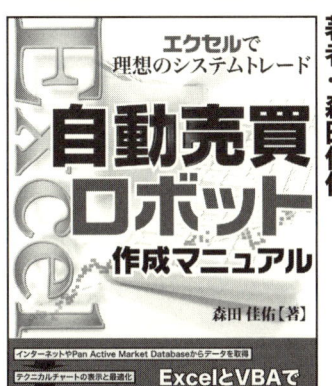

自動売買ロボット作成マニュアル
エクセルで理想のシステムトレード
著者：森田佳佑

定価 本体 2,800円＋税　ISBN:9784775990391

【パソコンのエクセルでシステムトレード】
エクセルには「VBA」というプログラミング言語が搭載されている。さまざまな作業を自動化したり、ソフトウェア自体に機能を追加したりできる強力なツールだ。このVBAを活用してデータ取得やチャート描画、戦略設計、検証、売買シグナルを自動化してしまおう、というのが本書の方針である。

コンピュータトレーディング入門
著者：高橋謙吾

定価 本体 2,800円＋税　ISBN:9784775990568

【自作システム完成までの筋道】
コンピュータを使ったシステムトレードにどのような優位性があるのか？ 売買アイデアをどのようにルール化し、プログラム化したらよいのか？ 作った売買システムをどのように検証したらよいのか？ 売買プログラムの論理的な組み立て方、システムの優劣の見分け方をやさしく解説する。

ウィザードブックシリーズ 30
魔術師たちの心理学
トレードで生計を立てる秘訣と心構え
著者：バン・K・タープ
定価 本体 2,800 円＋税　ISBN:9784939103544

あまりの内容の充実に「秘密を公開しすぎる」との声があがったほど。システムトレードに必要な情報がこの一冊に！ 個性と目標利益に見合った売買システム構築のコツを伝授。

現代の錬金術師シリーズ
自動売買ロボット作成マニュアル初級編
エクセルでシステムトレードの第一歩
著者：森田佳佑
定価 本体 2,000円＋税　ISBN:9784775990513

操作手順と確認問題を収録したCD-ROM付き。エクセル超初心者の投資家でも、売買システムの構築に有効なエクセルの操作方法と自動処理の方法がよく分かる!!

現代の錬金術師シリーズ
トレードステーション入門
やさしい売買プログラミング
著者：西村貴郁
定価 本体 2,800 円＋税　ISBN:9784775990452

売買ソフトの定番「トレードステーション」。そのプログラミング言語の基本と可能性を紹介。チャート分析も、売買戦略のデータ検証・最適化も売買シグナル表示もこれひとつで可能だ。

ウィザードブックシリーズ 113
勝利の売買システム
トレードステーションから学ぶ実践的売買プログラミング
著者：ジョージ・プルート、ジョン・R・ヒル
定価 本体 7,800円＋税　ISBN:9784775970799

世界ナンバーワン売買ソフト「トレードステーション」徹底活用術。このソフトの威力を十二分に活用し、運用成績の向上を計ろうとするトレーダーたちへのまさに「福音書」だ。

洗練されたシステムトレーダーを目指して

ウィザードブックシリーズ 11
売買システム入門
著者：トゥーシャー・シャンデ

定価 本体 7,800円+税　ISBN:9784939103315

【システム構築の基本的流れが分かる】
世界的に高名なシステム開発者であるトゥーシャー・シャンデ博士が「現実的」な売買システムを構築するための有効なアプローチを的確に指南。システムの検証方法、資金管理、陥りやすい問題点と対処法を具体的に解説する。基本概念から実際の運用まで網羅したシステム売買の教科書。

ウィザードブックシリーズ 54
究極のトレーディングガイド
著者：ジョン・R・ヒル／ジョージ・プルート／ランディ・ヒル

定価 本体 4,800円+税　ISBN:9784775970157

【売買システム分析の大家が一刀両断】
売買システムの成績判定で世界的に有名なフューチャーズトゥルース社のアナリストたちが、エリオット波動、値動きの各種パターン、資金管理といった、曖昧になりがちな理論を目からウロコの適切かつ具体的なルールで表現。安定した売買システム作りのノウハウを大公開する！

ウィザードブックシリーズ 42
トレーディングシステム入門
仕掛ける前が勝負の分かれ目
著者：トーマス・ストリズマン
定価 本体 5,800円+税　ISBN:9784775970034

売買タイミングと資金管理の融合を売買システムで実現。システムを発展させるために有効な運用成績の評価ポイントと工夫のコツが惜しみなく著された画期的な書！

ウィザードブックシリーズ 63
マーケットのテクニカル秘録
独自システム構築のために
著者：チャールズ・ルボー＆デビッド・ルーカス
定価 本体 5,800円+税　ISBN:9784775970256

ADX、RSI、ストキャスティックス、モメンタム、パラボリック・ストップ・ポイント、MACDなどのテクニカル指標をいかにしてシステムトレードに役立てられるかを解説。

ウィザードブックシリーズ 99
トレーディングシステムの開発と検証と最適化
著者：ロバート・パルド
定価 本体 5,800円+税　ISBN:9784775970638

システムトレーダーの永遠の課題のひとつである「最適化」。オーバーフィッティング（過剰にこじつけた最適化）に陥ることなくシステムを適切に改良するための指針を提供する。

ウィザードブックシリーズ 8
トレーディングシステム徹底比較
日本市場の全銘柄の検証結果付き
著者：ラーズ・ケストナー
定価 本体 19,800円+税　ISBN:9784939103278

トレード界の重鎮たちが考案した39の戦略を15年の日足データで詳細かつ明確に検証。ソースコードも公開されているため、どのようにプログラムを組んだかの参考にもなる。

Pan Rolling オーディオブックシリーズ

ゾーン 相場心理学入門
売り上げ1位
書籍も発売中

マーク・ダグラス
パンローリング　約540分
DL版 3,000円（税込）
CD版 3,990円（税込）

超ロングセラー、相場心理書籍の王道「ゾーン」が遂にオーディオブックに登場！相場で勝つためにはそうすればいいのか！？本当の解決策が見つかります。

相場との向き合い方、考え方が変わる！
書籍版購入者にもオススメです！

バビロンの大富豪
「繁栄と富と幸福」はいかにして築かれるのか
売り上げ2位

ジョージ・S・クレイソン
パンローリング　約400分
DL版 2,200円（税込）
CD版 2,940円（税込）

不滅の名著！ 人生の指針と勇気を与えてくれる「黄金の知恵」と感動のストーリー！ 読了後のあなたは、すでに資産家への第一歩を踏み出し、幸福を共有するための知恵を確実にみにつけていることだろう。

規律とトレーダー
相場心理分析入門
売れてます

マーク・ダグラス
パンローリング　約440分
DL版 3,000円（税込）
CD版 3,990円（税込）

常識を捨てろ！ 手法や戦略よりも規律と心を磨け！ 相場の世界での一般常識は百害あって一利なし！ ロングセラー『ゾーン』の著者の名著がついにオーディオ化!!

その他の売れ筋　各書籍版も好評発売中!!

マーケットの魔術師
ジャック・D・シュワッガー
パンローリング　約1075分
各章 2,800円（税込）

――米トップトレーダーが語る成功の秘訣
世界中から絶賛されたあの名著がオーディオブックで登場！

新マーケットの魔術師
ジャック・D・シュワッガー
パンローリング　1286分
DL版 10,500円（税込）
PW版 10,500円（税込）

ロングセラー「新マーケットの魔術師」（パンローリング刊）のオーディオブック!!

マーケットの魔術師 システムトレーダー編
アート・コリンズ
パンローリング約760分
DL版 5,000円（税込）
CD-R版 6,090円（税込）

市場に勝った男たちが明かすメカニカルトレーディングのすべて
14人の傑出したトレーダーたちのインタビューから、読者のトレードが正しい方向に進む手助けになるだろう！

相場で負けたときに読む本 真理編・実践編
山口祐介　パンローリング
真理編 DL版 1,575円（税込）
　　　　CD版 1,575円（税込）
実践編 DL版 1,575円（税込）
　　　　CD版 2,940円（税込）

負けたトレーダーが破滅するのではない。負けたときの対応の悪いトレーダーが破滅するのだ。

私は株で200万ドル儲けた
ニコラス・ダーバス
パンローリング約306分
DL版 1,200円（税込）
CD-R版 2,415円（税込）

営業マンの「うまい話」で損をしたトレーダーが、自らの意思とスタイルを貫いて巨万の富を築くまで――

孤高の相場師リバモア流投機術
ジェシー・ローリストン・リバモア
パンローリング約161分
DL版 1,500円（税込）
CD-R版 2,415円（税込）

アメリカ屈指の投資家ウィリアム・オニールの教本！ 稀代の相場師が自ら書き残した投機の聖典がついに明らかに！

チャートギャラリーでシステム売買

DVD チャートギャラリーで今日から動く日本株売買システム
著者：往住啓一

定価 本体 10,000 円+税　ISBN:9784775962527

個別株4000銘柄で30年間通用するシンプルな短期売買ルールとは!?　東証、大証、名証、新興市場など合計すると、現在日本には約4000～4500銘柄くらいの個別株式が上場されています。その中から短期売買可能な銘柄の選び方、コンピュータでのスクリーニング方法、誰でもわかる単純なルールに基づく仕掛けと手仕舞いについて解説します。

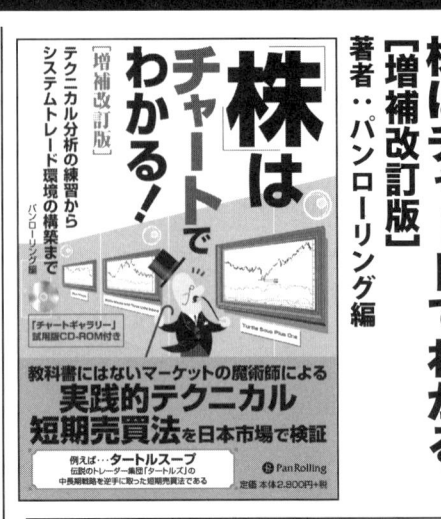

株はチャートでわかる！ [増補改訂版]
著者：パンローリング編

定価 本体 2,800円+税　ISBN:9784775990605

1999年に邦訳版が発行され、今もなお日本のトレーダーたちに大きな影響を与え続けている『魔術師リンダ・ラリーの短期売買入門』『ラリー・ウィリアムズの短期売買法』（いずれもパンローリング）。こうした世界的名著に掲載されている売買法のいくつかを解説し、日本株や先物市場で検証する方法を具体的に紹介するのが本書『株はチャートでわかる！』である。

魔術師リンダ・ラリーの短期売買入門
著者：リンダ・ブラッドフォード・ラシュキ，L・A・コナーズ
定価 本体 28,000 円+税　ISBN:9784939103032

国内初の実践的な短期売買の入門書。具体的な例と豊富なチャートパターンでわかりやすく解説してあります。著者の1人は新マーケットの魔術師でインタビューされたリンダ・ラシュキ。古典的な指標ですら有効なことを証明しています。

ラリー・ウィリアムズの短期売買法
著者：ラリー・ウィリアムズ
定価 本体 9,800円+税　ISBN:9784939103063

マーケットを動かすファンダメンタルズとは、3つの主要なサイクルとは、いつトレードを仕切るのか、勝ちトレードを抱えるコツは、……ウイリアムズが答えを出してくれている。

フルタイムトレーダー完全マニュアル
著者：ジョン・F・カーター
定価 本体 5,800円+税　ISBN:9784775970850

トレードで経済的自立をするための「虎の巻」！ステップ・バイ・ステップで分かりやすく書かれた本書は、これからトレーダーとして経済的自立を目指す人の必携の書である。

自動売買ロボット作成マニュアル
著者：森田佳佑
定価 本体 2,800円+税　ISBN:9784775990391

本書は「マイクロソフト社の表計算ソフト、エクセルを利用して、テクニカル分析に関する各工程を自動化させること」を目的にした指南書である。

Chart Gallery 4.0 for Windows

パンローリング相場アプリケーション
チャートギャラリー
Established Methods for Every Speculation

最強の投資環境

成績検証機能つき

● 価格（税込）
チャートギャラリー 4.0
エキスパート　147,000 円
プロ　　　　　 84,000 円
スタンダード　 29,400 円

お得なアップグレード版もあります

www.panrolling.com/pansoft/chtgal/

チャートギャラリーの特色

1. **豊富な指標と柔軟な設定**
   指標をいくつでも重ね書き可能
2. **十分な過去データ**
   最長約30年分の日足データを用意
3. **日々のデータは無料配信**
   わずか3分以内で最新データに更新
4. **週足、月足、年足を表示**
   日足に加え長期売買に役立ちます
5. **銘柄群**
   注目銘柄を一覧表にでき、ボタン1つで切り替え
6. **安心のサポート体勢**
   電子メールのご質問に無料でお答え
7. **独自システム開発の支援**
   高速のデータベースを簡単に使えます

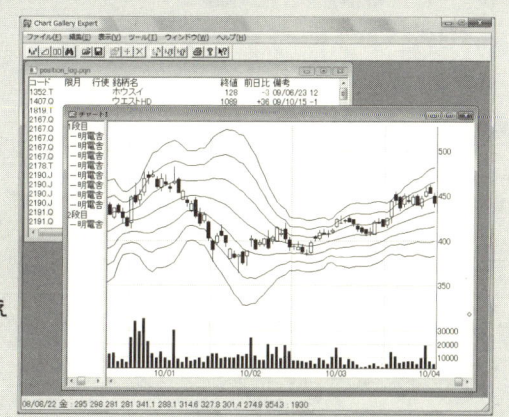

チャートギャラリー　エキスパート・プロの特色

1. 検索条件の成績検証機能 [エキスパート]　2. 強力な銘柄検索 (スクリーニング) 機能
3. 日経225先物、日経225オプション対応　　4. 米国主要株式のデータの提供

検索条件の成績検証機能 [Expert]

指定した検索条件で売買した場合にどれくらいの利益が上がるか、全銘柄に対して成績を検証します。検索条件をそのまま検証できるので、よい売買法を思い付いたらその場でテスト、機能するものはそのまま毎日検索、というように作業にむだがありません。
表計算ソフトや面倒なプログラミングは不要です。マウスと数字キーだけであなただけの売買システムを作れます。利益額や合計だけでなく、最大引かされ幅や損益曲線なども表示するので、アイデアが長い間安定して使えそうかを見積もれます。

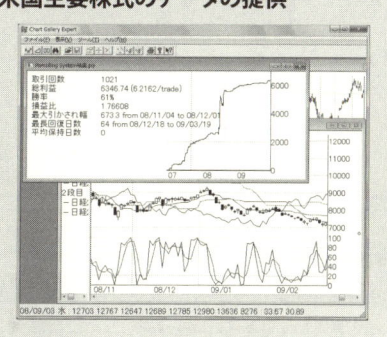

がんばる投資家の強い味方　Traders Shop

http://www.tradersshop.com/

24時間オープンの投資家専門店です。

パンローリングの通信販売サイト「**トレーダーズショップ**」は、個人投資家のためのお役立ちサイト。書籍やビデオ、道具、セミナーなど、投資に役立つものがなんでも揃うコンビニエンスストアです。

他店では、入手困難な商品が手に入ります!!

- ●投資セミナー
- ●一目均衡表 原書
- ●相場ソフトウェア
  チャートギャラリーなど多数
- ●相場予測レポート
  フォーキャストなど多数
- ●セミナーDVD
- ●オーディオブック

ここでしか入手できないモノがある。

さあ、成功のためにがんばる投資家は
いますぐアクセスしよう！

トレーダーズショップ 無料 メールマガジン

●無料メールマガジン登録画面

トレーダーズショップをご利用いただいた皆様に、**お得なプレゼント**、今後の**新刊情報**、著者の方々が書かれた**コラム**、**人気ランキング**、ソフトウェアのバージョンアップ情報、そのほか投資に関するちょっとした情報などを定期的にお届けしています。

まずはこちらの
「**無料メールマガジン**」
からご登録ください！
または info@tradersshop.com まで。

パンローリング株式会社

お問い合わせは

〒160-0023　東京都新宿区西新宿7-9-18-6F
Tel：03-5386-7391　Fax：03-5386-7393
http://www.panrolling.com/
E-Mail　info@panrolling.com

携帯版